그래도 역사의 힘을 믿는다

그래도 역사의 힘을 믿는다

조동걸 지음

푸른역사

책머리에

2001년 3월에 필자는 칠순 생일을 맞는다. 그에 앞서 논문집 《韓國近現代史의 理想과 形象》과 함께 이 책을 엮으니 착잡한 감정을 감출 길이 없다. 그래서 1997년 여름에 정년퇴임한 후에 발표했던 잡문들을 모아보았다. 1989년의 《韓國近代史의 試鍊과 反省》(지식산업사)과 1997년의 《韓國近代史의 書架》(나남출판)의 속편이기도 하다. 그래서 책 이름을 《한국현대사의 餘白》이라 했더니 젊은 후학들이 《나는 역사의 힘을 믿는다》라고 하라는 것이다. 우기고 우기다가 필자가 후퇴하고 말았다.

필자가 정년한 직후인 1997년 말의 경제파탄 후 3년째인 2000년 말에 다시 경제파탄의 보도가 시끄러운 가운데 책을 엮자니 고약스러운 감정이 오갔다. 여기의 글들을 읽으면 알 수 있지만 필자는 인간주의를 기준하고 민주화와 통일을 향하여 전진하고 있느냐의 여부를 보고 역사 발전의 여부를 평가하고 있기 때문에 1993년부터 오늘날까지 민주화가 진행된 근 10년 간이 일찍이 겪어보지 못한 만족스런 기간이었다고 생각하고 있다. 그런데 93정권에 이어 98정권의 실정과 경제파탄—외환위기로 말미암아 개인적으로는 더 없이 불만스러운 생활을 감수하며 살아야 했다. 그러니까 개인적으로 맞은 경제적인 타격을 불구하고 역사를 평론해야 하는 학자적 처지가 무척 고약스럽다는 말이다.

그래도 민주화가 진행되고 있으므로 인내의 쾌감은 감출 수 없다. 거기에서 행복감을 느끼는 것도 사실이다. 그런데 근래의 정치판은 다시 엉망이 되고 있다. 국회의원을 빌려주는 '쿠데타'가 일어나고 있는가 하면 안기부 공금을 정치자금으로 유용했다는 비리가 터지고 있다. 공기업이 부도를 내는가 하면 공적자금 40억이 증발했다는 말도 있다. 민주화의 출발인 정당 민주화는 요원하다. 그러니까 국회의원의 당적이나 정당 대표를 자기 집 머슴처럼 바꾸고 있다. 군사정권의 날치기에 발악하면서 민주인사로 자처하던 양 김씨가 눈도 감지 않고 날치기를 했다. 양 김의 93정권이나 98정권의 발생가치를 보면, 전자는 삼당 합당에 의한 발생물이고 후자는 유신 잔당과 연합한 발생물이므로 구조적 민주성이 50% 내지는 70%에 불과한 정권이다. 그러한 발생 가치의 결함을 정권의 역할 가치로 극복해야 하는데 역할 수행에서 오히려 역행하고 있다.

93정권이나 98정권의 경제파탄도 민주주의에 역행한 정경유착이 근본 원인이라고 한다. 김대중·김영삼의 정치자금도 군사정권과 밀착된 것이라는 말이 설득력을 얻고 있다. 그러니까 나머지 송사리들이야 말할 나위가 없지 않는가? 대외관계도 세계화의 명분 아래 대미, 대일 종속이 어느 때보다 심화되고 있다. 신지식이라는 이름 아래 지적 풍토를 교란시키고 있다. 교육쇄신이라는 명분 아래 학교를 학원으로, 대학을 직업연구소로 전락시키고 있다. 학술진흥재단에서 학술지를 평가하는데 주관 학회의 연륜과 회원 수를 기준한다는 말이 있다. 사실이 아니기를 바란다. 개혁입법이 답보 상태에 있는가 하면 금융실명제를 복구할 날이 요원하다고 한다. 정권 초기에 금방이라도 개혁할 듯하던 1914년의 지방행정 조직이 아직도 건재하고 있다.

  이러한 전진과 후퇴, 개혁과 반동, 진보와 보수를 눈여겨보면서 틈나는 대로 썼던 글을 모아 책으로 엮었다. 개혁해야 할 것은 머지않아 개혁할 것이라는 희망을 가지고 썼다. 역사는 발전한다는 것을 믿기 때문이다.

  I〈21세기의 길목에서〉는 전환기의 주장과 느낌을 소개한 내용이고, II〈2백년 만의 개혁이 어디로〉에서는 조선 후기의 사회변동과 실학의 대두 이래 2백년 만에 다시 일어난 개혁이라는 관점에서 폈던 시론을 모은 것이다. III〈통일의 고개를 오르며〉에서는 6·15선언 전후의 통일 분위기를 추동하고 제고한 것이고 IV·V의 우정과 님을 기리는 축사와 추도사들은 앞의 글들과는 달리, 필자의 개인적 정감을 나타낸 것이 많다. 마지막 VI〈책을 엮을 때마다 외친 소리〉의 내용은 필자의 저술 서문을 모은 것인데 이것은 칠순을 기념하자는 뜻에서 모아본 것이다. 칠순이라도 생일은 개인의 문제이므로 개인의 '자선 논설집' 또는 '자선 논문집'이 의미가 있다고 생각하여 엮은 책이다. 이와 같이 자선 문집을 낼 생각은 나의 생각이 아니라 자연과학계에서는 이미 일반화되어 전통으로 자리잡았고 사회과학계에서도 그런 경우가 있다고 한다. 다만 인문학, 특히 역사학계에서는 뜻 있는 분들의 논의만 있었을 뿐인 것으로 안다. 그래서 필자가 시도해본 것이다.

출판을 맡아준 푸른역사의 박혜숙 사장을 비롯하여 편집과 교정을 보아준 여러분에게 감사한다.
2001년 2월 일 趙東杰

차 례

책머리에
서설:역사란 무엇인가 · 13

I 21세기의 길목에서

농협을 농민에게 돌려주라 · 25
바다정치학을 일으키자 · 28
천황씨의 IMF · 31
독도의 외로운 운명 · 35
한일어업협정의 비준을 부결하라 · 38
고집의 멋 · 42
죽음의 미학 · 45
國字 1·2호 파동 · 48
대구라운드 만세 · 51
한국사학사학회 발기문 · 54
2000년이여 어서 오라 · 56
20세기 한국사의 전개와 반성-인간의 길을 향한 1백년의 진통 · 59
개혁·통일·복지, 그리고 인간주의로 가는 21세기 · 93

II 2백년 만의 개혁이 어디로

2백년 만의 도약 · 121
민주화운동의 기점 논리 · 124
음력 '설'은 한국에만 있다 · 127
양력 설맞이를 준비하자 · 130
재외동포법을 고쳐라 · 133
대통령기념관은 안 된다 · 136
박정희기념관의 건립 시비 · 139
동물의 왕국 · 156
어느 여자의 정신적 반란 · 160
정이 넘치면 사랑에 곰팡이가 핀다 · 163
그래도 조선시대 당쟁을 탓할 것인가 · 166
3 · 1운동 80주년의 교훈 — 인도주의 사회 건설을 위하여 · 169
영해 3 · 1운동의 현대적 의의 · 174

III 통일의 고개를 오르며

금강산 온정리 통일의 춤 · 185
금강산 온정리의 춤과 눈물 · 188
백범 50주기를 맞는 의미 · 192
악수로 만나 포옹으로 헤어진 감격 · 195

IV 우정(友情)이 머문 곳

青嵐 金都練 교수의 화갑을 축하하며 · 201
鶴山 金鎭鳳 교수의 정년을 축하하며 · 204
교과서 인물 仁宰兄에게 · 207
至人無己의 길 · 213
≪안동의 독립운동사≫-祝刊辭 · 219

≪완도군항일운동사≫ －祝刊辭 · 222
≪조선의용군의 밀입북과 6·25전쟁≫ －祝刊辭 · 225
정년기념논총을 받고 · 229
성곡학술상을 수상하고 · 235

V 님을 기리는 마음

河邨 金時雨兄의 小祥을 맞아 · 239
독립전선에서 산화한 金佐鎭 將軍 · 244
≪백범추모록≫을 편찬하고 · 255
최준례 여사를 추도하며 · 268
靑溟선생과의 짧은 追憶 · 273
주실의 이야기 · 277

VI 책을 엮을 때마다 외친 소리

≪태백의 역사≫ · 287
≪태백항일사≫ · 289
≪일제하 한국농민운동사≫ · 291
≪한말 의병전쟁≫ · 298
≪한국근대사의 시련과 반성≫ · 301
≪한국 민족주의의 성립과 독립운동사 연구≫ · 304
≪한국 민족주의의 발전과 독립운동사 연구≫ · 307
≪독립군의 길따라 대륙을 가다≫ · 311
≪한국근대사의 서가≫ · 314
≪한국근대사의 이해와 논리≫ · 325
≪한국근현대사의 이상과 형상≫ · 329
≪현대한국사학사≫ · 336
≪한국사학사학보≫ · 342

서설: 역사란 무엇인가

역사란 꿈을 만들고 실천해가는 작업의 연속이다. 그 말을 자세히 살펴보기로 하자.

역사는 꿈의 연속으로 이루어져 있다

사람들이 어떠한 꿈을 가지고 살아왔는가? 그 꿈을 달성하기 위하여 어떻게 행동하고 실천했는가? 그래서 무엇이 어떻게 변화했는가? 또 그것은 오늘날의 생활에 어떤 의미를 가지고 있는가? 나아가 내일은 어떻게 변화할 것인가? 내일을 위하여 우리는 어떠한 꿈을 설계하고 현실을 어떻게 고쳐나갈 것인가? 이러한 작업의 연속을 역사라고 한다.

모든 사람은 인간답게 살고 자유롭게 살며 평등하게 살고 싶은 욕망과 꿈을 가지고 있다. 꿈은 그렇게 인간 본질에 관한 것이기도 하지만 생활의 크고 작은 여러 가지 문제에도 깃들여 있다. 옛날 고구려 · 백제 · 신라 · 가야 사람들은 서로 상대 나라를 합병해 영토를 넓히고 안전을 도모하려는 꿈을 가지고 있었다. 희랍의 도시국가(폴리스) 사람들도 마찬가지였다. 그래서 싸움이 끊이지 않았다. 철기시대가 도래하면서 고대 부족국가들은 중국의 춘추전국시대처럼, 합병의 꿈과 그 꿈의 실천을 위하여 끝없이 싸웠다. 그리하여 꿈을 실현한 진(秦)이 출현하였고, 중동 지방에서는 앗시리아가 탄생했다. 우리 고대국가의 싸움도 그와 다를 바가 없었는데 발해와 후기 신라에 이르러 이변이 생겼다. 누가 이기든 간에 계속 싸워서 진·앗시리아·마케도니아처럼 합병(통일)을 완성해야 했는데 남북국이 함께 꿈 자체를 버리고 말았다.

꿈이란 삶의 지혜요 설계이다. 그런데 전통시대에는 귀족의 꿈과 일반 백성의 꿈이 달랐다. 정도전이나 조광조는 국왕과 귀족이 균형을 이룬 왕도정치를 꿈꾼데 반해 《홍길동전》이나 《허생전》에서 보여준 백성의 꿈은 계급이 없고 평화로운 사회를 건설하는 것이었다. 그런 백성의 꿈이 1860년대의 민중운동으로 나타났고, 식민지하의 독립운동으로 발전하였다. 그렇다면 정도전이나 조광조의 꿈은 중단되고 말았는가? 아니다. 사육신이 자기 철학을 위하여 목숨까지 던졌던 것처럼 정의를 추구했던 꿈은 역사의 정신동력으로 계승되어 왔다. 그것을 선비정신으로 설명하지만 그러한 정의로운 꿈이 있었으므로 조선 후기에 실학을 일으킬 수 있었고, 그것은 민중운동과 합쳐지면서 독립운동과 민주화운동의 밑거름이 되었다.

그렇다면 역사는 계승의 연속인가? 그렇지 않다. 조선시대 양반 상놈의 신분제가 이제는 폐지됐듯이, 또 서양에서 국교를 강요한 종교 전제주의가 있었으나 신앙의 자유를 획득했듯이, 과거를 맹목적으로 계승하는 것이 아니다. 역사 발전의 꿈, 현대로 말하면 자유 평등의 꿈에 합당한지를 가려서 계승하는 것이다. 이처럼 역사는 물길대로만 흐르지 않는다. 예정된 길이 옳지 않다면 새로운 꿈을 만들어 물길을 넓히거나 돌려서 실천한다. 그것을 비판적 계승이라 하는데 그와 같은 과정을 곰곰히 생각해보면 역사는, 계승할 것인가? 말 것인가? 아니면 어떻게 고칠 것인가? 하는 등의 크고 작은 꿈으로 이어져 왔다는 것을 알 수 있다.

역사는 실천의 연속이다

역사는 꿈을 세워 그 꿈을 실천해가는 과정이다. 꿈이 사상이고 이념이라면 실천은 행동이고 제도와 양식이다. 그런데 사람의 눈에는 행동과 제도 그리고 정치, 경제, 사회, 문화의 양식만 보인다. 그래서 사람들은 제도와 양식을 개선하고 발전시키는 데 힘을 쏟아왔다. 제도와 양식이 좋아야 행복할 수 있고, 보다 더 좋은 꿈을 만들어낼 수 있는 것은 사실이다. 그러나 눈에 보이는 제도와 양식도 우연히 존재했던 것은 아니다. 꿈의 실천 즉, 이념의 결실이다. 반대로 제도와 양식이 새로운 꿈을 낳으므로 이념(꿈)도 제도와 양식의 생산물이다. 그렇게 보면 역사는 꿈과 실천이 서로 꼬리를 물고 이어달리는 연속 과정이라고 달할 수 있다.

때론 꿈의 착오가 있게 마련이고 실천의 과오와 한계도 있을 수 있다. 그래서 역사에는 반성과 궤도 수정이 따른다. 또 꿈만 있고 실천이 없을 때도 있는데 그때의 꿈은 고인 물처럼 썩고 만다. 한편 꿈이 실천 단계에 이르렀을 때 기존 제도가 그 꿈을 가로막거나 따라가지 못하면 4·19혁명이나 그 후의 민주화운동과 같이 꿈의 실천이 혁명의 양식으로 전개되기도 한다. 1960년의 4·19혁명의 꿈은 1987년의 6월항쟁(혁명)에 이르러 일단락되었는데 그것은 군사독재(제도)가 꿈을 가로막고 짓눌렀기 때문에 나타난 꿈의 폭발 현상이었다.

　조선왕조 초의 법전인 《경제육전》이나 《경국대전》도 만들 당시에는 훌륭했다. 그러나 세상이 변하면서 그것을 개선 혹은 타파하려는 꿈이 일어났다. 정난정의 저항, 장길산의 난 등이 있었는가 하면, 실학자들이 개혁의 꿈을 일으키기도 했다. 그 꿈의 실천이 조선 후기 사회변동이었고, 사회변동은 실학의 꿈을 더욱 부채질하고 부풀게 했다. 그때 정약용 같은 선각자의 꿈이 사회변동을 대변하고 또 그것의 촉진제가 되기도 했다. 그러나 세도정치의 보수 반동으로 말미암아 《경국대전》 체제를 허물지 못한 채 새로운 꿈은 무너져갔다. 그렇다고 완전히 사라지고 만 것은 아니다. 그 꿈은 민란으로 폭발하였고 특히 제국주의 침략을 맞아 구국운동과 독립운동의 동력으로 공급되었고 중심 이념으로 이어져갔다.

　그렇게 꿈을 당장에 실현하지 못한 것은 꿈의 한계, 또는 실천 역량의 한계 때문이었지만 어디에 이유가 있다고 해도 꿈이 사회변동을 일으킨 이후에는 돌이킬 수 없는 게 역사이다. 되돌릴 수 없기 때문에 궤도를 수정하거나 형식을 바꾸어 다시 나타나는 것이다. 반동체제라고 해도 그것은 한시적이다. 결국 반동은 힘을 잃고 새 꿈에 맞는 실천 양식이 나타나게 마련이다. 빠르고 늦는 속도의 차이가 있을 뿐이다. 우리는 꿈의 실천을 늦추다가 그 틈에 제국주의의 침략을 받아 크게 타격을 입었다. 그때 독립운동이라는 새로운 꿈과 실천을 통하여 옛 꿈을 살리면서 역사를 발전시키는 데 온갖 정성을 쏟았다. 그것이 독립운동사를 주축으로 한 우리의 근대사이다. 그와 같이 꿈과 실천은 서로 앞서거니 뒤서거니 하면서 새로워진다. 그것이 역사 발전의 모습이다.

역사는 발전한다

역사는 발전하는 것이 원칙이다. 그러나 늘 발전만 하는 것은 아니다. 아메리칸 인디언의 문명처럼 정지하는 역사도 있고, 역행하는 경우도 있다. 역행이나 역류를 역사의 반동이라 한다. 조선 후기의 세도정치나 일제의 식민통치나 군사 독재 등이 역사 반동의 모습이다. 1815년의 빈 회의가 유럽 반동의 대표적 사례이다. 역사는 자유를 향하고 있는데 빈 회의 끝에 신성동맹 등을 만들어 자유를 억압하며 역행했으므로 반동 체제인 것이다.

그러나 크게 보고 길게 보면 역사는 발전한다. 식민통치나 군사독재처럼, 반동이 일어난다고 해도 독립운동과 민주화운동 등, 발전하는 역사의 큰 흐름에 그것은 분해되며 청산되고 만다. 그래서 역사는 발전한다는 것이다. 그렇다고 구시대 구체제를 말끔히 청산하면서 발전하는 것은 아니다. 《경국대전》이 낡았다고 해서 없었던 것처럼 말끔히 청산할 수는 없다. 미국의 워싱턴이나 제퍼슨이 인권을 외쳤다고 해도 자신은 흑인 노예를 거느리고 있었고, 박영효가 봉건적 신분제를 비판했어도 미국에 망명했다가 대접을 못 받자 양반을 몰라준다며 돌아오고 말았다. 1925년 조선공산당을 하던 김재봉이 상투 머리를 하고 있었던 것도 그와 비슷한 경우인지 모르겠다. 그와 같이 개인도 구시대의 잔재를 하루 아침에 청산할 수 없다. 마찬가지로 역사는 술자리에서 지금까지 먹던 술상을 말끔히 치우고 새로 술상을 차리듯이, 중도에 새로 시작하는 것이 아니다. 지금까지 먹던 술과 안주에 덮치기 하듯, 구시대의 역사 위에 새시대의 꿈과 길을 닦아가는 것이 역사이다. 그러한 변천과 발전의 이치를 헤겔이나 마르크스는 변증법으로 설명했고 토인비는 도전과 응전의 원리로 설명했다.

일본이 민주주의를 표방하고 있어도 군국주의의 잔재가 두텁게 남아 있고, 독일이 나치즘을 청산한 것 같아도 이른바 신나치즘이 떠오르고 있는 것도 같은 이치이다. 마찬가지로 우리가 1993년과 1998년에 민간정권을 탄생시켜 민주화개혁을 추진하고 있지만 군사정권이 없었던 양, 청산할 수는 없다. 그러나 반동과 민주화, 어느 쪽이 큰소리를 치느냐 즉, 어느 쪽이 역사의 주도 세력이냐는 달라졌다. 큰소리를 통하여 구시대의 잔재는 희석되고 민주화의 꿈이 한 걸음씩 실현되듯 역사는 전진하고 있다. 민주화의 역량에 따라 희석 상태와 속도는 다를 것이다.

그런데 역사가 발전한다고 해도 구시대의 완전 청산이 불가능한 것처럼, 헤겔이 꿈꾼 절대정신의 세계를 실현하거나 마르크스가 말한 이상사회를 실현하거나 어떤 종교에서 주장하는 최후의 심판이나 메시아의 재림이나 미륵불이나 정감록 진인(眞人)이 강림하여 지상 천국을 만들 날이 온다고는 생각되지 않는다. 인간이 불완전한 존재인 이상, 영원히 불완전한 세계가 영속될 뿐이다.

역사는 다양하게 발전한다

인간이 만든 꿈이나 사회가 불완전하기 때문에 사람들은 과거를 잘못 보기 쉽고 미래를 엉뚱하게 점치기도 한다. 모든 사람은 자기 나름의 색안경 너머로 세상을 보고 있다는 말이다. 그래서 사람들은 행동이 같지 않고 생활이 같지 않다. 같지 않기 때문에 역사도 다양할 수밖에 없다. 정치, 경제, 사회, 문화 어디에 비중을 두느냐에 따라 역사 해석은 달라진다. 해석이 다르고 재해석되기 때문에 대학에 사학과나 역사연구소가 언제까지나 필요한 것이다.

밭에서 뽑은 무는 맛이 비슷하나 김장 양념에 따라 김치·깍두기·동치미 맛이 다르듯이 사람도 태어날 때는 비슷하나 역사 환경에 따라 인품이 달라진다. 김장 양념의 종류가 많듯이 역사 환경의 인자도 다양하다. 미국·독일·한국인이 다르고 그 나라의 역사도 다른 이유가 거기에 있다. 따라서 역사의 해석도 다를 수밖에 없다. 그것을 역사의 개별성이라고 한다. 그러나 김치·깍두기·동치미의 맛이 다르다고 해도 본래의 무 맛은 가지고 있다. 그와 같이 인간과 인간사회에도 기본적인 것, 공통적인 것이 있다. 그것을 역사의 보편성이라고 한다. 인간을 위하고 인간을 본위로 한다는 생각은 공통적이고 보편적인 사고이다. 그것을 인간주의라고 하자. 그런데 인간주의를 달성하는 방법으로 출현한 어떤 이념이나 제도와 양식은 곳에 따라, 시기에 따라 달랐다. 지난해 8·15에 남북 이산가족이 서울과 평양에서 만날 때, 그 감동적인 '휴먼 드라마'를 보고 누가 눈물을 흘리지 않았겠는가. 그 감동은 남쪽의 자본주의라고 해서 다르고, 북쪽의 공산주의라고 해서 다르지 않았다. 바로 그것이 공통성이고 보편성인 것이다. 그런데 남북의 국가라는 권력 조직은 감동적으로 만난 가족을 3박4일 후에 다시 갈라놓았다. 그것은 2000년 8월 15일 한반도에 존재한 특수 현상이었다. 이와 같이 역사에는 기본적인 보편성과 시공(時空)의 조건에 따른 개별성을 가지고 있다.

그러므로 역사를 볼 때는 좋고 나쁘고 간에 보편성과 아울러 개별성을 종합해서 보아야 한다. 보편성이 좋다고 해서 개별성까지 하나의 잣대로 재단해서는 안 된다. 개별성과 다양성을 볼 줄 알아야 보편성과 공통성도 찾을 수 있다. 유심사관이나 유물사관은 각기 하나의 잣대로 역사를 보면서 오로지 얼이나 정신력, 또는 물질이나 생산력의 힘으로 역사가 변천한다고 보았다. 그런데 때론 정신력이, 때론 생산력이 원인이 되기는 하지만 그렇다고 하나의 힘으로 역사가 변천한다고 생각되지는 않는다. 그 이유는 사람이란 심신(心身) 양면을 가지고 있고, 다양한 욕구를 지니고 있기 때문이다. 따라서 역사를 볼 때는 다양한 인자 전체를 보려고 노력해야 한다. 교육사나 경제사의 결론을 가지고 전체를 연역해서는 안 되듯이 역사는 총체적으로 보아야 한다.

세계주의라고 하는 하나의 잣대로 역사를 재단하는 경우도 있다. 혹은 민족주의라는 잣대로 세계를 재단하는 수도 있다. 어느 것이 되어도 그것은 제국주의나 패권주의 방식이다. 민족주의는 세계주의를 능가할 수 없고 세계주의는 민족주의를 포용한 것이어야 한다. 그랬을 때 세계주의와 민족주의가 상충되지 않고 민족주의가 세계주의를 성장시킬 수 있다. 그래야 다양성이 조화를 이룬 아름다운 세계를 만들어갈 수 있다. 그와 같이 다양성을 총체적으로 보는 관점의 역사학을 필자는 사회문화사학이라고 일컫는다. 우리는 통일을 앞두고 있으므로 다양성을 존중하고 총체적 시각을 갖는 것이 무엇보다 중요하다.

역사는 과거와 미래를 관통하는 축을 만들며 발전한다

역사는 정지하거나 정체되는 경우도 없이, 또 특별한 경우 외에는 역류하거나 순환하는 경우도 없이 발전을 계속한다. 그리고 다양하게 발전한다. 거기에서 다양성은 각기 별개의 혼합현상(混合現象)으로 존재하는 것이 아니라 화합현상(化合現象)으로 조화를 이루며 역사를 발전시켜 나간다. 조화의 과정에서 성질이 맞지 않아 타에 흡수되거나 혹은 탈락하거나 도태되는 것도 있다. 그러므로 역사를 이해할 때 그것들을 분간하는 것이 중요하다. 그것을 역사인식이라 하고 거기에서 얻은 생각을 역사의식이라 한다. 역사의 꿈과 실천이 현재 어디에 와 있으며 내일에는 어떻게 진행될 것인가? 그것이 미래에 유익할 것인가 무익할 것인가를 규명하고 비판하는 것을 말한다. 그래서 역사학은 미래학의 성격도 갖는다고 한다. 그러한 점을 고려하여 우리의 20세기 역사에서 유익한 유산을 찾는다면 3·1운동(독립운동)과 4·19혁명과 6월항쟁(민주화운동)이라고 생각한다. 거기에서 역사의 보편적 생명력을 찾을 수 있기 때문이다. 즉, 거기에서 21세기의 꿈인 민주주의와 통일의 의지와 길을 찾을 수 있다. 또 거기에서 자본주의·사회주의·무정부주의 등의 인간주의를 실현하기 위한 방법론 이전의, 인간주의 자체를 찾을 수 있다. 그것을 민주주의라고 불러도 좋다. 인간주의 또는 민주주의를 실현하기 위해 우리는 통일을 완수해야 한다. 통일이 돼야 자유, 평등도 실현할 수 있기 때문이다. 이와 같이 역사에는 과거와 현재와 미래를 관류하는 발전 지표와 맥락이 있으므로 그것을 찾아 그에 바탕한 꿈을 만들고 실천하는 것이 중요하다.

그런가 하면 20세기 한국사에는 식민지시기, 남북분단(6·25전쟁), 독재정치(5·16쿠데타) 등 없어야 했던 역사도 전개되었다. 반동에도 나름의 길과 맥락이 있으므로 그것을 발전의 역사와 혼동하지 않는 것이 중요하다. 아울러 그런 것들이 재현되지 않도록 꿈을 설계하고 실천하는 것도 중요한 과제이다. 그래야 과거와 미래를 관류하는 발전 지표가 바로 설 수 있기 때문이다.

한편 세계적으로 보면, 20세기에 인류동포주의가 고양되고 과학의 발달로 생활의 부(富)와 행복이 증진된 반면 패권주의와 국수주의가 대립하고, 과학기술의 경쟁적 발달로 말미암아 흙과 물과 공기가 썩어 인류가 멸망의 위기를 맞고 있다. 또 무수한 사람이 굶고 병들어가도 방관하고 있는 도덕적 타락의 문제가 있다. 그래서 필자는 오늘날의 세계를 '중생인류적 위기'라는 말로 표현하고 있다. 현생인류인 우리가 도덕의 타락으로 환경오염을 더욱 촉진하여 끝내 멸종한다면 그 후 언젠가 새로 발생한 인류는 자신을 현생인류라고 할테니, 우리는 중생인류로 밀릴 수밖에 없다는 뜻에서 만든 말이다.

그런데 위기라고 경고만 한다면 무책임하다. 그 위기를 어떻게 해야 극복할 것인가 하는 방향이나마 제시해야 한다. 구체적인 처방은 사회과학이나 자연과학의 몫이라고 해도 극복 방향 즉, 새로운 꿈을 만드는 것은 역사학의 몫이다. 그래서 필자는 환경오염과 빈부의 격차 즉, 중생인류적 위기를 극복할 새로운 꿈으로서 '다국적 국제인체제(國際人體制)'를 주장하고 있다. 지구상의 모든 사람이 대륙별로 복수 국적을 갖는 것으로, 어떤 미국인은 인도와 르완다의 국적을, 어떤 한국인은 폴란드와 남아공화국의 국적을, 어떤 아프리카인은 일본과 독일 국적을 동시에 가지고 시민권을 행사하는 국제인체제를 말하는데, 정말 꿈같은 꿈이다. 우선 기술적으로 불가능하다는 편잔을 많이 들었다. 그러나 환경오염과 도덕적 타락을 촉진하고 있는 무한경쟁 시대를 마감할 방도가 달리 없을 것 같아 그려보는 꿈이다. 그러한 꿈만으로도 인간주의 성장에 기여한다고 생각하지만, 바야흐로 정보화와 디지털시대가 진전되면서 기술적으로도 가능하리라고 생각한다. 문제는 인류동포주의를 어떻게 고양하고, 종교의 장벽과 강대국의 패권주의를 어떻게 허물어 동참시키느냐에 있다. 그것이 21세기 인류의 최대 과제일 것이다.

《내일을 여는 역사》 2000년 가을호》

I

21세기의 길목에서

농협을 농민에게 돌려주라

 노동조합이나 교원단체에 노동자나 교원 이외의 사람이 가입한다는 것은 일반인으로서는 상상도 못할 일이다. 그런데 농업협동조합에 농민 이외의 사람이 들어가 업무를 담당하고 있다. 중앙간부 진용은 거의 농민 출신이 아니다. 그러다가 농협이 세상을 더럽히고 말았다. 농산물 유통구조 문제도 거기에서 나온다.
 오늘날의 농협 부정은 갑작스럽게 일어난 것이 아니다. 창설 당시부터 조직상의 부조리가 축적된 구조적 산물인 것이다. 그렇다고 언제까지 그 시절의 문제를 핑계로 삼을 수는 없다. 그러지 않아도 무슨 문제가 발생하면 집권 이전의 문제였다고 발뺌하는 정부에 대해 국민들은 거부감을 느끼고 있다. 농협은 일제 때 농민의 수탈기관이었던 금융조합에 뿌리를 두고 있다는 것을 몰랐던가? 그것이 군사정권의 새마을운동 당시에 다소 다듬어지기는 했으나 중공업정책에 밀려 농민은 희생만 강요당했다. 그리하여 인구의 도시 집중이 급속도로 촉진되었고 농촌은 〈새마을 노래〉 속에 메말라갔다. 결국 문화가 없는 농촌이 되고 만 것이다.

　작금의 경제구조 개혁에 기대를 걸었었다. 눈에 밟히는 문제를 수습하느라고 모르고 있었는지 모르지만 금융구조를 점검하면서 6천억 원이나 걸머진 농협의 부채와 부정을 이제야 알았다는 것이 말이 되는가? 국가경영의 구조를 총체적으로 점검하지 않았다는 증거이다. 총체적으로 점검했다면 농촌문제가 부각되게 마련이고 농촌문제가 부각되면 농협의 비리를 모를 턱이 없었기 때문이다.

　필자는 기회가 있을 때마다 농협을 농민에게 돌리라고 말해왔다. 농민을 위한다는 말은 안 해도 좋으니 농민에 의한 농협이 되도록 하자. 그렇지 않으면 농민을 위한다고 해도 자기들의 이익을 챙긴 나머지 자선을 베푸는 정도 이상이 될 수 없고, 농촌을 발전시킬 지혜를 창출할 수가 없으며 농민은 비농민에 종속되고 만다. 결국 농촌의 발전은 요원한 일이 되고 비리를 근절할 수가 없게 되는 것이다.

　농협 직원은 농민 경력 5년 이상의 사람이나, 농업학교와 농과대학 출신자로 한정해야 한다. 농업학교가 없는 지방에는 복식학교로 해결하면 된다. 당장에 교체하라는 말이 아니라 신규 채용부터 실시하자는 말이다. 농협이 농민의 것이 되면 농민에게 희망이 생긴다. 그때 농민이 만든 진정한 〈새마을 노래〉가 나오게 될 것이다. 농촌총각의 혼인길도 열릴 것이고 농업학교도 활기를 찾게 될 것이다. 나아가 농협과 농업학교와 농업연구소와 농촌의 공동체적 연대가 형성됨으로써 신용사업의 수준도 향상될 것이고 경제사업도 창의적으로 발전하게 될 것이다.

　농협을 농민에게 맡기라고 하면 농민은 신용사업과 경제사업의 전문지식이 없기 때문에 위험하다고 말한다. 그래서 법대와 경상대 출신자가 농협을 운영한다는 것이다. 혹은 농협을 농민에게 맡기는 것은 사회주의 방식이라고도 말한다. 필자는 70년대에 농협을 농민에게 돌리라고 하다가 사회주의적 발상이라고 몰린 적이 있었다. 그러나 시혜적 운영을 고집하면서 사회주의 방식이라고 말하는 것은 케케 묵은 초기 자본주의적 언동에 불과하다. 농협을 농민에게 맡긴다면 농민이 관심을 가지고 잠재능력을 함양할 것이고 농업학교에서는 농업경영학과 더불어 농협 운영에 대한 학습과 훈련을 강화할 것이다. 당장에는 연수 과정을 통하여 자질을 함양하면 된다. 그리하여 농민의 농협을 만들고 농민의 농촌을 만들자.

다음으로 농촌에 마을마다 목욕탕과 도서관을 설치하라. 거기에는 수지타산을 계산해서 안 된다. 목욕탕과 도서관은 문화농촌 건설의 출발점이다. 문화농촌을 건설하면 수지타산 이상의 국가적 이익을 얻을 수 있기 때문이다. 오늘날 도시가 문화적으로 황폐해가는 가운데 문화국가 건설의 기반을 농촌문화를 통해서 달성할 수 있는 길이 열린다. 그래야 대중문화도 건전해질 수 있다. 결국에는 인구의 도시 집중으로 말미암은 천민자본주의의 폐해를 극복할 방도도 나올 수 있다. 그리하여 품위 있고 아름다운 농촌을 건설하자. 그것은 대기업 이상으로 국가경쟁력을 높여줄 것이다.

《대한매일》 1999년 3월 6일

바다정치학을 일으키자

한반도는 3면이 바다로 둘러싸여 있다. 그래서인지 우리 민족은 유난히 바다를 좋아하고 바다와 얽힌 이야기를 많이 가지고 있다. 바다로 뻗어나가야 한다는 국가경영론이 대두하는 것도 이와 같은 맥락이다. 그런데 이번의 한일어업협정의 체결 과정을 보면서 그것은 아득한 꿈일 뿐이라는 것을 느꼈다. 정부를 보나, 국회를 보나, 수협을 보나 바다에 우리의 국력을 심는다는 것은 꿈도 꾸어서 안 될 것이라고 느꼈다.

파도가 넘실대는 넓은 바다는 사람에게 낭만도 안겨주지만 넓은 포부와 용기를 북돋워준다. 그래서 항구에는 시와 예술이 넘치고 변혁기에 항구의 시민들은 혁명의 선두주자로 등장하기도 한다. 이탈리아 통일전쟁 때의 사르데이냐, 미국 독립혁명 때의 보스턴, 프랑스혁명 때의 마르세유, 한국 4·19혁명 때 마산 시민의 경우가 그랬다. 지리결정론을 이야기하는 것이 아니라 그럴 수도 있다는 말이다. 그 좋은 바다가 지금 우리에게는 원망스러운 존재가 되고 있다. 고기를 잡으러 나갔지만 정치인들이 물 위에 그어놓은 어로선 때문에 달빛만 싣고 돌아오는 형편이다.

삼국시대만 해도 바다정치라는 것이 있었다. 그래서 신라 문무왕은 바다 속에 자기의 무덤을 썼고, 장보고는 동북아시아 해상왕국을 건설할 수 있었고, 왕륭은 바다를 경략한 후 호족으로 성장하여 아들 왕건이 고려를 건국할 기초를 닦았다. 그런데 그 후에는 바다정치가 점점 쇠퇴해갔다. 삼별초군이 진도와 제주도에 해상왕국을 건설할 꿈을 불태웠던 것이나 임진왜란 때 이순신이 바다에서 거둔 업적은 어쩌면 돌연변이와도 같은 이야기이다. 이순신의 업적이 더욱 돋보이는 것도 이 때문이다. 쇠퇴한 것이 아니라 바다에 대한 봉금정책을 썼다고 해야 할 것이다. 그것이 독도에 대한 공도(空島)정책으로 나타난 것이다.

그런데 이상한 것은 정부가 바다를 방치하면 해적이나마 득실댈 터인데 해적의 이야기도 없다. 중국이나 일본 해적에 눌려 없었다고 할는지 모르나 그렇다면 송사리 해적이라도 있어야 하는데 그것도 없다. 어찌된 영문일까. 그러는 사이 바다는 우리의 역사에서 멀어져갔다. 그리하여 중앙박물관에 가도, 혹은 민속박물관에 가도 바다의 유물은 별로 없다. 일본 오사카(大阪)의 민족박물관 전시와 비교가 된다. 바다경영의 유물이 없다는 것은 그만큼 바다는 생활과 무관했다는 이야기가 된다. 그러다 보니 바다에 대한 관심은 멀어져갔고 바다의 정치학이 없게 되었다.

구한말에 전국에서 의병이 봉기했던 때도 해상 의병이 있기는 했으나 큰 세력을 형성하지 못하였다. 그래서 1904년 러일전쟁을 도발한 일본이 한일의정서를 강제 체결하고 그를 빙자하여 동해안에 망루(望樓)를 20여 개 설치했다. 그렇게 바다는 모두 점령당하고 말았다. 그때 일본은 독도를 그들의 영토로 편입시킨 것이다. 1913년 춘천헌병대장(강원도경찰국장)이 발행한 《江原道狀況梗槪》라는 책을 보면 동해와 동해안이 진작부터 일본 수중에 들어갔다는 것을 알 수 있다. 그것은 1908년 일본인의 손으로 편찬한 방대한 책인 《韓國水産誌》를 보아도 쉽게 알 수 있다.

그때는 그때라고 하자. 지금은 왜 그런가? 신문마다 어업협정이 잘못되었다고 보도하고 있다. 쌍끌이조업, 북어채낚기어장, 활오징어어장, 독도문제, 남해대륙붕어장문제 등이 잘못되었다고 한다. 협상진행 중에 사무관 경질로 차질을 빚었다는 말이, '말이 되는가' 말이다. 큰소리치던 추가협상도 잘못되었다고 한다. 그 이유는 방심한 것, 준비 부족, 통계가 없었다는 것 등이었다. 해양수산부는 무엇을 했고 국회는 무엇을 하고 있는가? 수산업협동조합은 무엇을 하는 기관인가?

추가협상 전인 지난 2월 23일 국회 농림해양수산위원회에서 독도문제를 포함하여 어업협정에 대한 의원들의 질문이 있었는데 해양수산부 장관의 답변이 협정에 반대한 학자는 3명뿐이었다고 했다. 작년 9월 대통령이 도일할 때 지식인 1백 명이 신중한 대일교섭을 건의했고, 그래도 안 되어 국회 비준에 앞서 비준부결을 위하여 교수 7백여 명이 국회에 청원서를 제출했는가 하면, 문화인 707명과 역사학 교수 333명이 비준반대 성명을 발표하고 청와대·정부·국회와 국회의원 각자에게 그 성명서를 전달했는데 반대자가 3명뿐이라니 무슨 말인가. 그럴 정도면 준비가 있고 없고가 문제되지 않는다. 국가경영이 서툴더라도 정성이나마 쏟아야 하지 않는가. 어민도 이제는 부디 자기 세계를 개척하기 바란다. 어민총연합회를 크게 키우자. 그리고 '바다정치학'을 일으키자.

《대한매일》 1999년 3월 24일〉

천황씨의 IMF

내가 어릴 때 동네 어른들이 세상 돌아가는 사정도 모르는 어른이 잔소리를 하거나 억지를 부리면 그 어른을 가리켜 천황씨(天皇氏) 같은 어른이라고 말하는 것을 자주 들었다. 이것은 며느리들이 시아버지를 원망할 때 자주 사용하는 말이었다. 세정 물정 모른다는 욕이었는데 천황 즉, 하늘의 임금이라 했으니 욕으로 표현하지 않으면서 욕하는 미담이라면 미담이라 하겠다. 나는 1997년 8월에 정년퇴임하고 가끔 북한산에 오르기나 하면서 퇴직 후의 일년을 보냈다. 재직시에 겸직하고 있던 공직도 정년과 함께 모두 사임하고 말았으니 나갈 곳도 없었다. 그래서 산동무를 새로 사귀며 내 딴에는 자연과 더불어 한가로움의 기쁨을 만끽하고 거기에서 보람을 찾고 있었다.

그런데 정년 후에 예상치도 않던 IMF사쾌가 닥쳐 세상이 급속도로 변하고 있어 한가로울 수만은 없었다. 내가 퇴직할 당시만 해도 어느 예언자나 정치인, 경제학자로부터도 우려하는 소리를 듣지 못했던 터라 나뿐 아니라 온 국민이 놀랄 수밖에 없었다. 그러나 나는 정부수립 후 50년 간 누적되어온 정경유착의 병폐가 지금 폭발한 것이라고 하면서 이 기회에 구조적으로 수술할 수 있어 오히려 잘된 일이라고 했다. 그때 나는 개인적으로 직격탄을 맞은 것과 같은 해를 입었다. 환율이 올라서 외국에서 공부하는 자식들에게 송금할 돈이 갑자기 두 배로 뛰었다. 말하자면 항아리에 넣은 곡식이 반으로 준 셈이 되었다. 그런데도 내가 오히려 잘된 일이라고 말하니 나의 아내가 오랜만에 듣는 '천황씨 같은 소리를 한다' 며 원망하듯 말했다.

그래도 나는 아내가 자기 이익만 챙기는 에고이스트라고 생각했을 뿐, 내가 천황씨 소리를 한다고는 생각하지 않았다. 그런데 정작 지금에 와서 세상 돌아가는 것을 알지 못한 내가 정말 천황씨가 된 것이 아닌가 하고 마음 속으로 내다리를 꼬집어 볼 때가 있다. 퇴직 후에 신문도 하나로 줄이고 세상에 대한 관심을 늦추고 있는 동안, 나의 판단력이 무디어진 것이 아닌가 하고 의심할 때가 많다. IMF사태 수습이 외화차입과 외국기업의 유치에 집중되는 것을 보면서 종래 생산장려와 수출증대의 구호가 사그라진 것이 걱정스러웠고, 국민경제 시대는 지나고 국제경제 시대가 도래했다는 소리가 국민경제를 국제경제에 맞게 개혁한다는 뜻으로 들리지 않고 국민경제를 해체한다는 뜻으로 들려 안쓰러웠다. 아울러 초국가적 자본의 지배는 어떻게 감당할 것인가?

작금에 이르러 기업 정리와 빅딜 추진, 부실금융 퇴출, 공기업의 매각, 실업자의 대량 폭증, 공직자의 비리 조사, 사상전향제의 폐지 등, 그야말로 혁명적 처리를 보고는 구조조정이 본격화된다는 것을 느끼게 했다. 다만 기업과 금융이나 공기업의 매각이 나라 경제를 외국에 팔아넘기는 결과가 되지 않기를 바라는 마음 간절하다. 굳이 종속이론을 끌어오지 않는다고 해도 우리는 이미 국제적으로 종속된 것이 적지 않다. 이제 경제까지 넘기고 나면 주권국가의 통치력이 얼마나 보장될 것인가 의심스럽다. 나중에는 팔아먹을 재산도 없을 터이니 더욱 그렇다. 천황씨의 생각으로는 경제의 구조조정이라면 농업구조나 농촌정책을 동시에 발표해야 했다. 문화농촌 건설의 계획을 세워 정말 국토 전체의 구조를 선진화한다면 이 기회에 외국자본에 바람개비처럼 흔들리는 경제가 아닌 견실한 국민경제를 달성하는 길도 열어갈 수 있다고 생각한다. 거기에서 실업 문제도 해결할 실마리를 잡을 수 있는 것이다. 이제는 농협을 농민에게 돌리고 말이다. 그래야 농촌에 활기를 불어넣고 농민의 자존심을 올리고 농산물의 유통구조도 바로 잡을 수 있다.

문화정책의 비전도 제시한 바가 없다. 대중문화의 개방이라는 것 이외에 국가경영 철학을 실은 한국문화의 전망이 보이지 않는다. 교육은 어디로 가는 것인가? '국민과의 대화'에서 신정부가 구시대 인물을 중용한 이유가 전문가는 구시대 인물에서 찾을 수밖에 없기 때문이라고 하던데 정말 아연실색했다. 그렇다면 해방 후 친일파를 중용한 것이 당연하다는 소리가 아닌가? 민주화에 앞장 섰던 두 사람 가운데 한 사람이라도 성공해야 할텐데 정말 걱정이다.

이렇게 푸념을 중얼거리다가 창 밖을 보니 비 갠 하늘이 북한산 인수봉을 처마 끝에 날라다주었다. 등산복으로 갈아입고 하룻재에 올랐다. 인수봉이 이마 위에 다가와 "천황씨의 푸념일랑 백운대에 올라가서 토하라."고 말한다. 누구의 글이던가, 백운대를 통일봉이라 했겠다. 얼른 일어나 백운대에 올랐다.

《교수신문》 1998년 7월 13일

독도의 외로운 운명

지난 9월 20·21일에 한일어업실무자회의가 서울에서 열렸다. 내년도 배타적 경제수역(EEZ)의 어획량과 입어 조건을 협의하기 위하여 만났는데 일본 측에서 경제수역뿐만 아니라 중간수역의 자원을 공동관리하는 문제도 논의하자고 주장하여 결렬되었다. 고기를 못 잡는다고 해도 독도가 있는 중간수역을 공동관리할 수 없다는 것이 한국 측 속셈인 것 같다. 고기를 못 잡아 폐업하는 어민에게는 국가예산으로 보상한다는 것이다. 기가 막힐 노릇이다. 보상할 돈은 어디에서 나오는가. 또 공동관리할 중간수역을 만들어놓고 공동관리는 못 한다고 하니 어쩌자는 것이냐. 작년 한일회담에서 어업협정을 잘못하여 이꼴이 되었으니 정말 딱한 이야기이다.

어업협정에서 중간수역을 설치하면 독도 영유권에 문제가 발생한다고 학계에서 그토록 경고하자 '영토협정이 아니라 어업협정이므로 염려할 것이 없다'고 큰소리칠 때는 언제인가? 불과 1년

전의 일이 아닌가?

1998년 10월 대통령의 방일에 앞서 1백 명의 교수가 〈한일관계의 올바른 정립을 바라는 교수들의 의견과 정책제안〉(대표 조동걸)에서 한일회담의 신중한 처리를 건의한 바 있다. 그런데 신중은커녕 어업협정을 맺고 말았다. 국회 비준이라도 막아야 한다고 교수 7백 명(대표 신용하)과 문화인 707명(대표 이만열, 김경희)과 역사학자 333명(대표 강만길, 성대경, 윤병석, 이만열, 조동걸)이 비준반대 성명을 발표했다. 그러나 국회는 무감각이었다. 그리하여 1999년 1월 22일 새 어업협정이 발효되었다. 그때는 어민들도 일어났다. 2월 23일 국회로 몰려간 어민들은 '바다를 팔아먹었다'며 격렬하게 시위를 했다. 그제야 표에 민감한 국회의원이 움직이기 시작하였다. 국회 농림해양수산위원회에서 해양수산부에 책임을 추궁하자 답변에 나선 장관의 말 가운데 "학자 중에 한일어업협정에 반대한 사람은 단 3명에 불과하며"라는 대목이 있었다. 어떻게 3명인가. 정말 한심한 장관이고 국회의원이다.

그때도 독도문제는 안전하다고 했다. 그런데 채 1년도 안 된 9월 21일 독도 문제가 불거져나와 한일어업실무자회의가 깨지고 말았다. 당초에 독도를 중간수역(공동수역)에 넣은 것이 잘못이라고 하니까 '대학의 C학점 같은 소리'라고 큰소리를 치던 사람들이 왜 실무자회의는 파기했는가.

독도는 《삼국사기》와 《세종지리지》를 보아도 분명히 한국의 영토다. 일본은 1904년 러일전쟁 와중에 '한일의정서'를 강제하는 한편 독도를 점령하고 국제법 절차를 밟기 위하여 1905년 2월 22일 독도를 관할한다는 島根縣에서 무인도 선점을 고시했다. 그래도 이의를 제기한 나라가 없었으므로 자기 영토로 확정됐다고 했다. 그렇게 교활하게 점령한 독도이기 때문에 2차대전 직후 연합군사령부는 미 국무성의 지시대로 일반명령(SCAPIN) 677호와 1033호로 독도를 한국 땅이라고 명시했다.

그런데 잘못한 것은 이승만 정부였다. 1951년 9월 6일 샌프란시스코 강화조약이 체결될 때 일본의 로비로 한국 영토에서 독도가 빠져나가는 것을 막지 못하였다. 그때 독도가 일본 영토로 넘어갈 뻔했는데 영국과 프랑스의 반대로 넘어가지는 않았으나 한국 영토의 표시에서 빠지고 말았다. 이승만은 부산 피난 중에도 정권 연장의 욕망에 빠져 영토가 날아가는 것도 아랑곳하지 않았다. 나중에 다급해진 이승만이 이듬해 1월 18일에 평화선을 선포한 것이다. 억지 노름이었다 다음에는 박정희정권이 군사쿠데타의 국제적 공인과 3억 달러 경제원조에 눈이 어두워 1965년 한일협정 때 그나마의 평화선도 묵묵히 철회하고 말았다.

오늘의 김대중—김종필 정권은 더없이 어정쩡한 어업협정을 맺었다. 독도 바다에 중간수역을 만들어 독도가 공동관리 어장 속에 놓이게 했다. 일본에서는 죽도(독도)를 찾을 기회가 왔다고 외교 만세를 불렀다. 결국 독도에 전운이 감돌게 만든 신어업협정이라 할 것이다. 독도의 외로운 운명을 누가 책임질 것인가.

《매일신문》 1999년 10월 25일》

한일어업협정의 비준을 부결하라

작금에 국제 관계가 다양하게 발전하고 있는데 대하여 국민과 학계가 함께 찬사를 보내고 있지만, 한일어업협정에 대하여는 뜻 있는 사람들의 걱정하는 소리와 논란이 끊이지 않고 있다. 특히 어업협정으로 말미암아 '獨島'의 영토적 안전이 위협받게 되었다는 점이 논의의 초점을 이루고 있다. 이에 대하여 우리 역사학계에서도 개별적인 논문을 통하여 진실이 무엇이라는 의견을 개진해왔는데 그에 대하여 정부 당국자는 심각하게 주목하지 않고 어업협정에서 분쟁의 씨앗을 남기고 말았다. 어쩌다가 여기에 이르렀는지 안타깝기 그지없다. 이에 우리 역사학계는 한일 양국의 진정한 우호관계를 수립하기 위해서도 더 이상 보고만 있을 수 없어 소견을 밝혀 행정부와 입법부 관계자의 정당한 결정을 촉구해둔다.

1. 독도는 《三國史記》나 《世宗地理志》에 밝혀 있는 바와 같이 역사적으로 한국의 영토임이 분명한데 이제 새삼 문제 삼아야 하는

것을 답답하게 생각한다.

 2. 독도가 일본 영토라는 말의 유래는 일본 제국주의의 침략과정에서 한때 점유하고 있었던 데에 있다. 1904년 일본 제국주의 정부가 러일전쟁의 와중에서 늑결한 '한일의정서' 제4조 말미의 일본 정부는 "軍略上 必要한 地點을 隨機 收用함을 得할 事"의 규정을 악용하여 동해와 동해안 각처를 점령하고 동해 복판에 있는 독도를 그들의 영토로 은밀히 편입시켰다. 그것은 제국주의 침략의 일단에 불과한 것이다. 그때 독도를 無主地 先占이라는 국제법상 규정을 도용하여 1905년 2월 22일 그들의 지방행정관청인 島根縣 告示로 국제법상의 절차를 밟았다고 말하지만, 그것은 독도가 역사적으로 무주지가 아니라는 점, 지방관청의 은밀한 고시에 불과하다는 점, 인접한 국가에 통보하는 국제 관례를 무시한 점, 전쟁 와중을 악용하고 있는 제국주의적 방법이라는 점 등으로 국제법상 효력이 없는 것이다.

 3. 때문에 제2차세계대전이 끝나고 일본을 점령한 연합군사령부에서 일본 영토의 범위를 결정할 때, 1946년 1월 29일의 사령관지령(SCAPIN) 677호와 그해 6월 22일의 SCAPIN 1033호에서 독도는 한반도의 부속 도서로 명기했던 것이다.

 4. 1951년 9월 8일(1952년 4월 28일 발효) 샌프란시스코 강화조약 명문에 독도가 한국 영토 표시에서 누락되어 있다는 것을 트집잡는 수가 있는데, 거기에는 한국 영토 전체를 표시하지 않았고 또 표시할 성질의 문서가 아니라는 점, 따라서 누락이 곧 일본 영토를 의미하는 것이 아니라는 점, 샌프란시스코 강화조약은 미·일 강화조약일 뿐이라는 점 등의 이유로 그것이 트집거리가 되지 못하는 것이다.

5. 그와 같이 역사적 권원은 물론, 국제법상으로도 독도는 한국의 영토가 틀림없으므로 종전 후 지금까지 한국이 지배하고 있는데 금번 한일어업협정에서 독도를 한국의 전관수역이 아닌, 한일 양국의 중간수역(공동수역)에 포함하도록 협정한 것은 앞으로 분쟁의 씨앗을 만든 중대한 과오라고 지적하지 않을 수 없다. 어업협정은 어업에 관한 협정이지 영토에 관한 것이 아니라고 말하기도 하나 그랬으면 얼마나 좋으련만, 어업협정의 전관수역이니 공동수역이니 하는 수역 설정의 기점이 영토를 기준하고 있으므로 당연히 직접 관계되는 문제이다. 현재의 실효적 지배를 말하는 수가 있는데 실효적 지배는 언제나 일방적인 것이다.

6. 따라서 대한민국 국회는 한일어업협정의 비준안을 국민과 학계의 의사를 존중하여 부결시킬 것을 강력히 요구한다. 우리들이 만난 국회의원은 여야간에 이 문제에 관하여 우리 의견에 동조하고 있었다. 그러므로 정략이 개재되지 않는 한, 부결될 것을 확신하지만 그래도 우려되는 바 있어 성명을 발표해둔다.

7. 일본 정부도 제국주의 시대의 논리를 인류평화를 사랑하는 현재 일본인의 뜻을 존중하여 더 이상 고집하지 말 것을 촉구하는 바이다. 제국주의 시대의 논리를 고집하면 지금의 일본도 제국주의 국가라는 불명예를 안게 될 것이다. 바로 그 때문에 양심적인 일본인 학자들이 독도는 한국 땅이라는 논문을 발표하고 있지 않는가? 이제는 한일 양국의 영원한 우호관계 수립이 어떤 길이라는 것을 깊이 성찰하기 바란다.

8. 끝으로 대한민국 국회는 독도 부근의 소위 중간수역(공동수역)을 설정하여 대한민국의 영토를 훼손할 가능성이 명백한 한일어업협정을 비준함으로써, 천추의 한을 남길 과오를 저지르지 말

것을 거듭 촉구한다.
1998년 12월 10일, 역사학자 일동(명단 별첨)

《한일어업협정 비준 부결을 촉구하는 역사학자 333명의 성명》

고집의 멋

외솔 최현배(崔鉉培) 선생이 문교부 편수국장 재직시에 근무 중에는 국장 책상에 놓여 있는 펜으로 글을 썼는데 사사로운 편지를 쓸 때는 자신의 만년필을 사용했다. 공사를 구별하는 것이 생활에 배 있던 때였으므로 남들도 그것을 별나게 보지 않았다.

역시 한글학자인 이윤재(李允宰) 선생은 서울의 진고개(지금의 충무로) 일대에는 가지 않는 고집이 있었다. 구한말부터 남산 북쪽 기슭으로 일본군이 주둔해 있었고 조선총독부도 1926년까지는 거기(제일터널 근방)에 있어서 지금의 퇴계로와 충무로 일대는 일본인들의 상가 또는 주거지가 되었다. 그때 일본인들은 진고개를 새로 개발하여 '본정(本町)'이라 불렀으니 이윤재 선생은 일본의 '침략 본정'이라 하여 거기는 가지를 않았다.

그런데 딱한 일이 생겨났다. 자기의 연구비를 지원해주는 기업가가 있었는데 그가 아들 결혼식을 본정 2정목(충무로 2가)에 있던 미나까이(三中井)백화점에서 가진다고 기별이 오지를 않았는가? 생각다 못해 이윤재 선생은 결혼식 시작부터 끝나는 시간까지 진고개(충무로) 입구에 서서 멀리 바라보며 결혼식을 축하하고 부조금은 따로 전하였다. 그렇게 고집스런 이윤재 선생이었으므로 그는 1942년 조선어학회사건 때 함흥감옥에 갇혀 고문을 당하면서도 굴하지 않고 고집을 부리다가 끝내 옥사하고 말았다.

안동에 가면 1910년에 자결 순국한 이만도(李晩燾) 선생의 미담이 전해온다. 그는 나라가 망하자 단식 자결하였다. 대한제국이 망했을 때 자결 순국자 가운데 음독 자결자가 가장 많았고, 다음에 단식 자결자가 많았는데 단식할 때는 모두 문을 닫고 사람을 만나지 않았다. 그런데 이만도 선생은 단식을 하면서도 가족은 물론 문인 제자와 이웃 마을의 친구나 문병객까지 모두 만났다. 제자에게는 양심을, 며느리에게는 부덕을, 손자에게는 의리를 가르치며 단식하였다. 죽으면서 인간의 길을 가르친 것이다. 그래서 그의 제자 중에는 변절자가 거의 없고, 그의 아들 손자는 모두 독립운동에 몸바쳤다. 그의 며느리는 고문으로 실명당하면서도 입을 다물고 고집의 미담을 남겼다. 더없이 아름다운 고집들이 아닌가.

화가들이 난초를 그릴 때 흙을 그리지 않는 것을 놓고 '寫蘭不寫土'라 하여 동양에서는 고집의 멋을 대변한다고 해서 좋아했다. 송나라 선비들이 여진(금나라) 오랑캐에게 서울 개봉을 빼앗기고 쫓겨 항주에 가서 있을 때 고향의 난초를 그리되 오랑캐에게 짓밟혀 더럽혀진 흙은 그리지 않았다는 것이다. 얼마나 멋있는 고집의 이야긴가?

이제는 그런 고집이 없어졌다. 멋다운 멋도 없어지고 있다. 쓰레기 인생들이 멋을 이야기하는 세상이 도어버렸다. 고집불통 패가망신이라고 평계를 달면서 말이다. 세속적인 이해를 따질 때 고집을 부리면 패가망신한다. 그러나 이해 득실에 팔려 양심과 정의의 고집을 잃으면 쓰레기 인생이 되고 만다. 그래서 이해에 밝은 기업가나 정치가에 쓰레기 인생이 많은 것이다. 돈으로 양심을 포장하고 권력으로 정의를 위장한 경우가 많기 때문이다.

그럴 경우 옛날에는 선비들이 비평을 하고 언로가 열려 있어 비판의 소리를 들을 수 있었다. 1980년대까지만 해도 군사정권 속에서도 민주주의를 위하여 학자와 언론이 목청을 높였다. 그런데 지금 언로는 돈에 막혔고 학자의 본산인 대학은 기능주의에 빠져 선비가 설 자리를 잃고 말았다. 그것이 신자유주의란다. 흙 없는 난초의 그림은 술집 장식품으로 전락하고 있다. 선인들이 남겨준 고집의 멋을 살릴 길은 정말 없다는 말인가?

《매일신문》 1999년 9월 27일

죽음의 미학

지금부터 25년 전쯤인 것같다. 춘천교육대학 부속국민학교 교장으로 남궁 선생이 계셨다. 필자와 가깝게 지내던 분으로 인격이 단아했다. 건강도 좋았는데 갑자기 암으로 돌아가시게 되었다는 소문을 듣고 달려갔더니 병실을 들어서는 필자를 반갑게 맞으며 조 교수, 내가 조 교수에게 신세만 지고 은혜를 갚을 여가도 없이 죽게 되었으니 미안해서 어쩌느냐, 라며 필자의 무거운 표정이 무색할 정도로 밝게 웃었다. 그리고 그날 밤에 작고했다는 부음을 들었다. 그렇게 평화롭게 일생을 청산하면서 죽음을 맞는 분을 필자는 아직까지 만나지 못하였다.

사람의 일생에서 가장 중요한 것이 죽음을 어떻게 맞는가, 어떻게 죽는가 하는 것이다. 죽는다는 것은 삶의 마지막 모습이기 때문이다. 글로 치면 결론에 해당한다. 일생을 멋지게 잘 살았던 사람이라도 죽음을 더럽게 맞으면 일생의 평가는 급전직하로 폄하되고 만다. 평생을 군자연하던 신부나 승려가 여자를 데리고 술을 마시다가 죽었다고 하자. 그 사람이 평소에 이야기하던 설교를 누가 믿어주고 누가 그를 추모할 것인가? 이렇게 말하는 필자도 임종에 헛소리나 하지 않을까 걱정이 되나 자기 구속을 위하여 자꾸 이런 소리를 하는 것이다.

그런가 하면 반대로 일생을 서툴게 살던 사람이라도 마지막을 값 있게 마치면 서툴던 삶도 멋있게 이해되는 수가 많다. 그들을 필자는 '죽음의 행운아'라고 말할 때도 있다. 민영환, 최익현, 이상재, 김구, 신익희 등 특히 근현대사에 그런 사람이 많다. 전통시대에도 이차돈, 정몽주, 사육신 등 적지 않다.

구한말 민씨 정권의 세도가였던 민영환은 민영익, 민영준(휘)과 함께 민비의 정치자금 조달자였다. 그런데 1905년 을사조약이 체결되었다는 소식을 듣고 자결 순국하였다. 당시의 《대한매일신보》에서는 전면 특집으로 그 사실을 보도하였다. 그 후 민영환은 잡음을 일소하고 만고의 애국 선열로 추앙을 받게 되었다. 지금도 비원 앞에 가면 그의 동상이 지나는 길손에게 충절을 일깨워주고 있다.

1927년 3월에는 신간회 회장 이상재의 장례가 있었다. 서울에서 충남 서천군 한산면으로 가는 길은 춘삼월답지 않게 눈물의 행렬로 이어졌다. 大器晩成이라는 격언처럼 일생을 대범하게 살다 간 님이기에 겨레의 마음을 더욱 울렸다. 1927년 2월에 민족진영과 공산진영이 협동하여 역사상 단 한 번 있었던 좌우통일전선으로 신간회가 결성되었는데 거기에서 양진영이 추대한 회장이 이상재였다. 통일의 대부였던 셈이다. 그가 그해 3월에 작고한 것이다. 어찌 춘삼월이라 하여 눈물이 흐르지 않으랴. 아직도 통일을 이루지 못하고 있는 오늘이고 보면 그때의 눈물이 지금인들 말랐다고 말하랴.

 신간회의 정성도 모른 채 해방조국에는 분단정부가 수립되고 말았다. 미·소가 점령한 남북에는 그에 걸맞게 미국과 소련에서 훈련받은 정권이 들어섰다. 그때 38선을 베고 죽을지언정 단독정부 수립에는 참여할 수 없다고 외치던 김구, 김규식이 노구를 이끌고 남북협상의 길에 올랐다. 그때 김구는 공산당으로 몰리기까지 했다. 그러다가 1949년 6월에 암살당하고 말았다. 그때 이승만 정권은 반민특위 사건을 일으켜 친일파의 생존권을 확보한 뒤, 그에 반발하며 남북협상을 고집하던 김구를 죽였던 것이다. 그리하여 이 땅에 정의는 짓눌리고 친일파와 친일군벌이 성장하게 되었다. 그 힘으로 친일정권이 연이어 집권하는 해괴한 역사가 전개된 것이다. 순리로 안 되면 쿠데타를 일으켜서라도 집권했다. 그러나 역사는 육신의 죽음 위에 아름다운 꽃을 피우는 진실된 힘을 가지고 있다. 김구가 죽은 지 50년 만에 평양에서 합동추도식을 갖자고 제의해왔다. 실현은 안 되었지만 드디어 남북이 공동으로 기념할 인물이 탄생한 것이다. 평양에서도 백범기념관을 세운다는 소식이다. 1949년의 암살이 죽음의 미학으로 반전되는 이야기가 아니던가.

《매일신문》 1999년 11월 8일》

國字 1 · 2호 파동

'國字'란 국무원 문자(공문)를 가리킨다. 원래는 중국 말이었으나 대한민국임시정부에서도 사용하였다. 해방 후 1945년 12월 31일에 포고한 '국자 제1호'와 '국자 제2호'가 그것이다. 이때의 '국자'는 미군정을 축출하는 포고령이었다. 제1호는 대한민국임시정부가 미군의 행정을 접수한다는 것이고, 제2호는 조선 사람은 임시정부의 지시를 따르라는 포고였다.

이 포고에 안팎이 모두 놀랐다. 임시정부가 '국자'를 발포한 이유는 신탁통치 문제 때문이었다. 연합국을 대표한 미·영·소 3국 외상이 모스크바에 모여 해방된 조선에 대하여 새로 임시정부를 수립하고 그 임시정부가 정식 정부를 수립할 때까지 열국이 신탁통치한다고 합의하였다. 그 소식이 서울에 전해진 것이 12월 28일이었는데 그에 대한 반발로 '국자' 1·2호를 발포한 것이다. 임시정부가 있는데 새로 임시정부를 수립한다고 하니 반대할 수밖에 없었고, 신탁통치는 식민통치의 새 유형일 뿐이므로 수용할 수 없었다.

　신탁통치(국제관리)설은 1942년 미국 정가에서 제기된 직후부터 중경에 있던 임시정부가 반대해오던 것으로 해방 직후에는 임시정부뿐만 아니라 조선공산당까지 모든 정당이 반대했다. 임시정부 설립 문제도 3·1운동의 정신으로 만든 대한민국임시정부가 27년 간 중국에서 독립운동을 전개하다가 이제 막 귀국했는데, 그 임시정부는 없었던 것으로 하고 미국과 소련이 새로 임시정부를 만든다고 하니 반대할 수밖에 없었다. 더구나 27년 간 임시정부를 끌고 온 사람들은 더 없을 모욕감에 치를 떨었다. 그래서 국무회의를 열어 극약처방으로 '국자' 1·2호를 선포하기에 이른 것이다.

　'국자' 가 발포되자 임시정부와 경합하고 있던 정치세력이 모두 놀랐다. 임시정부와 경쟁하던 우파의 이승만과 한국민주당은 물론, 좌파로서 인민공화국을 만들어 임시정부와 대립하고 있던 조선공산당(박헌영)과 인민당(여운형)도 놀란 나머지 며칠 동안 입을 다물고 말을 못했다. 김구·김규식·조소앙·유림·김원봉·장건상·신익희 등 임시정부는 목숨을 걸고 미군정에 맞섰다. 그러자 이들을 '반탁쿠데타'로 이해하던 미군은 극약처방을 구상하게 되었다. 남한 주둔군사령관 하지 장군과 그의 참모들은 임시정부 요인을 모두 체포하여 인천에 있는 일제 때 포로수용소에 감금했다가 중국으로 추방할 계획을 세웠다. 12월 31일의 일이었다. 그런데 만류 의견도 있어 하지는 김구 주석을 일단 만나기로 했다. 1946년 1월 1일 반도호텔(지금의 롯데호텔 자리)에서 김구·하지의 담판이 이루어진 것이다.

　거기에서 합의한 것이 임시정부는 '국자'를 철회하고 미군정은 신탁통치 반대운동을 방해하지 않는다는 것이었다. 그리하여 '국자 파동'은 끝났다.

'국자 파동'은 일막의 토막극처럼 보일는지 모르지만 그렇지 않다. 해방 후 미군정에 대하여 독립운동의 의지를 '국자 파동' 이상으로 극명하게 보여준 사례가 없다. 나아가 이 일은 우리가 살아 있는 민족이라는 것을 충격적으로 보여주는 계기가 됐다. 그런데 지금은 어떤가. 몇년 사이 정치, 경제는 미국 아니면 일본에 전에 없이 예속되어가고 민족문화는 박살나고 있다.

어제 20세기 마지막 광복절을 보냈다. 무엇을 광복했단 말인가? 주권 행사가 새롭게 제약당하는 마당에 남북 긴장도 더욱 고조되고 있는데 광복은 무슨 광복인가. 그래도 정신적 광복을 생각하여 해방 직후부터 광복절이라 일러왔는데 민족문화까지 박살난다면 그 정신적 광복도 분해된다는 것을 의미한다. 정신조차 분해되고 있는 20세기 마지막 광복절이라면 '국자 파동'이라도 다시 연출한 후에 21세기를 맞는 것이 어떨까?

《매일신문》 1999년 8월 16일

대구라운드 만세

정의는 소박한 진리에서 생산된다. 1907년 대구에서 국채보상운동이 일어나 전국에 메아리칠 때 그 논리는 소박하였다. 1300만 원의 국채를 당시 인구 1300만 명이 1원씩 부담하면 청산할 수 있다고 생각한 것이다. 국채를 청산해야 대한제국이 일본의 침략으로부터 자유로울 수 있고 국민도 반식민지(종속상태)에서 해방될 수 있다고 믿은 것이다. 그러한 생각이 사회정의를 일으켜 독립운동의 추진력이 되었다.

몇년 전에 경북대학교의 김영호 교수가 국채보상운동을 기념하는 모임을 갖는다고 하기에 필자는 가볍게 들었다. 지방자치제가 실시되어 지방별로 특징 있는 사업을 추진하는 유행 추세와 때를 같이한 대구의 지방사업 정도일 것이라고 가볍게 들어넘겼다. 흔히 있는 독립운동 기념학술대회처럼, 국채보상운동의 정신을 얼마나 되살릴 것인가를 의심하면서 말이다. 그런데 근자의 소식은 그것이 아니다. 근 1백년 전 그때의 정신을 현대사에 접목시켜 21

세기 새로운 세계운동으로 도약, 발전시키고 있다. 그것이 1999년 1월 6일부터 8일까지 대구라운드 제1차 세계대회로 나타났다. 정말로 축하한다.

경제학에 문외한인 필자는 근래 한국 형편에 둔감해져 말을 잃을 때가 많았다. 특히 OECD나 WTO에 가입하는가 하면 IMF 사태를 맞아서 그 현대판 제국주의를 어떻게 극복해야 하는가를 알 수 없어 다만 인류 역사가 잘못되어간다고 소리치는 이상의 말을 할 수가 없었다. 말레이지아처럼 IMF로 가지 않고 경제난국을 극복하는 방안도 있는 모양인데 우리는 멕시코처럼 IMF로 가야 했던 이유를 통 알 수가 없었다. 그것이 진정한 세계화였던가? 누구나 공식석상에서 '무한경쟁의 시대' '국제경쟁에서 살아 남자면'이라는 무서운 말을 서슴없이 토해내는 비인간적 세태 앞에서 19세기 후반 이래 20세기를 휩쓸던 사회진화론의 엄습을 체감하며 공포감에 젖기도 했다. 우리가 이런데 아프리카나 옛 유고슬라비아의 형제들은 어떨까 하고 흥분한 적도 있었다.

이럴 때 세계외채 해결과 투기자본의 규제 등을 통해 세계 경제 정의의 구현을 위한 시민운동으로서 대구라운드가 출범했다는 것은 여간 뜻 있는 일이 아니다. 비정부 시민운동이므로 가시적 효과가 당장에 얻어지는 것은 아니다. 그러나 경제적 민주화운동이 조직적으로 전개되었다는 것 자체가 중요한 것이다. 그러한 시민운동이 확산되면 강대국 제국주의자들도 달라지게 마련이다. 그 변화를 국채보상운동에 접목시켜 일으킨 지혜에 대하여 박수를 보낸다.

세계 경제질서로서 자유무역이 좋기는 하지만 사람은 국경 안에 묶어놓고 물자는 국경과 관계 없이 오갈 수 있어야 한다는 것이 이상하지 않는가. 강대국들은 후진국이 어렵게 산업을 일으켜 기업을 키워놓으면 그것을 마구 흔들어 비틀거리면 흡수하고 만다. 그리하여 후진국은 GDP는 올라가도 GNP는 올라가지 못하고 항상 불안하게 살아야 한다. 이러한 강대국 중심 질서를 탈피하지 않고는 사회정의나 인류평화를 달성할 수 없는 것이다. 때문에 필자는 미국인이 르완다와 보스니아의 국민을 겸하고 르완다인이 독일과 미국인을 겸하는 방식으로 세계인의 다국적 질서를 수립하는 방도를 생각하자고 이야기해왔다. 그래야 사회정의의 실현도, 환경오염의 극복에도 접근할 수 있다고 생각한다.

  보도에 의하면 대구에 모인 세계 석학들도 좋은 방책을 많이 제시했다고 들었다. 유엔의 비정부기구 담당자 해미시 젠킨스가 "국제금융체제를 민주화하여 민중 지향적인 경제를 구축하기 위해서는 경제적 관점이 아니라 인권 차원에서 국제통화기금과 세계은행의 개편을 시도해야 한다."고 했다는데 그런 노력이 21세기에는 기념물로 남도록 대구라운드의 성공을 기원한다. 대구라운드 만세!

                                《매일신문》 1999년 10월 11일)

한국사학사학회 발기문

　실상이 있으면 거기에는 원리가 있고 원리가 있으면 학문이 따르게 마련이다. 인간의 역사가 있는 곳에 역사 연구가 있어왔던 것도 그 때문이다. 한국사 연구가 시작된 지 2천여 년을 경과하는 가운데 학문의 성격과 틀을 갖추게 된 것은 크게 오래된 이야기가 아니다. 근래에 학문의 틀을 갖추었다고 하더라도 학문 외적 조건 때문에 한국사학이 발전하기에는 여러 가지 어려움이 많았다. 지금도 남북분단과 정국의 불안정으로 말미암아 역사학의 길에 많은 장애가 가로놓여 있다.

　그렇다고 언제까지 보고만 있을 수 없다. 이제는 연구 여건도 다소간은 좋아졌다. 연구 인원도 증가 추세에 있다. 그에 따라 연구 논저도 양적으로나 질적으로 크게 향상되고 있다. 이러한 한국사연구의 추세와 흐름을 흐름대로 방치할 수 없지 않은가. 역사학의 산만한 연구 풍토를 보다 더 체계적이고 능률적으로 발전시킬 필요가 있다는 것이다. 전통시대와 근현대사의 연구가 별도로 수행되고 있는 경향도 문제이다. 역사 연구도 연구지만, 역사 이론의 개발이 시급하다는 주장도 있다. 한국사학계의 이론의 빈곤을 극복하여야 한국사학이 발전할 수 있다는 것이다. 대학에 한국사학과가 설치된 지 30년에 이르렀지만 한국사방법론 강좌를 개설한 학교가 많지 않다. 그렇다면 역사학 이론을 개발하는 것이 한국사학 발전을 위하여 긴요한 문제라고 해야 할 것이다.

그런데 역사학의 철학적 이론이나 인문사회과학적 이론이나 혹은 다른 어떤 이론이나 이론 자체의 구명을 통하여 역사학 이론을 개발하기란 쉽지 않다. 그에 앞서 선학들의 역사 연구 사례를 천착하고, 열린 토론의 광장을 마련하는 것이 보다 더 중요하다고 생각한다. 그래서 '한국사학사학회'를 발기한다.

어려운 여건 속에서 한국사학을 지키고 연구해온 선학들의 논저를 하나 하나 정리하다 보면 역사학의 길도 찾을 수 있고, 한편 선학들의 인간적 고뇌도, 그 고뇌를 담고 역사를 연구해온 여러 가지 교훈도 배우게 될 것이다. 동학 여러분, 선학들이 닦아 놓은 한국사학을 점검하면서 역사방법론을 새롭게 개발하고, 또 학자의 길도 닦고 배우는 모임으로서 '한국사학사학회'를 발기하는 뜻을 살펴주기 바란다. 정말 내실의 열매를 맺는 학회가 되기를 기원하며 제안하는 바이다. 20세기가 저물기 전에 발기하는 작은 뜻도 살피기 바란다.

1999년 2월 2일, 발기인 일동

《韓國史學史學報》창간호

2000년이여 어서 오라

　20세기 마지막의 1999년이 저물고 있다. 지긋지긋했던 20세기였으므로 빨리 저물기를 바라는 심정이다. 그렇다고 21세기가 좋다는 보장도 없는데 말이다. 20세기에 우리는 봉건과 반봉건, 식민통치와 독립운동, 분단과 전쟁, 독재와 혁명, 산업화와 인간소외를 거의 동시에 겪어야 했다. 그리고 인류 역사 5천년 간의 각종 체제로부터 해방되기 위하여 노력한 20세기였다. 신분제도로부터, 권위주의로부터, 독재정치로부터, 가부장제도로부터, 무지와 빈곤으로부터, 제국주의로부터, 이데올로기로부터, 인종주의로부터, 국수주의로부터 탈출하기 위하여 노력한 20세기였다. 그러나 계급문제나 통일문제처럼 미해결의 과제를 안고 21세기로 가야 한다. 거기에 20세기에 새로 대두한 문제가 추가되어 있다. 국가 조직과 경제 올가미, 살인무기와 패권주의, 세계주의와 신자유주의, 환경오염과 생명공학 등 20세기가 만들어낸 신 과제도 적지 않다.

21세기는 20세기처럼 힘이 지배하는 것이 아니라 지식이 지배하는 세상이 된다고 한다. 그렇다면 우리가 유리할지도 모른다. 세계의 모든 국가가 총칼을 든 무인이 다스려갈 때 우리는 문인이 다스린 문치주의의 전통을 쌓았다. 때문에 문약했던 단점은 있었으나 교육열이 높은 장점을 가지게 됐다. 교육열이 높았으므로 식민지 폐허와 6·25의 잿더미 위에서 경제개발을 달성할 수 있었고 남들이 놀랄 정도로 IMF사태도 빨리 극복할 수 있을 것으로 본다. 즉 '문치사회―교육열―지식 성장'의 구조적 특징이 총칼이 지배한 20세기에는 식민지로 전락할 정도로 불리했지만 지식이 지배할 21세기에는 유리하다는 말이다.

지식사회에서 문제되는 것은 지식의 도덕성이다. 고도의 범죄는 고도의 지식이 만드므로 21세기가 20세기 이상의 대참극을 불러올 가능성이 있다. 유전자 조작에 따라 인조인간도 나오고 우주인간도 나타날 터인데 그때 인간의 길을 잊으면 엄청난 재난과 난장판이 연출되어 인류는 멸망하고 만다. 그것을 막자면 무책임한 신자유주의와 실용주의에 함몰되지 말고 인문주의와 인문학 교육을 강화해야 한다.

또 21세기에는 정보조직이 지배한다고 한다. 국가 운영에서도 인터넷을 이용해 시민단체가 참여한 직접민주제가 발달할 것이 예상된다. 정부는 시민단체의 협조를 얻지 못하면 쓰러지고 만다. 정부는 모든 비밀을 공개당하게 될 것이므로 국가의 비밀이라는 것은 없어진다. 때문에 20세기의 대의정치 방식으로는 21세기를 감당하지 못한다. 부패한 정치인과 무력한 국회나 사법부를 보라. 20세기 방식의 정당정치나 대의정치는 선진국 몇 나라 외는 이미 빛을 잃고 있다. 그러므로 20세기형 선진국을 따라잡을 생각일랑 말고 시민단체의 참여에 의한 직접민주정치의 국가 운영 모형을 개발하여 선진국을 추월할 방도를 찾아야 한다. 그럴 때 '국민—시민단체—정부(정당)—시민단체—국민'이라고 하는 3중 구조에 의하여 국가를 운영하는 방안이 나오게 된다. 그렇게 온 국민이 국가 운영에 참여하는 방식이 되면 미국 같은 대국보다 우리 같은 작은 나라가 능률이 극대화되어 모범국이 될수 있다.

새 시대에는 개인 생활, 가정 생활, 사회 생활 모두가 네트워크로 연결되어 별도 영역이 없어질 전망이다. 거기에 세계시민 혹은 우주시민의 역할도 혼합된다. 따라서 국경선은 낮아질 것이고 세계 구석 구석에 연결된 통신망을 따라 세계적 시민단체가 중요한 역할을 수행할 것이다. 지난 11월 말 WTO 협상을 무산시킨 시애틀의 함성을 듣지 않았던가. 우리 나라에는 1천 개 정도의 시민운동 단체(NGO는 2만 개)가 있는 것으로 안다. 시민운동 단체란 노동조합이나 종교단체 같은 이익단체가 아니라 공익을 위한 환경운동연합, 참여연대 같은 것을 말한다. 21세기에는 누구나 한 개 이상의 시민운동 단체에 가담하여 기업체와 학교와 정부와 지방정부와 국회를 감시하고 지원하는 시민운동자가 되어야 한다. 그래야 정부의 무능과 초국가적 기업의 반동 즉, 신자유주의의 난동을 막을 수 있다. 모두 시민운동 단체에 가입하자.

통일 문제도 정부 혼자 해결할 수는 없다. 영웅주의를 버려라.

《매일신문》 1999년 12월 20일

20세기 한국사의 전개와 반성
― 인간의 길을 향한 1백년의 진통

머리말―난장판에도 길은 있다

한반도는 자연환경이 좋아 주변국가들이 모두 탐을 내는 곳이다. 그래서 온갖 시달림을 받으며 험난한 고개를 넘듯 오늘에 이르렀다. 또 하나의 고개를 넘으려던 구한말에 난장꾼의 장난을 이기지 못하고 결국 일본 제국주의의 식민지가 되고 말았다. 식민지 가시덤불에서 해방을 맞자 흥분도 잠깐, 천둥과 소낙비가 쏟아질 줄은 몰랐다. 세상은 다시 난장판으로 변해갔다. 아직 비가 멎은 것은 아니지만 앞의 흙탕물길을 지나면 사람이 살 만한 초원이 있을 것만 같다. 그런데 앞으로 나가자니 비에 젖은 옷은 천근 만근이요, 피범벅이 된 땅바닥은 미끄럽고, 허리가 꽁꽁 묶여 힘을 쓸 수가 없다. 그렇다면 우선 38허리띠를 풀어내야 한다. 그런데 훼방꾼이 많아 그것이 쉽지 않다. 21세기의 새날은 다가오는데 어떻게 해야 할 것인가? 전자정보시대, 우주시대가 눈앞에 다가와 바쁜 걸음을 재촉하는데 어떻게 해야 할 것인가? 우선 20세기의 구속에서 해방되어야 한다.

20세기에는 세계 곳곳에서 비슷한 일이 전개되었다. 즉, 19세기 이래 난장판의 제국주의가 확대되면서 해방운동이 전개되는 가운데 역사는 피투성이로 장식되었다. 20세기 전반기가 제국주의 확대 기간이었다고 한다면 후반기는 제국주의에 빼앗긴 후진 지역의 자기 회복이 진행된 기간이었다.

한편, 돈의 조직과 권력의 조직과 기술과학의 발달과 향락이 만연된 것이 20세기의 특징이다. 20세기는 19세기의 유산인 빈부의 격차나 계급 대립의 모순을 극복하기 위한 정치조직과 경제조직이 발달했는데 극복도 못한 채 역으로 그 조직의 그물로 말미암아 인간의 생활 공간이 좁아진 세기이기도 하다. 거기에 기술과학이 발달하면서 컴퓨터까지 등장하여 인간 생활을 압박함으로써 인간성의 마멸이 촉진되었다. 여기에 이르러 삶에 지친 사람들은 고도로 기술화된 조직의 올가미를 잠시라도 잊어보기 위해 마약에 취하거나 향락에 젖기도 했다. 그리하여 인간과 사회와 자연환경에 대한 색맹 현상이 일어난 것도 20세기의 특징이다.

거기에 20세기 문명의 순기능과 역기능, 그리고 인간의 새로운 고뇌가 있다. 그 고뇌 속에서 사람들은 그래도 양심을 생각하고 사회 정의를 생각하였다. 사람들은 피에 물든 역사를 보면서 너나 없이 인도주의의 길을 모색하면서 인도주의 실현의 구체적 방안으로 여러 가지 이론을 내놓았고 그 이론들은 각기 이념의 틀을 형성하였다. 그러다가 이념 논쟁을 일으켰다. 이념이란 인도주의의 실현 논리이고, 또 어느 것도 한계가 있게 마련인데 논쟁에 몰두한 나머지 사람들은 이념의 노예가 되기도 했다.

한국사 1백년에도 위의 현상이 참혹하리만큼 착잡하게 존재했다. 한국사에는 순기능보다 역기능이 집중되었다. 그래서 난장판이 연출되었다. 그러나 그 속에서 인간의 길을 찾아, 해방운동을 전개하며, 또 순기능을 끌어와 학문과 예술과 과학기술을 발달시키며 오늘에 이르렀다. 난장꾼들은 자기 길이 옳았다고 식민지근대화론과 군사정권 현대화론을 소리치면서 독립운동과 민주화운동으로 닦은 인간 해방의 길에 안개를 뿌리고 있지만 안개도 걷어낼 수 있을 것으로 본다. 그를 위하여 20세기 비에 젖은 옷을 말리고 피범벅된 땅을 정지하고 무엇보다 허리를 조으고 있는 38띠를 풀어내야 한다. 그것이 21세기를 맞는 한국인의 첫번째 관문이다. 21세기적 문명의 압박이 다급하게 밀려오므로 서둘러야 한다.

20세기 한국사 전개의 의미

20세기 한국사는 전, 후반기로 나눌 수 있다. 전반기(1900～1945)는 일본 제국주의의 침략과 식민통치, 그리고 그에 대한 독립운동으로 전개된 식민지 해방운동의 기간이었다. 후반기(1945～1999)는 일본이 퇴각하면서 동시에 덮친 패권주의에 의한 국토의 분단이 강요된 속에서 그를 극복하기 위한 통일운동과 민주주의를 성장시켜온 역사였다고 할 수 있다. 민주주의는 독재정치에 대한 해방운동이요 통일운동은 패권주의에 대한 해방운동이라는 점은 앞에서 이야기한 바와 같다.

일본 제국주의의 한국 침략은 1904년 러일전쟁의 와중에서 강요한 한일의정서로 본궤도에 올랐다. 그에 대응한 민족운동도 역시 1904년부터 일어난 영학당·활빈당운등(광무농민운동)이 의병전쟁으로 전환해간 것과, 그해 국민교육회의 결성으로 단서를 연 계몽운동으로 본격화되었다. 그러나 국제적 배경을 업은 일제의 정치 공세와 군사력과 자본주의 경제력에 대응하기에는 역부족이었다. 결국 1910년 대한제국은 멸망하고 의병전쟁과 계몽운동은 국내외 독립운동으로 새롭게 정비되어갔다. 그 후 1945년까지 35년 간의 식민지 지배와 독립운동의 역사가 전개된 것이다.

다음에 1945년 해방을 맞자 민주주의 조국 건설과 미·소의 패권주의에 의한 남북분단을 극복해야 할 새로운 과제에 봉착하게 되었다. 그런데 1948년 분단정부가 수립되고 50년에 6·25남북전쟁을 겪으면서 패권주의가 심화되어 그의 극복은 당장에 해결할 수 없는 국제 문제로 이행되어 갔다. 그러니까 통일 논의도 거기에 편승한 무력통일 또는 흡수통일론이 일어났는가 하면 민족주의에 입각한 평화통일론으로 나뉘어지게 되었다. 그런데 민족주의가 패권주의를 극복하기에는 역시 역부족이었다. 그렇다면 그의 힘은 어디에서 나올 것인가. 그것은 민주주의의 실현으로 달성할 수 있다는 전제하에 민주화운동을 전개하면서 오늘에 이르렀다. 따라서 오늘날의 민주화운동은 통일민족주의와 표리 관계에 있는 것이다.

1) 20세기 전반기의 시기 구분과 특징

그러한 20세기 전반기를 다시 4기로 나누어볼 수 있는데 제1기는 대한제국기로 구한말 구국운동기(일제 침략기; ~1910)이고, 제2기는 독립운동 정비기(식민통치기반 확립기; 1910~1919), 제3기는 독립운동 발전기(식민수탈 확대기; 1920~1937), 제4기는 광복전쟁기(전시 수탈기; 1938~1945)이다.

그와 더불어 일본 제국주의의 조선 통치에는 몇 가지 통시기적 특징이 있었다. 첫째는 제국주의의 본질인 경제의 수탈이 본국인의 생활경제와 직결되어 있었다는 점이다. 때문에 제국주의 일반의 경제적 이득 추구와 함께 본국인의 생활보장을 위하여 경제 수탈이 심각하게 강요되고 있었다. 둘째로 영구 식민지를 겨냥한 민족동화정책을 강요했다는 점이다. 일본은 北海道人을 동화하듯이 조선인도 동화 말살할 수 있을 것으로 계산하였다. 동화의 방법은 식민문화의 건설로 추진되었다. 셋째는 이상의 목적을 달성하기 위하여 직접통치가 강행되었다는 점이다. 그것은 서구 제국주의 국가들의 간접식민통치와 달랐다. 넷째는 그와 같이 본국인의 생활경제를 보장하기 위한 경제 수탈과 민족동화정책과 직접식민통치를 강행하자니 대량의 통치 비용을 투자할 수밖에 없었던 것이 특징이다. 다섯째는 그와 같이 무리한 식민통치를 강행하다가 보니 군국주의적 탄압과 경찰 정보통치의 압박을 강화하면서 잔인한 방법을 구사했다는 것이 특징이다.

그에 대한 독립운동의 전개도 몇 가지 특징을 가지고 있다. 첫째는 민족 구성원 대부분이 독립운동과 관련을 가지고 있었다는 점이다. 독립운동에서 순국한 인원과 직업성 독립운동자도 적지 않았지만, 일회성 독립운동자 외에도 정보와 자금의 지원 등 거의 대부분의 민족 구성원이 독립운동에 기여했다는 점이다. 둘째는 독립운동이 한국근대화에 기여했다는 점이다. 그것은 대한제국의 전제군주주의 시기가 식민통치의 황국신민의 강요로 이어지면서 민주주의 같은 근대사상을 전면 봉쇄했는데도 불구하고 독립운동을 통한 근대화가 진행되었다는 말이다. 셋째는 그러한 독립운동이 시간적으로 연속되고 공간적으로 세계를 무대로 한 세계성을 가지고 있었다는 점이다. 넷째는 독립운동의 이념이 3·1운동 선언서들에서 보듯이 인도주의의 달성에 있었는데 인도주의를 실현하는 방책으로 제기된 이념은 자유주의, 사회주의, 무정부주의 등 다양했다는 점이다. 다섯째는 이념의 다양화에 따라 독립운동 전선이 분화될 때 국내의 신간회나 중국 관내의 정당 통합운동이 추진된 것으로 알 수 있듯이 통일전선이 형성되고 있었다는 점이다. 여섯째는 식민통치의 잔인성에 대응한 독립운동으로서 자치론 같은 온건 노선을 배격하고 독립전쟁 같은 무력항쟁이 방략의 중심축을 이루고 있었다는 점이다. 전쟁 말기에는 독립군이 중국전선, 인도 버마전선, 태평양전선에 참전하며 연합군의 일원으로 활약했다는 사실도 마지막 특징으로 지적할 수 있다.

2) 20세기 후반기; 현대사의 전개와 분기

20세기 후반기는 그 전의 '근대'와 달리 '현대'의 시기로 볼 수 있는데 이것을 다시 3기로 나누면 제1기는 해방 직후 혼돈기(1945~1960)이고, 제2기는 민주화운동기(1960~1992), 제3기는 민주주의 개혁기(1993~현재)이다.

① 해방 직후 혼돈기

한(조선)민족은 독립운동의 전개로 1945년 2차대전의 종전과 더불어 당연히 독립하는 것이 순리였다. 그러한 역사성을 고려하여 종전도 되기 전인 1943년 연합국은 카이로선언에서 한국의 독립을 미리 천명하고 나섰다. 그런데 전후에 한반도를 지배한 미국과 소련은 중국의 중경(重慶)과 연안(延安)에 있는 한국독립군이나 그의 통일전선이 자국의 이익을 대변할 수 없다고 판단하였다. 실제로 그들의 노선이 미국 자본주의나 소련 공산주의와는 맞지 않았다. 그래서 미국과 소련은 38선으로 국토를 양단하고 자국에서 활동하던 한인 지도자가 귀국하여 자국의 자본주의나 공산주의를 대변해주도록 정치공작을 꾸미기 시작하였다. 1945년 12월의 모스크바 삼상회의 결정도 그 일환이었다. 임시정부를 새로 수립하고 신탁통치를 실시한다는 모스크바 결정에 대하여 한인이 어떻게 대처하는 것이 현명했던가에는 지금도 양론이 있지만, 분명한 결과는 미국과 소련이 나란히 그들의 뜻대로 성사시켜 갔다는 사실이다. 1948년 남북에서 각기 자국을 대변하는 정권 수립을 성공시킨 것이다. 이것은 전후 냉전체제가 한반도에서 전형적으로, 집중적으로 출범하게 되었다는 것을 의미한다. 그러므로 분단국가에서 사느니 차라리 38선을 베고 죽겠다던 백범 김구가 암살당하고 6·25남북전쟁의 참극이 연출될 것은 예견되는 일이었다.

이와 같이 국제 정국과 밀착된 한반도의 정세 속에서 사는 사람들은 자신의 의사와는 관계가 없는 역사 전개 때문에 삶의 방향감각을 잃고 방황하였다. 남쪽에 사니까 자본주의를, 북쪽에 사니까 공산주의를 택해야 했다. 중도노선은 점점 사라져갔고, 중국 관내 독립운동에서 추구하던 통일전선은 남북 어디에서도 자리할 공간이 없어 역사의 미아(迷兒)가 되어갔다. 이 때에 중도주의나 통일민족주의를 이야기하면 남북 어디에서도 거세당하고 말았다. 그러한 분단체제가 민족 의지라면 이상할 것이 없다. 그런데 민족 의지나 양심과는 관계가 없었다. 양심의 길이 막힌다는 것은 정의가 실종된다는 것을 의미한다. 따라서 가치질서가 혼미해질 수밖에 없었다. 정의가 실종되고 가치질서가 혼미해졌으므로 식민지 시기에 대한 반성을 통해 정의와 가치체계를 세울 기회를 갖지 못하였다. 그럴 때에 친일파가 발호하는 가치 전도가 일어났다. 문제는 그것이 구조화되었다는 데에 있다. 그런 어지러운 구조 속에서 일본군 장교 출신자들이 일본 근대사의 5·15나 2·26사건의 역사에서 배운 대로 쿠데타 음모를 획책했던 것이다.

한편, 해방 후 분단으로 말미암은 혼미 정국은 집권자가 독재를 구사하는 빌미가 되었다. 결국 남북에서 공히 왕조시대를 방불할 독재정권이 등장하여 양자가 함께 일찍이 없던 카리스마적 지배풍토를 조성해갔다. 그래서 해방 후의 미소 군정 실시, 단독정부의 수립, 6·25남북전쟁, 독재정권의 정착으로 이어진 기간(1945~1960)을 혼돈기라 한 것이다.

② 민주화운동기

남한에서 1960년에 4·19혁명이 일어났다는 것은 독립운동에서 키워온 민주주의와 민족주의가 회복된다는 것을 의미한다. 4·19혁명의 전반에는 민주주의 구호가 앞을 섰고 후반에는 민족주의 구호가 앞을 섰다. 4·19혁명이 혹간의 주장처럼 외세의 개입이 있었다고 해도, 또 그 무렵 세계적으로 풍미한 네오내셔널리즘의 영향을 받았다고 해도, 외세에 의지한 것이 아니라 외세를 이용했다면 주체적 성격으로 파악되어야 한다. 아울러 대중화 단계에서 민주주의 시민혁명으로 전개되었던 점을 주목해야 한다. 또 4·19혁명을 미완의 혁명이라고 말하는 수도 있는데 해방 이래 꿈꾸는 듯한 혼미에서 털고 일어나 새시대를 일으켰다는 뜻에서 보면, 또 한국근대사에서 정의가 승리한 최초의 역사적 사건이라는 뜻에서 보면, 혁명의 포문을 열었다고 보아야 한다. 그리고 이어 수립된 장면정부의 실각으로 군사정권을 맞아야 했지만, 군사정권 속에서 4·19의 물줄기는 도도히 흘러갔다. 1960년대의

6·3항쟁과 3선개헌 반대투쟁, 70년대의 유신반대투쟁과 부마민중항쟁, 80년대의 광주민주화운동과 6월항쟁이라는 민주주의 담수호를 만들며 4·19의 물줄기는 유유히 흐르고 있었다. 그리하여 드디어 1993년과 98년에 민주주의 민간정권을 탄생시킨 것이다. 여기에 이르러 4·19혁명이 완성 단계에 들어섰느냐는 오늘날의 민주주의 진로에 달려 있다고 할 것이다. 프랑스혁명이나 중국 신해혁명의 장기적 진행에 비추어 보았을 때 위와 같이 이야기해서 무리가 없을 것으로 안다. 그래서 제2기(1960~1992)를 민주화운동기라고 했다.

③ 민주주의 개혁기

앞으로 또 다시 반동체제가 등장할 가능성이 없는 것은 아니다. 그러나 그 동안의 민주화운동이 어떤 권위조직에 의해서 전개된 것이 아니라 아래로부터 일어난 민주화운동이었으므로 반동정권이 등장한다고 해도 잠정간의 운명으로 끝나고 말 것이다. 하기는 한국근현대사에서 민중의 역량에 지도자의 역량이 따르지 못하여 소기의 목적을 달성하지 못한 경우가 많았다는 교훈으로 보면, 현재의 민주주의 개혁이 성공할 것인가를 미리 장담하기가 어렵다. 더구나 93정권이 보수 반격에 밀려 개혁세력을 배제하다가 경제 파탄에 이르렀던 것을 보면, 또 그때에 어느 지도자나 학자도 경제파탄을 예견하지 못한 지도 역량을 보면, 우려되는 바가 크다. 그렇지만 냉전체제가 붕괴되면서 남북문제도 새롭게 변질되고 있다든지, 민주주의 개혁이 발전적으로 추진되고 있다든지, 무엇보다 국민적 개혁 의지를 고려하여 제3기(1993~현재)를 민주주의 개혁기로 본 것이다.

한편, 북에서 탄생한 강력한 철권통치는 북한 인민의 눈을 가리고 오로지 산업전선에서 일만 강요하는 외길을 걸어왔다. 그리하여 1950~1960년대에는 북한이 남한보다 높은 국민소득을 올렸다. 그러나 독재권력이나 군사 전제에 의한 개발은 루마니아를 비롯한 동구권 국가나 인도네시아를 비롯한 동남아 국가의 경우에서 보듯이 한시적이고 위험하다는 것이 세계사의 교훈이다. 그것은 70년대 이후 북한 경제가 침체하고 결국에는 식량난에 봉착한 오늘날의 사정이 말해주고 있다. 그러한 군사 전제와 경제발전의 관계는 남한에서 1961년 5·16쿠데타 이후의 경제성장에서도 보여주고 있다. 남한의 군사정권은 한일협정과 월남전쟁 참전으로 얻은 일본과 미국의 경제지원을 바탕으로 경제성장을 도모했다. 그리하여 국민소득이 비약적으로 높아지는 등, 수치상으로 상당한 성과를 올린 것이 사실이다. 그러나 한일협정과 월남 참전에도 문제가 있었지만, 군사정권은 밀실정치로 정치 질서를 어지럽혔고, 정보정치로 국민을 공포에 떨게 했고, 개발독재로 정경유착의 고질을 쌓아 결국 경제파탄에 이르고 만 것이 말해주듯이 군사적 통제에 의한 경제성장이란 위험한 것이다. 즉, 오늘날의 경제파탄은 개발독재에 의한 유보된 비극이었다는 말이다. 그뿐만이 아니다 대내외적으로 자랑하는 70년대의 새마을운동도 당장 성과를 올리기는 했지만 눈앞의 계산에 집중한 나머지 문화적으로 메마른 농촌을 만들고 말았다. 삶의 맛을 잃은 농민은 때마침 추진된 중공업정책의 물결을 따라 농촌을 떠나갔다. 그리하여 농촌은 노인층의 검은 그림자만 남게 되었다.

　이제는 남북한이 공히 20세기의 악몽을 털고 민주주의 질서를 건설하는 일에 정진할 차례이다. 누가 인간의 기본적·문화적 수

요를 충족할 인간적 생활지수를 높일 것인가를 경쟁해야 한다. 그것이 남북 공동의 당면 과제이다. 여기서 말하는 기본적 수요란 인간의 생존권적 수요에 한정하지 않고 인간다운 생활권적 수요를 말한다. 그리고 문화란 민족문화를 말한다. 위의 민주주의 질서, 인간적 생활지수의 향상, 민족문화의 창달이 남과 북에서 공히 추진된다면 남북이 다함께 20세기적 구각을 벗고 통일을 갈망할 수 있게 된다. 즉 분단국가주의는 절로 허물어지고 만다는 말이다. 그것이 세계사 발전에도 크게 기여하게 될 것이다. 그 동안 한반도의 분단과 독재체제는 세계평화를 방해하고 세계인을 괴롭혀왔는데 이제는 세계에 기여하는 한반도의 역사를 만들어 나가야 한다는 말이다.

한국사 1백년의 유산과 반성

1900년의 대한제국이 1백년이 지난 지금은 대한민국과 조선민주주의인민공화국으로 변하였다. 그와 같이 한국사 1백년 간의 가장 큰 변화는 민주주의를 향한 진보 발전과 조국분단의 현실이다. 그 외에도 당시에는 인구가 1천3백만 뜻이었는데 지금은 7천만 명을 넘는다. 1900년에 자동차가 다섯 대도 안 되었는데 지금은 몇천만 대인가. 학교와 언론사는 얼마나 많아졌는가. 20세기는 옆도 돌아볼 겨를 없이 달려온 격변기였다는 것을 양적으로 보여주고 있다. 질적으로도 정말 격세지감을 느끼게 한다. 남북한 대권 집권자 중에는 1백년 전 명가 후예가 하나도 없을 정도로 신분변화가 크게 있었다. 남한의 산업기술이 부분적으로는 세계 수준에 이르렀고 북한에서도 대륙간 유도탄이 미국까지 협박하는, 어떻든 그 정도로 과학기술의 발달을 보이고 있다. 1900년의 남자는 거의 상투머리에 갓을 쓰고 있었는데 지금은 상투를 찾아보기가 힘들고, 여자는 비녀에 장치마를 입고 있었는데 배꼽티가 나온 오늘이 되었다. 성희롱을 벌할 정도로 여권이 신장하였다. 노동운동의 싹이 틀까 말까 하던 것이 복수 노동조합이 국가경영에 참여하고 있다. 자식이 부모를 폭행하는 것도 그것이지만 폭행당한 부모가 말 못할 벙어리 신세가 되었던 1백년 전과 달리, 자식을 고소하는 오늘날의 세태인가 하면, 학생이 스승을 고발하는 알쏭달쏭한 일도 생겨나고 있다. 이러한 변화와 변질을 여기서 모두 거론할 이유가 없다. 여기서는 앞에서 말한 21세기의 역사적 과제가 될 몇 가지 문제—인간주의와 더불어 요구된 민주주의 성장 문제, 통일 지향의 민족주의 문제, 분단 정국이 몰고온 이념의 경직성 문제, 그리고 21세기에는 고도의 지식사회가 전개된다는 점을 고려하여 도덕주의 문제와 국가경영 방식의 수정을 제의해둔다.

1) 먼저 이념의 경직성에서 해방돼야

한국에서 천부인권적인 개인주의 사상이 도입된 것은 구한말이었지만 그때는 크게 확산되지 못하였다. 민권사상도 대한제국 속에서는 발달할 수 없었다. '국민'이라는 용어는 갑오경장과 더불어 편찬된 교과서에서 사용하고 있었으므로 19세기 말에 등장했다고 보아야 하나, '신민(臣民)'과 크게 구별하지 않고 사용하였다. 1907년 신민회(新民會) 등장 시기에 오면 국민주권 사상이 부상하지만 곧이어 나라가 망하여 봉쇄당하고 말았다. 그 후 독립운동을 통하여 민주주의 사상이 확산되어갔다. 그러나 전통적 유교사상에 의한 가족이나 사회 윤리를 강조했던 공동체적 정서 때문에 개인의 인권사상은 수용하기 어려웠던 것 같다. 그리하여 개인주의에 기초한 자유민주주의보다는 사회민주주의 정서가 보다 더 확산되어 갔다고 이해된다. 사회민주주의가 개인주의에 대칭되는 단순 이념이 아니지만 한국에서는 대칭되면서 전파되어간 것 같다. 그러한 사회민주주의의 표현은 1917년의 '조선사회당' 결성이나 '대동단결선언'에서 찾아볼 수 있다. 그리고 1919년 3·1독립선언서들에서도 찾아볼 수 있다.

사회민주주의 사조는 1920년대에 이르러 유교 이상주의와 그의 무신론이나 교조적 논리 성향이 공산주의 확산의 이유가 되기도 했다. 이때 무정부주의로 간 사람을 제외하면 사회주의자는 사회민주주의와 공산주의를 구별하지 않은 경향이 있었다. 그리고 가혹한 식민지하에서 보다 더 저항적이요 강성 이념인 공산주의가 독립운동에서 각광을 받으면서 가속적으로 확산되어 갔다. 그리고 공산주의의 이론 정착에 앞서 이론도 모르는 채 공산주의 운동 공간이 확대되어 갔다.

1930년대에 이르면 민족운동도 한결 정돈되면서 사회민주주의가 공산주의와 별도로 존재하게 되었다. 홍명희, 여운형, 배성룡, 김약수 등이 그들이 아닌가 한다. 이 무렵의 재만 독립군의 조선혁명당이나 한국독립당도 그렇게 보이지만 중국 관내의 의열단이나 그를 이은 김규식, 김원봉 등의 민족혁명당 노선이 사회민주주의를 대표했고 안창호의 대공주의나 조소앙의 삼균주의 노선도 사회민주주의 성향이 짙었다. 우파의 대표격인 김구의 한국국민당(1935) 강령을 보아도 사회민주주의 노선과 크게 다르지 않았고 1941년에 발표한 임시정부 건국강령도 같았다. 개인주의 풍토가 조성되기 어려웠던 한인 사회의 특성을 보여주는 것이라고 해야 할 것이다. 식민지시기에 농민운동을 중심으로 한 사회운동이 발달했던 것도 그러한 측면에서 이해할 수 있을 것이다.

이때 자본주의 또는 자유민주주의를 지향하던 사람은 재미동포와 그와 교류하고 있던 국내 인사였고, 공산주의 지향자는 재소동포와 그와 교류하고 있던 국내 인사들이었다. 그 가운데 자본주의를 지향하면서도 사회주의의 계급론을 부분적으로 수용한 안재홍 같은 민족주의 좌파 노선이 있었는데 '민세주의' 라고도 했지만 그들은 넓은 운동 공간을 확보할 수가 없었다. 그렇게 보면 독립운동을 통해서 민주주의는 크게 고양되었지만 개인주의 사상은 그만큼 성장하지 못하였다고 할 수 있다.

해방 후에는 분단정국으로 말미암아 이념의 혼돈이 연출되었다. 이미 자유민주주의와 사회민주주의 사이의 거리가 사실상 좁혀져 상호간 유연성을 보였던 세계 대세와는 달리 한국에서는 양자를 현격히 이질적인 것으로 구분하였다. 자유민주주의를 표방한다는 남한에서 사회민주주의는 물론, 수정자본주의조차 존립하기 힘들었다. 1948년 남한 헌법에서 '재산권의 행사는 공공복리에 적합하도록 하여야 한다.' (15조)라고 수정자본주의를 선언하고도 그것은 공문화되고 말았다. 자유당 정부 말기에 경제개발계획을 구상한 적이 있었는데 대통령이 "그것은 스탈린 사고방식 같은데(……) 불구대천의 원수인 공산주의자 방식을 따르자는 것이냐."라며 배척할 정도였다(당시 부흥부 기획과장 李起鴻의 증언, 《대한매일》 1999년 3월 5일자 6면). 대학의 경제학 강의에서도 케인즈 경제학을 이야기하는 것조차 1950년대 후반기의 일일 정도였다. 수정자본주의도 수용될 수 없을 정도였으니 사회민주주의자의 활동은 봉쇄당하고 관계자는 모두 공산주의자로 몰려 거세당하고 말았다. 그들의 세력이 미약하였다면 몰라도 독립운동 기간에 크게 성장하고 있었으므로 그것을 뿌리째 억누른 좌우 극단화는 결국에 이념 풍토를 삼엄하게 경직시켰다. 그것은 군사정권기에 기획경제를 표방하면서도 분단논리 때문에 더욱 심화되었다. 거기에 장기간의 독재정권이 강행되어 인권은 압살당하고 있었다. 그러므로 이념의 유연성이나 인권의 성장은 민주화운동을 통하여 달성될 수밖에 없었다. 그래서 4·19혁명 이후 6월항쟁에 이르는 민주화운동이 한국현대사에서 값지다는 것이다.

오늘날 민주주의 개혁기를 맞아 여러 모로 시정되고 있으나 어려움이 많은 것을 눈으로 본다. 세계적으로는 '제3의 길'이 화제에 오르고 있다. 그것을 우리의 역사적 안목으로 보면 별난 것이 아니다. 그러나 경직된 외길의 눈으로 보면 새로운 이야기로 들릴 것이다. 제3의 길이나 사회민주주의로 가자는 말이 아니라 그 정도는 주장할 수 있고, 정당 활동도 용납할 수 있어야 사람이 사는 세상이 되는 것이고 진정한 민주주의에 도달할 수 있다는 말이다. 그러한 문제는 정치인의 힘만으로는 해결할 수 없다고 본다. 그래서 필자는 21세기에 시민운동이 활성화될 것을 기대하는 것이다(후술). 21세기에는 20세기 방식의 이념 대립은 무산될 것이지만 새로 일어날 이념은 인간주의뿐일 것으로 예상된다. 초고속 변화가 진행되면 근대화의 의미도 사라질 것이다. 그러므로 복수 이념으로 무장한 삶을 요구받을 가능성이 많다. 지팡이도 몇 가지를 준비해야 한다는 말이다. 그렇다면 먼저 이념의 경직성에서 해방되어야 한다.

2) 경제적 민주주의가 고양돼야

1948년의 제헌헌법 전문을 보면 경제적 민주주의를 선언하고 있다. 그것이 공문화되었다는 것은 앞에서 지적하였다. 그런데도 오늘날의 경제 수준을 달성한 국민 역량이 대견스럽다. 1961년에 2천4백만 명이던 남한 인구가 4천만 명으로 증가하는 가운데 교육인구가 크게 늘어 국민 역량이 괄목할 만큼 성장하였다. 6·25전쟁 직후 60달러를 겨우 넘던 국민소득이 1백 배를 넘고 1988년에는 올림픽 개최국으로 성장할 정도가 되었다. 그러나 식민지 수탈경제와 특히 군사정권의 개발독재로 말미암아 정경유착, 분배의 극단적 편중, 농촌의 피폐, 중공업정책 등으로 빈부의 격차는 심화되었으며 각 분야에 부정과 비리가 만연하고 그것을 독재권력으로 미봉하던 가운데 경제적 민주주의는 파괴되고 사회정의는 실종되어 갔다.

    이와 같은 독소를 제거하지 않으면 지금 이상의 발전을 기대하기란 불가능하고 또 다시 파탄을 초래할 염려가 많다. 무엇보다 정경유착에서 경제를 해방시키는 일이 시급하다. 그러자면 먼저 정치가 식민지시기와 군사정권기에 자행된 밀실정치에서 탈피해야 한다. 투명성을 확보해야 민주정치를 통한 민주주의 경제질서에 입문할 수 있다는 말이다. 밀실정치는 우선 정당의 민주화를 차단하고 정당의 민주화가 차단되면 의회 민주화가 불가능하여 뒷거래 정치가 자행되는 가운데 불가피하게 정경이 유착하고 마는 것이다. 오늘날 한국 정치인 거의 대다수가 정치자금에 연루되어 있다는 말이 그것을 의미한다. 그러한 정경유착이 정치는 물론, 경제 발전을 기형화시켰던 것이다. 1999년 2월 15일 뇌물방지 국제협약이 발효되자 한국 기업이 크게 타격을 받을 것이라는 도하 신문의 보도가 역시 만성화된 정경유착에서 훈련된 한국 기업의 현실을 말하고 있는 것이다. 대한생명(신동아그룹)을 중심으로 정부 요인 부인들의 옷로비 사건이 점입가경식으로 확대되는 가운데 언제 진실이 밝혀질 것인지 불투명한 현실도 그것을 말하고 있다.

　금융실명제 실시도 보류하지 않으면 안 되었던가를 심각히 반성해야 한다. 농업협동조합이나 수산업협동조합을 아직도 시혜적 운영으로 고집하거나 농어민 수탈의 금융조합 방식으로 운영하고 있는 것같은 체제도 고쳐, 농민이나 어민에게 돌려주어야 한다. 농협 사업에서 농민에 의한 고용 경영은 몰라도 경영인에 의한 고용 농업 방식은 이제 끝내야 한다. 이러한 모순은 식민지시기에 비롯된 것인데 해방 후 정경유착이 심화되면서 청산하지 못한 것이다. 특히 군사정권기의 개발독재로 말미암은 정경유착이 끝내는 1997년의 경제파탄을 부르고 말았다. 93정권의 능력으로는 그것을 예방하기란 불가능하였다. 국민적 능력의 한계이기도 했다.*

*지난 2월 초의 경제 청문회에 의하면 국제금융관리(IMF)로 갈 경제파탄을 그때는 경제학자를 비롯하여 어느 정당이나 정치 지도자도 예견하고 경고한 문건이 없었다고 한다. 그렇다면 1997년의 경제파탄은 국민적 역량의 한계가 낳은 산물이 아닌가 하고 생각해보았다. 경제협력개발기구(OECD)에 가입한다는 것이 선진국 덫에 걸려 경제파탄으로 가는 것을 의미한다는 말도 있는데 사전에 그렇게 경고한 글을 보지 못하였다. 또 1997년 9월 2일 홍콩에서 열린 국제통화기금 연차총회에서 소로스가 아시아 금융위기에 대하여 "다음 타깃은 한국이다."라고 말해 놀랐다는 일본 대장성 고문 사카기바라 에이스케의 회고록이 《讀賣新聞》에 보도된 바가 있었다(《중앙 이코노미스트》 1999년 8월 24일자 NO.500). 그런데 한국인은 누구도 그것을 알아차리지 못하고 있었다. 또 지난 2월 말 서울에서 개최된 '민주주의와 시장경제'의 국제회의에서 아마르티아 센 교수(케임브리지대학)는 IMF의 고금리정책이 한국 경제를 더 어렵게 만들었다고 지적하고 있던데, 고금리가 시작될 때 국민들은 그래야 살아날 줄 알고 불평도 못했다. 그런데 한국 지도자들은 무엇이라고 했던가?

　그러나 이것을 민주주의 경제가 수립될 호기로 삼아야 한다. 현재 많은 개혁을 추진하고 있는데 거기에도 심각한 문제가 있다.

IMF체제로 말미암아 심화된 대미 종속을 장차 어떻게 극복할 것인가가 최대의 과제로 남는다. 대일 종속 문제도 불안하다. 독도 문제를 비롯한 한일어업협정 때 이미 그와 같은 허점이 나타나고 있었다.*

* 한일어업협정은 독도 수역을 공동수역에 포함시키므로써 장차 영토 분쟁의 씨앗을 만들었다는 것 외에 여론에 의하면 황금어장을 놓치고 황무지어장만 전관수역으로 확보했다든지 쌍끌이조업, 복어채낚기어장, 활오징어장, 남해 대륙붕어장 문제 등이 잘못되었다고 하는데 지난 2월 23일 국회 농수산위원회에서 어업협정과 독도 문제에 관하여 질문을 받은 정부측 답변을 이해할 수 없다. 협정에 반대한 학자는 3명밖에 없었다고 했다(《조선일보》1999년 2월 24일자). 어업협정을 조인하기에 앞서 대통령이 도일할 때 대학교수 1백 명이 대일 외교의 신중을 건의한 것 외에도 국회 비준에 앞서 대학 교수 7백 명, 문화인 707명, 역사학 교수 333명이 비준 반대의 성명을 발표한 사실이 있었는데 반대자가 3명밖에 없었다고 정부측에서 답변했다.

　대일, 대미 종속이 심화되면 경제적 민주주의를 달성할 역량을 상실하고 만다. 그리고 경제도 경제지만 통일 문제의 우위를 지금 이상으로 빼앗기고 만다. 결국 민주정치도 파국을 맞고 말 우려가 있다. 이것이 모두 21세기 한국사의 과제가 아닐 수 없다. 그래서 21세기에는 시민운동의 힘을 빌릴 필요가 있는 것이다(후술). 세계에서 드물게 보는 교육인구를 가진 한국의 국민적 참여를 기대하자면 경제적 민주주의가 더욱 절실한 것이다.

3) 통일민족주의를 성장시켜야

　한국사 1백년의 유산 중에서 최대 과제로 남아 있는 것이 조국 분단의 현실이다. 조국 분단은 식민지 유산이기도 하다. 그러므로 조국의 통일은 식민지 청산의 의미를 갖는다.

　조국 분단은 식민지 종결 시점에 미·소의 패권주의가 유착하여 고착된 것이다. 그렇다고 분단의 책임을 언제까지 일본이나 미국과 소련에 전가하고 있을 문제는 아니다. 당초에 분단을 극복하지 못한 한반도인에게도 그 책임이 크다. 그러므로 한국인 스스로가 세계사적 과오를 극복하는 성과를 얻어내야 한다. 그러자면 먼저 통일민족주의를 성장시켜야 한다. 때문에 여기서는 민족주의 문제에 대하여 언급코자 한다.

20세기 한국사는 민족주의의 세기라고 이야기할 정도로 전반기는 제국주의를 극복하기 위한 민족주의가 고양되었고, 후반기는 분단패권주의를 극복하기 위한 통일민족주의가 고양된 시기였다. 그러한 민족주의의 요구는 오늘날 탈냉전이나 이념의 퇴색과 더불어 진행된 세계화의 조류에서 보면 강물 모퉁이의 웅덩이 물장구에 불과하다고 할는지 모르지만 유일한 웅덩이 즉, 유일한 분단민족으로 존재하는 한, 따분하다고 피할 수 있는 것이 아니다. 웅덩이의 물이 썩지 않도록(국수주의에 함몰하지 않도록) 강물의 물과 소통시키면서 빨리 통일을 완수하여 큰 물길에 합류해야 한다. 21세기에 예상하지 못한 새로운 패권주의가 등장할는지도 모르는 일이다. 중국과 러시아가 현재의 위치에 머물러 있을 것이라는 하등의 보장도 없다. 또 유의할 것은 큰 물길이 세계주의 물결이라고 해서 세계주의 물결에 합류하는 것이 다급하다고 해도 웅덩이를 버리고 가면 큰 물길에서 분단민족이라고 천대받다가 결국에는 버림받는다는 사실이다.

한국사에서 민족주의는 1920년대까지는 종족주의 또는 국수주의에 머물고 있었다. 그것은 일본 제국주의의 지배 수단이 종족주의적 국수주의를 무기로 하는 데 대한 독립운동의 수단으로 필요했기 때문이기도 했다. 1930년대에 이르러 보편적 민족주의의 길을 개척하기 시작하였다. 1930년대에는 세계주의의 길도 모색되기 시작하였다. 그러나 이때의 세계주의는 종교적 일원론이나 계급해방론에 기초한 일원론적인 것이었으므로 형식논리에 빠져 있었다. 민족주의가 세계주의에 이르자면 국제주의 단계를 거쳐야 하는데 세계주의(cosmopolitanism)와 국제주의(internationalism)를 분간하지 않았다(후술).

 해방 후 혼돈기에는 30년대의 교조적 세계주의 논리가 재등장하여 미·소의 패권주의와 유착하여 세계주의와 패권주의가 범벅이 되어 사상계를 혼란시키더니 4·19혁명기에 이르러 즉, 민주화운동기에 이르러 다시 민족주의가 부상하였다. 그런데 군사정권 밑에서 남북 대립의 분단국가주의로 분장되어 국가주의와 민족주의를 구별하기조차 힘든 한때가 지속되었다.

 이제 민주주의 개혁기를 맞아 국가주의의 잔재를 청산하고 통일민족주의를 과감히 성장시켜 나가야 한다. 통일민족주의는 분단 극복이라는 민족사적 의미뿐만 아니라 아시아의 평화를 달성하고 아울러 인류평화의 길을 연다는 데에서 한반도인의 책임이기도 하다. 그러므로 주변국과 함께 통일 문제를 해결하는 지혜를 발휘해야 한다. 그래야 국제주의와 혹은 21세기에 더욱 강조될 세계주의에도 기여할 발판으로서의 민족주의가 성장하는 것이다.

 세계주의가 중요하다는 것은 20세기 냉전체제에서 얻은 교훈을 통해 보아도 알 수 있다. 냉전 상대였던 자본주의나 사회주의에는 각기 일장 일단이 있었다. 혹은 자본주의를 비판하면서 등장한 사회주의가 발생 동기에서는 자본주의보다 더 인간적일 수 있었다. 그런데 사회주의에서도 경색된 공산주의의 경우에는 바로 그 경색성 때문에 인간성의 성장을 봉쇄하고 말았다. '철의 장막'이니 '죽의 장막'으로 문을 닫고 있는 동안에 자본주의는 문을 열고 수정에 수정을 거듭하면서 사회주의의 장점도 수용해갔다. 그에 반하여 공산주의는 20세기 말까지도 1백년 전의 초기 자본주의의 야경 국가적 결함을 공격하며 자만하고 있었다. 변증법적 유토피아의 전망은 역시 변증법적으로 발전한다는 원리를 무시하고 자만하였다. 자기 우상은 파멸로 간다는 평범한 진리를 거부하였다. 그래서 자본주의와의 경쟁에서 패배했던 것이다. 거기에서 중요한 것은 문을 여느냐 닫느냐에 있다. 그렇다면 한반도인의 민족주의도 문을 연, 대동적인 것이어야 통일을 달성할 수도 있고, 동시에 세계사에 기여하는 길도 열어갈 수 있다는 결론에 도달한다.

그렇다고 민족주의를 버린 일원적 세계주의에 경도되면 구한말의 개화처럼, 자신을 상실하고 통일도 이루지 못한 채 주변 패권주의에 종속되고 만다. 얼굴 없는 세계화는 위험하다는 말이다. 그러므로 민족주의적 세계주의 또는 세계주의적 민족주의를 키워가야 한다. 이것이 다원적 세계주의인 동시에 보편적 민족주의인 것이다. 선인들은 그것을 대동적 민족주의라고 했다. 그것은 지구인의 다원적 현실을 존중하는 인류 평등사상이다. 스탈린 방식으로 일원적 세계주의를 강요하면 민족주의의 성장은 차단할 수 있지만 반면에 종족주의의 성장을 촉진하여 결과적으로 세계주의도 분해되고 마는 소련 같은 경우를 주의해야 한다. 때문에 세계주의는 견실한 민족주의의 성장을 통해서 달성하는 방법을 모색해야 할 것이다.

4) 지식사회와 도덕성 문제

20세기에는 윤리의식도 크게 변화하였다. 식민지시기(1910~1945)에 식민지에서 안주하자면 양심을 숨겨야 했다. 반대로 독립운동을 하자면 폭력을 미화해야 했다. 해방 후 분단국가에서 살며 남북전쟁을 통과하자면 동족이 불신하는 가운데 신의의 윤리는 무너질 수밖에 없었다. 독재정권으로 말미암아 도덕성이 크게 붕괴되었다. 산업화가 진행되면서 대가족제도가 해체되는 가운데 생활 윤리가 새로워졌고, 여자의 사회 참여와 피임술 등, 의약·의술의 발달에 따른 성해방으로 성윤리도 새로워졌다.

이러한 변화는 앞으로 더 격동적으로 진행될 것을 예상해야 할 것이다. 지식이 지배할 것으로 예상되는 21세기에는 인간은 어떠한 구속으로부터도 해방을 시도할 것이고 고도의 지식으로 해방을 달성할 것이다. 그때는 20세기를 풍미했던 사회진화론은 무의미해질 수 있다. 사회진화론은 유목사회에서 동물의 생태를 보고 얻은 교훈을 인간 일반에 적용한 이론이었다. 또 사회진화론은 무인사회에서 힘을 미덕으로 찬미하던 현실에서 얻은 교훈을 인간 일반에 적용한 이론이었다. 그러한 유목사회와 무인사회적 특성이 고도의 정보 지식에 밀려 사라진다면 물리적 힘이 아니라 지식이 지배하는 시대가 도래한다고 예상할 수 있다.

그렇다면 문인사회의 전통을 가지고 있는 한국이 유리하게 된다. 문인사회의 체질을 가지고 있으므로 교육열이 높다. 혹간 교육열은 한국이 세계에서 가장 높다고 말한다. 교육열이 높으면 지식 습득의 능률이 상승하고 습득 속도가 빠를 수 있다. 20세기 식민지에서 해방된 나라답지 않게, 분단국가와 남북전쟁을 겪은 나라답지 않게 발전한 이유도 근본적으로는 한국인의 교육열의 결과였다. 또 작금의 경제파탄을 신속하게 극복할 수 있는 역량도 한국의 교육열과 교육인구가 만든 것이라고 이해된다. 한국인의 교육열이 20세기에 한국 발전의 밑거름이 되었듯이 21세기에도 밑거름이 될 것이 틀림없을 것이다. 앞으로 지식정보산업이 지배하는 사회가 된다고 한다면 교육열이 높은 한국의 기여도가 괄목할 정도로 높아질 것이다.

그런데 문제는 그 다음에 있다. 지식이 발달하고 발달 속도가 상상을 초월할 정도로 빨라지면서 고전적 이념이 무색하게 될 것이고, 그와 아울러 도덕성이나 도덕적 틀도 해이해질 가능성이 높다. 지식이 도덕성을 상실한다면 그 지식은 발달하지 않는 것만 못하기 때문에 21세기에 지식사회가 형성되는 것이 염려스럽다는 말이다. 종래에도 지식과 도덕성의 관계에 대하여 고심해왔지만 21세기에는 지식산업이 지배할 것으로 예상되기 때문에 더욱 심각한 문제로 제기될 수밖에 없다. 환경오염이 촉진되고 생명공학의 발달이나 고도의 살인무기로 인한 인류 멸망을 자초할 수도 있는 것이다.

한국은 도덕적으로 남다른 취약점도 가지고 있다. 전통시대에 종교계급이 제일 계급이 아니었듯이 종교 전제주의가 없었다는 것은 인간주의 성장에는 유익했지만 도덕적 훈련에는 한계가 있다고 볼 수도 있는 것이다. 때문에 21세기를 맞으면서 지식을 관리할 수 있는 도덕적 대비책이 강구되어야 한다는 점을 강조해둔다. 한국인의 상이 재승박덕하게 그려져서는 안 된다는 말도 될 것이다.

그러한 21세기적 위기를 고려하여 우선 학교 교육에서 인문학 교육을 강화해야 한다. 신지식이라는 용어까지 나오고 있듯이 새로운 지식의 선두주자는 정보통신을 중심한 응용과학일 것이므로 기초 학문은 외면당할 가능성이 높다. 그럴수록 도덕성은 더욱 상실된다. 현재 대학 개혁이라는 것도 실용주의 명분 아래 기초 과목에 수난을 강요하고 있다. 21세기의 건전한 지식산업과 혹은 지식사회의 도덕성 확보 방안의 하나로 인문학 교육이 강화되어야 한다는 점을 재삼 강조해둔다.

5) 시민운동과 국가경영 방식의 수정

한국에서 근대 방식으로 국가경영을 제도화한 것은 1919년 대한민국임시정부가 효시였다. 그해 9월의 헌법을 보면 삼권분립이 규정되어 있고, 의정원을 통해 국민의 의사가 반영되는 대의제도를 채택하고 있다. 그러나 그것은 어디까지나 정식 정부를 준비하기 위해 수립한 임시정부였다. 1948년 남북에 정부가 수립되면서 이 땅에 근대 정부가 처음으로 수립된 것이다. 선진제도에 따라 민주주의 경영제도를 채택하였다. 간접민주제도인 대의제도에 의한 국가경영을 도모했던 것을 누구나 당연하게 생각했다. 의사는 대표될 수 없다는 것을 알면서도 다른 묘안이 없었으므로 20세기를 통하여 대의제도는 세계적으로도 일반화되었다.

그런데 20세기에 보편화된 대의제도는 빛을 잃어가고 있다. 정치가 부패한 가운데 대의정치의 본산인 국회가 부패의 본산으로 전락하면서 무력해지고 있다. 그것은 후진 국가일수록 그 정도가 심각하다. 한국에서도 정치 불신 풍조가 만연한 지는 이미 오래되었다. 이러한 정부나 국회가 21세기를 감당한다는 것은 무리이고 짐이 과중하다는 생각이다. 필자는 93정권과 98정권의 능력이 검증되는 과정을 지켜보면서 20세기 정치의 교범이었던 대의정치, 삼권분립 방식을 보완할 어떤 제도가 필요하다는 생각을 했다. 결론부터 말하면 종래의 대의체제에 시민운동 단체가 참여하는 직접민주제가 가미된 국가운영 방식을 구조화해야 한다는 생각이다. 그것을 이론화해야 할 것도 물론이다. 1999년에 서울에서 NGO(비정부단체) 세계대회가 개최되었다. 한국에는 2만 개 정도의 비정부 민간단체가 있다고 했다. 그 가운데 이익단체를 제외한 1천 개 정도의 시민운동 단체가 있다고 한다. 그러므로 어차피 민간단체가 무수하게 난립할 것을 예상해야 한다. 그렇다면 이익단체의 난립으로 국가경영이 더욱 어려울 경우도 상정해야 한다. 이러한 문제들을 감안해서 공익을 추구하는 시민운동 단체의 역할을 국가경영에 참여시켜 직접민주체제를 절충할 필요가 있다고 생각한다.

20세기까지는 선진국가의 모형을 모방하는 것이 최선의 길이라 생각하고 그를 따라잡기 위해 온갖 노력을 경주해왔다. 그러나 21세기에는 초고속으로 변화하기 때문에 따라잡는다는 것이 의미를 갖지 못한다. 이미 대의정치로 정착한 선진국가 몇몇 나라 외에는 그를 따라잡는 것이 아니라 그를 앞질러가는 방법을 강구해야 한다. 따라잡는 것은 정치 부패가 누적되어 있는 후진국으로서 가능할 것 같지도 않지만 가능하다고 해도 추적한 후의 효과는 다를 것이므로 앞질러가는 지혜를 찾는 것이 현명하다. 앞질러가는 방법이 종래 금과옥조처럼 존중하던 간접민주제의 대의정치를 직접민주제로 보완하자는 것인데 직접민주제는 시민운동을 통하여 달성케 하는 것이다. 정당이 발달하면 시민운동 단체의 역할을 담당할 수 있다고 생각하기 쉬우나 한국 정치의 현실을 보면 정당은 정부나 청와대의 종속물 이상의 존재가 못 된다. 그렇지 않다고 해도 정부와 정당을 동시에 장악한 대통령(당수)에 의해 권력 집중이 강화되고 있다. 그러므로 정치가 부패하면 구제할 방법이 없다. 따라서 시민운동에 의한 직접민주제의 방식으로 보완하는 것이 중요하다. 직접민주제를 구조화하면 '국민—시민단체—의회(정당·조합)—정부—의회(정당·조합)—시민단체—국민'이라고 하는 방식의 '국가경영의 틀'이 형성될 것이다. 이것을 단순히 삼권분립에 대한 사권체제로 이해해서도 안 될 줄 안다.

시민운동은 선진국에서도 발전하고 있으므로 한국만의 특수성은 아니다. 그러나 시민운동이 참여한 직접민주제의 도입 방법은 미국, 중국, 러시아, 인도 같은 대형국가보다 오히려 한국 같은 소형국가에서 효용을 극대화할 수 있다. 그렇다면 21세기의 지식산업과 정보통신의 발달과 더불어 20세기까지의 대형국가 중심의 역사와 달리 소형국가가 유리한 시대를 열어갈 수 있을지도 모른다. 20세기처럼 근대화의 모형에도 연연할 이유가 없다. 이제는 근대화가 의미를 상실할 것이고 그에 따라 모형이 없는 21세기가 전개될 것이기 때문이다.

시민운동 단체란 NGO처럼 비정부 민간단체를 총칭하는 것이 아니다. 노동조합이나 종교단체와 같은 이익단체(조합)를 제외한 공익을 위한 시민운동 단체를 말한다. 환경운동연합, 참여연대, 경실련 같은 단체를 말한다. 그러한 시민운동이 다양하게 발달하여 정부와 국회와 사법부까지 감시하고 지원하는 것이 구조화될 필요가 있다. 노사정위원회를 별도로 설치할 필요없이 이익운동 단체의 대립을 조종하는 기능도 발휘할 수 있다. 지방자치가 실시된 마당에 주민자치의 정신을 살려 자치단체나 학교까지 그 지방의 시민운동 단체의 감시로 지방자치가 발달할 것을 도모해야 한다. 정부가 앞장서서 행정과 예산을 공개하여 시민단체의 평가를 받는 선구적 조치가 있어야 할 것이다.

필자는 정치학자가 아니므로 더 이상 논의를 확대하지 않지만,

한국에서 특별검사제까지 채택한 현재 이상의 민주정치를 기대한 다는 것이 가능할 것인가를 생각해본다. 그러한 현정권 속에서 대한생명을 중심한 부정부패가 정부 요인의 가족에 이를 정도로 자행된 것을 보고 근본적 수술을 단행하지 않고는 21세기를 감당할 수 없을 것으로 판단되어 국가경영 방식의 수정을 제의하는 것이다.

한국사 연구의 1백년 회고

한국사 1백년을 통하여 문화적 업적도 적지 않게 쌓였다. 식민지시기에 민족 보존을 위하여 민족문화운동으로 전개한, 특히 국어학·국문학·국사학의 연구가 꾸준히 전개되어 오늘날 한국학의 기초를 닦아놓았다. 그 가운데에서도 1933년 '한글맞춤법통일안'을 완성하여 오늘날 우리 어문의 틀을 마련해준 사실은 한푼의 원고료도 없이 이룬 놀라운 업적이었다.

문화적 업적은 아무래도 해방 후에 크게 축적되었다. 해방 후 각급 학교를 통하여 대량의 교육인구를 배출하였고, 수백 개의 대학이 설립되면서 지식인도 양산하였다. 그리하여 세계적인 학자와 예술가와 의사와 기술자와 사회사업가가 국내외에서 활동하는 오늘이 되었다. 식민지시기에 천대받던 국악을 비롯한 전통문화도 제자리를 만회하고 있다. 종교적 전제주의가 약한 전통에 힘입어 세계의 유수한 종교가 모두 들어와 한국사 발전에 협력, 기여하고 있다. 세계적으로 종교분쟁이 끊이지 않는 것과 비교해서 특기할 점이라 하겠다.

그런데 여기서는 한국사 연구에 대하여 일별하기로 한다. 한국사학은 구한말 계몽주의 역사학을 거쳐 식민지시기에 독립운동과 더불어 꾸준히 발달하였다. 식민지의 특수성을 반영한 식민사학이 압도하고 있던 가운데에서도 한국사학은 꾸준히 발달하고 있었다. 그러한 20세기 전반기의 한국사 연구를 계승하고 식민사학이 이루어놓은 업적도 참고하면서 해방 직후에는 백화제방식으로 일시에 많은 저술이 쏟아져 나왔다. 그러나 분단정부의 수립과 6·25남북전쟁, 그리고 군사독재 속에서 한국사학은 학문의 명실을 유지하기가 어려웠다. 때문에 역사학도 민주화운동의 부침에 따라 발전과 침체의 곡선을 그리며 오늘에 이르렀다. 경우에 따라서는 한국사학이 민주화운동을 선도하면서 오늘에 이르렀다. 그런데 발전하기는 했어도 독립운동이나 민주화운동으로 말미암은 운동논리가 지나치게 반영될 수 있었고, 운동과 관계되지 않은 분야는 소홀해질 가능성이 있었다고 하겠다. 그러느라고 식민사학에 대한 점검과 반성을 놓친 경향도 없지 않았다. 때문에 한국사 연구의 객관적 반성이 요구된다.

운동 기간에는 운동과 반운동 관계가 있게 마련이므로 운동력을 고양시키기 위하여 상대를 폄하하는 식의 극단적 논리도 있었다. 조선시대 주자학 자체는 훌륭한 학문이라도 주자학 외는 사문난적으로 매도했던 외길 풍토가 학문의 발달을 저해했던 것처럼, 해방 후 분단정국이 강요했던 이념의 경직성 때문에 역사학의 학문적 토양을 키울 수가 없었다는 점을 말한다. 따라서 80년대 신진학자의 새로운 학풍을 보수적 이념의 덮개로 눌러버리는 방식이라든가, 또 신진학자도 진보주의를 표방하면서 사회구성체론의 복원에 전념한 것 같은 외길을 걷지 않았는가 하는 점에서, 다 함께 반성해야 한다. 그러한 극단적 외길이나 운동논리에 치우치면 다양성에 의한 비교 시각을 상실할 뿐 아니라 생활 감각을 떠난 역사 서술이 되고 만다. 역사학이 생활 감각을 떠나면 입시 준비용 이상의 구실을 못한 채 생활인으로부터 외면당하고 만다. 가령 독립운동사가 고답적 이념논쟁이나 일삼다보면 사실에 맞지 않을 수도 있고, 생활인에게 실감을 불러일으키지 못한다. 역사 연구에서 포스트모더니즘과 더불어 제기된 거시적이니 미시적이니 하는 문제도 어느 한쪽에 정답이 있는 것이 아니라 양쪽을 함께 고려한 연구 시각이 필요하다고 생각한다. 그런 점에서 총체적 재검이 필요하다. 총체적으로 재검하면 식민사학이나 분단사학을 극복할 방안도 나올 것으로 안다. 그런 점들을 고려하여 필자가 사회문화사학을 제기한 것이다.

이와 같이 보면 20세기 한국사 연구도 역시 20세기의 일반 유산을 그대로 반영하고 있다고 하겠다. 그러한 과제를 해결하기 위해서도 한국사학의 이론 개발이 시급하다. 끝으로 각급 학교에서 한국사 교육을 격하한 점에 대한 반성과 국정교과서에서 해방하는 문제가 시급하다는 점을 지적해둔다. 소위 민주정권이 93년과 98년에 두번씩이나 들어서면서 유신정권의 핵심적 잔재를 외면하고 있는 까닭을 알 수 없다.

맺음말―인간의 길을 넓히기 위하여

오늘 대주제가 '20세기에 대한 역사적 평가'이므로 20세기 한국사를 총괄해보고 21세기를 전망한다는 관점에서 이야기하였는데 위에서 진정한 민주주의의 실현, 보편적(대동적) 민족주의 또는 다원적 세계주의가 강조되어 있는 것으로 안다. 그리고 시민운동을 국가경영에 참여하고 구조화할 것과 도덕성 문제를 강조하였다. 그 점을 종합하고 거기에서 못다한 이야기를 보충하면서 글을 맺기로 한다.

 그런데 아무리 좋은 이야기도 그의 담당 세력이 형성되지 못하거나 취약하면 한갓 구호에 머물거나 공염불로 끝나고 만다. 한국사에서는 그러한 경우를 거듭해서 경험하였다. 조선 후기의 개혁이 보수 반동체제의 등장으로 봉쇄당한 것이나, 구한말의 갑오·광무개혁이 제국주의와 유착한 반동세력에 의해 분해당한 것이나, 해방 후 독립운동을 계승한 개혁운동이 군정과 분단체제로 차단된 것이나, 4·19혁명이 군사정권의 등장으로 왜곡되었던 것이나, 모두 반동 조건의 탓도 있었지만 개혁 역량의 취약성에도 이유가 있었던 것이다.

 그렇다면 지금의 민주주의 개혁에는 개혁 역량의 취약성은 없는가? 국민적 역량은 어떻고 정권 역량은 어느 정도인가? 93정권이 삼당합당으로 신군부와 연합했다가 개혁에 제동이 걸렸듯이, 98정권이 유신 세력과 연합하는데 대한 우려의 목소리가 높다. 정치개혁은 답보 상태에 있고, 재벌 중심의 구조조정으로 경제는 빈부 편재가 확대되어 가고, 실업자의 증가로 사회 불안은 증폭되고, 문화백서 없는 문화정책이 말하듯이 민족문화는 실종 위기에 있고, 외교는 대일, 대미 종속이 심화되고 있다. 진일보한 것으로 평가받는 것은 미궁에 가려져 있는 재벌개혁과 대북관계뿐이라고 해도 과언이 아니다. 개혁 역량이 취약하게 보이는 것이다. 때문에 21세기를 전망하면서 시민운동의 참여가 국가경영에 구조화될 필요가 있다는 점을 제의한 것이다.

 20세기는 제국주의 문제에 이어 자본주의와 공산주의가 대결한 냉전의 역사였다. 제국주의 난장판에서는 한국이 가해자가 아니라 피해자였으므로 피해 상처는 컸지만 남을 괴롭힌 죄인은 아니었다. 괴롭힘을 당하고 있었기 때문에 인간주의적 충동을 남보다 강하게 느꼈을 가능성이 있다. 그리고 독립운동을 전개하는 가운데, 또 해방 후 독재정권 속에서 전개한 민주화운동을 통하여, 또 아래로부터 민주화를 쟁취하는 가운데 인권사상을 크게 성장시켰다. 따라서 한국인은 인간 본위의 욕구가 강하고 인간 본위의 민주주의가 지상과제라는 신념을 갖게 되었다. 더구나 이념적 독재가 무너지고 이념 자체가 퇴색해가는 세계사적 환경이 인권 성장의 촉진제가 될 것으로 전망된다. 그리고 한국에는 어느 하나의 종교가 지배하고 있지 않다. 그러므로 한국에는 인간 본위의 민주주의 외에 어떤 이념도 군림할 수 없을 것으로 예상한다. 그러한 역사적 성과물을 개혁 추진의 역량으로 키워야 한다. 21세기는 지식정보사회가 초고속으로 발전하는 세기가 된다고 입을 모아 말한다. 그렇다면 문치사회의 전통이 낳은 교육열에 의하여 얻게 될 지식과 민주화운동의 결과로 얻은 인간주의가 결합되어 전국민이 21세기에는 높은 지식 수준을 확보할 가능성을 전망할 수 있다. 이것은 21세기 한국사의 희망적인 전망이다. 거기에서 염려되는 것은 높은 지식이 도덕성을 상실하지는 않을까 하는 것이다. 그래서 인문학 교육을 강조하였다.

다음으로 자본주의와 공산주의의 냉전 문제는 한반도가 아직도 남북으로 분단되어 있는 즉, 20세기 역사를 청산하지 못하고 21세기를 맞게 되었다는 점에서 심각한 과제로 남아 있다. 늦기는 했지만 이것을 한국인의 힘으로 극복한다면 21세기는 영광스러운 세기가 될 것이다. 그것을 위하여 먼저 한반도 내부에서 통일민족주의를 성장시켜야 한다. 분단국가주의를 청산해야 한다는 말이다. 통일민족주의를 성장시키기 위한 역사학에서는 총체적 사관을 발달시키는 것이 중요하다. 인간이란 총체적 존재이기 때문에 어느 일면이나 부분으로 실체를 설명할 수 없는 것이다. 그리고 총체적 설명은 먼저 다양성이 확보되어야 가능한 일이다. 그것이 인간을 인간으로 보기 위한 사고의 출발이고 다양성을 존중한 총체적 시각이어야 통일민족주의에도 접근할 수 있다고 생각한다.

　인간을 본위로 한다는 말은 모든 인간 즉, 세계인의 평등을 지향한다는 말도 된다. 세계인의 평등을 지향했을 때 불평등을 전제로 한 제국주의나 패권주의에 대한 강한 비판력을 갖는다. 그와 같은 인류 평등의 세계주의는 21세기에 더욱 확산될 것이다. 그렇다면 통일민족주의도 세계주의를 전망하면서 고양시켜야 실효를 거둘 수 있다고 생각된다. 그것이 보편적 민족주의의 길인 것이다. 그것을 선인들이 즐겨 쓰던 대동적(大同的) 민족주의라고 말해도 좋다. 대동적 민족주의는 국수주의와 일원적 세계주의를 배격한다는 것은 누누이 강조한 바와 같다.

　필자는 지구상의 국수주의와 일원적 세계주의라는 양 극단의 사고를 극복하자면, 인류공영의 세계 질서로서 다국적 국제인체제를 수립하는 것이 필요하다고 생각해왔다. 그것이 국수주의와 일원적 세계주의를 발생 근원부터 없애는 방안이 되는 동시에 개별적 특성을 공유, 확대하면서 인류공동체의 꿈도 실현할 수 있는 방안이 될 것으로 생각한다. 필자는 그것을 민족주의가 세계주의로 가는 국제주의 단계라고 말하고 있다. 다국적 국제인체제란 새로운 패권주의를 낳고 있는 EU·NAFTA 방식의 블록 체제와는 다르다. 지구상의 모든 사람이 성년에 이르면 원래의 국적 외에 두세 개의 국적을 더 가지고 시민권을 행사하는 체제를 말한다. 가령 어떤 미국인은 미국과 다른 대륙인 유럽의 코소보(유고)나

아프리카 르완다의 국적을 동시에 갖는 것을 말하는데 구체적으로는 무척 복잡하고 혹은 새로운 국가주의를 탄생시킬 염려가 있다는 우려도 있을 수 있으나, 그런 점까지 고려하여 사회과학과 정보과학기술의 지혜를 동원하면 실현이 가능하리라고 생각한다. 아마도 먼 훗날에 가서야 논의될까 말까 하는 극히 이상적 구상에 불과할는지 모르지만 지구상의 피비린내 나는 인종분쟁과 종교분쟁을 비롯하여 빈부격차와 환경오염과 그로 말미암은 국수주의적 무한경쟁과 또 그로 말미암은 평화의 파괴를 극복하는 방도가 달리 있을 것같지가 않다. 20세기와 같은 제국주의와 공산주의가 사라진다고 해도 무한경쟁의 사고가 존속하는 한, 새로운 국수주의를 조장하여 지구상의 빈부격차와 환경오염이 심화 확산되어 인류 멸망은, 비록 우주 개발로 화성을 정복한다고 해도, 극복하기 어렵다는 전망에서 제기해온 것이다. 환상 같아서 과학성이 없다고 생각되더라도 그러한 사상의 확산이나가 필요하지 않을까 한다. 사상이 확산되면 언젠가는 지구상의 민족과 국가의 평등이 수립되고, 평등이 수립되면 다국적 국제인체제가 가능하리라고 생각한다. 다국적 사회에서는 민족주의가 문화적으로만 잔류하게 될 것인데 다국적에 따른 문화 교류가 촉진되면 특수 문화의 세계적 확산에 의하여 일반화될 것으로 예상한다. 그때에 이르러 세계주의를 현실화시킬 수 있을 것이다. 환상 같은 이야기일 수 있으나 그 환상의 이야기에 한국사가 도전해봄직하다고 생각한다. 환상 같던 달나라 여행도 눈앞에 다가오고 보면 환상 같다고 해서 포기할 것은 아닐 것으로 안다(필자가 환상 같은 소리를 하기 때문에 필자의 민족주의나 세계주의를 관념적이라고 비판하기도 한다). 어쨌든 필자는 그 환상을 버리지 못한다. 21세기 지식사회가 확산되고 그때 첨단 지식을 개발할 가능성을 풍부하게 가지고 있는 한국이 세계사의 기여도가 높아질 것이므로 한국이 새 질서에 도전해본다는 것이 허황된 이야기로 그치지 않을 수 있다.

다국적 국제인체제가 형성되면 콩고 강이나 아마존 강가에서 나체 생활을 하는 토인 마을을 20세기 이전 방식으로 노예 시장으로 보지 않고, 평화스런 에덴의 동산 같은 애정의 눈으로 볼 수 있을 것이다. 그러한 눈이 21세기인의 눈이 되어야 한다. 그러한 인간주의의 눈으로 한반도의 통일도 추진되어야 할 것이다. 그래야 20세기 방식의 난장판도 사라질 것으로 안다.

('전국 역사학대회' 발표문, 1999년)

개혁 · 통일 · 복지,
그리고 인간주의로 가는 21세기

　우리는 시민운동으로 21세기의 아침을 열었다. 1999년 10월 서울에서 비정부기구(NGO) 세계대회가 열렸을 때 앞날이 심상치 않다고 생각했더니 11월 말에는 각국의 NGO가 미국 시애틀로 모여 30일부터 개최된 세계무역기구(WTO) 각료회의를 밀어붙여 이른바 '뉴라운드'를 무산시켰다. 그것을 보고 필자는 2000년에는 시민운동으로 새 시대를 열자는 칼럼을 썼다(《매일신문》 1999년 12월 20일자).
　아니나 다를까. 2000년 1월의 서울은 시민운동으로 수를 놓았다. 큰 변동이 없는 한 21세기는 시민운동을 통해 민주주의가 발전할 것으로 전망된다. 희망의 세기가 아닌가. 그러나 낙관할 수는 없다. 시민운동이나 민주주의의 역사는 결코 평탄하지 않을 것이기 때문이다. 우리는 민주주의를 위해 싸워왔기 때문에 그것을 잘 알고 있다.
　20세기 우리의 역사를 보면 1945년 해방 전은 독립운동기였고,

해방 후는 민주화운동기였다. 해방 후 민주화운동기를 다시 보면, 해방 직후 혼돈기(1945~1960), 민주화운동기(1960~1993), 민주주의 개혁기 (1993~오늘날)로 세분할 수 있다. 그러니까 지금 우리는 민주주의 개혁기를 맞아 덜커덩거리고 있는 것이다. 21세기는 20세기 이상으로 정치, 경제, 사회, 문화가 착종하면서 초고속으로 질주할 것이기 때문에 단거리 선수처럼 달려야 할 것 같은데, 덜커덩거리고 있어서는 안 된다.

그러나 아무리 바쁘다고 해도 인간의 사고와 행동양식을 떠나 무엇을 생각할 수는 없다. 세상이 기계화된다고 해도 그 기계 또는 인터넷에 나타날 것은 인간의 문제 외는 없을 것이기 때문이다. 그렇다면 우리는 민주주의 개혁에 박차를 가해야 한다. 그런 뜻에서 작년 연말에 '민주화운동 관련자 명예 회복 및 보상에 관한 법률'과 '의문사 진상규명법'이 국회를 통과한데 이어, 12월 30일에 여의도에서 422일 간의 전국민족민주유가족협의회 농성 해단식이 있었던 것은 특별한 의미를 갖는다. 우리가 IMF에 멍든 나머지 민주화운동의 뼈아픈 기억을 망각하기 쉽기 때문에 민주화운동 관련법이 햇빛을 보게 되었다는 것이 뜻 있는 일이었다.

그때 인권법의 제정, 국가보안법의 개폐, 반부패기본법(부정부패방지법)의 제정 등을 비롯한 개혁 입법도 끝냈어야 했다. 개혁은 때를 맞추어야 하기 때문이다. 93정권이 때를 놓쳤다가 비참하게 끝난 운명을 보았지 않았던가. 우리가 해방 후 식민지 청산을 못한 나머지 식민지 잔재가 구석 구석에 유착하여 이제는 잔재를 청산할 수도 없는 형편에 이르고 말았듯이, 개혁은 때를 놓치면 개혁할 수도 없거니와 약효도 잃고 마는 것이다.

정치판을 새로 짜야

때맞춰 개혁하자니 정치판의 '쓰레기 분리수거'로 일컫는 정치개혁부터 과감하게 추진해야 한다. 정치개혁은 군사독재의 잔재를 청산하는 작업이다. 군사독재의 산물이 3김정치이고 보스정치이고 밀실정치이고 지역주의 정치이고 정경유착이었는데, 거기에는 민주 진영에도 책임이 있다. 민주화운동을 전개하자니 김대중, 김영삼처럼 앞장설 보스가 필요했고, 지역별로 똘똘 뭉쳐 민주화운동을 전개하는 가운데 독버섯 같은 지역주의도 불가피하게 자라게 되었다. 그리고 민주화운동 경비를 조달하자니 누구도 정치자금에서 자유로울 수 없었다. 이제 그것들을 솔직하게 시인하고, 이제는 구시대와의 인연을 끊어야 한다. 그리고 새 시대의 문을 열어야 한다.

새 시대의 문은 정치개혁으로 열어야 하고 정치개혁은 정당민주화로부터 출발해야 한다. 15대 국회 마지막에 보여준 국회의원들의 철부지 같은 작태도 정당민주화를 통해 자란 정치인이 아니기 때문에 나타난 희극이요, 비극이었다.

정당민주화는 정당의 목적 합리성과 절차 합리성으로 달성된다. 목적 합리성이란 정당은 정강이 뚜렷한 이념 정당이 되어야 한다는 말이다. 이념을 내세운다고 해도 수구와 보수를 혼동하고 개혁과 진보를 혼동해서는 안 된다. 보수와 진보는 개혁으로 민주주의를 확보한 연후에 구별된다는 말이다. 그와 같은 이념의 차이가 없다 보니 선거 때 향우회, 종친회, 동창회 등의 연고주의에 젖은 투표를 하게 된다.

선거는 민주정치의 꽃이라 한다. 선거 때 출마자가 정치이론을 개진하고 토론하는 가운데 유세장은 정치 계몽의 광장이 되고 그를 통하여 국민의 정치의식이 성장하고 정치이론이 계발된다고 가정하고 그것을 보고 민주정치의 꽃이라 한 것이다. 그런데 우리의 현장은 부정을 조장하는 기회가 되어 있다.

절차 합리성이란 정당의 모든 결정과 각종 대표의 선출 과정을 민주적으로 수행해야 한다는 것을 말하는데, 무엇보다 공천 과정이 중요하다. 현재는 보스의 의도와 헌금으로 결정하고 있다. 기초 당부에서 선출하자니 당원이 없다는 핑계를 댄다. 이념 정당을 만들어보라. 그래도 당원이 없을 것인가. 그래도 안 되면 국회만은 지방의회와 달리 조합주의 방식을 도입해서라도 절차 합리성을 관철시켜야 한다.

이와 같은 새 틀을 보스에 맛들인 사람들에게는 기대할 수 없을 것 같다. 그렇다면 어떻게 할 것인가. 시민운동에 기댈 수밖에 없다. 시민운동의 압력으로 정당 민주화를 달성하는 것이다. 정당이 민주화되면 거기에서 새 시대의 인물이 배출될 수 있다고 생각한다. 정치개혁은 정치인에게 맡겨서 기대할 수 없다. 이른바 보스들도 자당의 국회의원 수를 확보하기에 바쁘다. 그것이 정치 안정이라고 말한다. 필자의 기억으로는 집권 여당이 다수당인 경우 예외 없이 횡포와 부패 정치를 자행했으므로 거기에 집착할 것이 아니라는 생각이다. 정치 안정은 정치개혁으로 달성되는 것이지 국회의원 수나 확보하면 된다고 구시대 방식으로 집착하지 말라는 말이다. 국회의원 수가 부족하면 정치개혁을 통한 국민의 지지로 정치 안정을 도모하는 보다 고급스런 방법을 보여야 한다. 시민운동 단체의 역할도 전에 없이 성장하고 있으므로 시민운동 단체의 지지로 정치 안정을 기하는 것이 21세기 정치논리라고 할 수 있다.

한편, 민주주의 개혁은 정경유착을 근절해야 가능한 것이고 정경유착은 재벌이 개혁돼야 달성된다. 98정권의 업적 가운데 크게 찬사를 받을 것이 대북정책, 정보화정책(?)과 함께 재벌개혁을 손꼽을 가능성이 많다. 연말까지 기업체의 부채 비율 200%를 달성시키고 고질적이던 문어발식 확장을 단절하고 재벌 기업의 상호보증을 차단하고 목하 진행되고 있는 기업의 지배 구조를 개혁하려는 것 등은 정치적 복선 없이 추진된다면 큰 성과로 기록될 것이다. 그런 가운데 신동아, 한진, 대우재단이 정비 도태되어야 했지만, 그럼에도 정치자금과 연계되어 수술하지 못한다는 우려의 소리도 있다. 작년 12월 23일 참여연대의 《개혁통신》에서는 "대우 사태와 투신사 문제가 불거진 뒤로는 개혁 담론이 수면 아래로 가라앉고 위기관리 명분의 미봉책만 나오고 있다."라고 지적했다. 그러니까 2000년 10월부터 실시한다는 '국민기초생활보장법'에 대하여도 현실성 있는 예산이 배정되지 않았다고 걱정하고 있는 것이다. 오히려 금융실명제를 폐지하고 금융 종합과세를 유보하면서 무한경쟁을 외치는 등 신자유주의적 경향이 농후해지고 있다. 결국 '10대 인터넷 강국'(새천년 신년사)으로 가봤자 미국 이상으로 빈부격차가 나타나 한국 민주주의를 파국으로 몰아갈 위험이 있다는 소리가 높다.

시민운동―정당―정부(국회)의 구도

이와 같은 정치 불신은 시민운동의 발전으로 극복할 길을 찾는 외에 다른 방도가 없을 것 같다. 21세기에는 정보통신의 대중화가 가속화되면서 대중의 정치 참여가 활발해질 것이기 때문에 20세기형 대의정치(간접민주제)는 구조적으로 수정되어야 한다. 대중의 정치 조직이 발달하고 그들의 시민운동이 직접민주제를 제고시킬 것이므로 정당 구조도 개편하게 만들 것으로 예상한다. 정치 문제는 정치권의 전유물처럼 생각하는 것은 시대착오라는 말이다. 특히 우리는 20세기 1백년 간에 독립운동과 민주화운동을 전개하면서 아래로부터 민주주의를 쟁취한 경험을 가지고 있기 때문에 아래로부터 생산되는 기운을 발전시킬 필요가 있다. 그 아래로부터 생산되는 기운이 지금 시민단체를 형성하고 있는 것이다.

그런데 여기서 말하는 시민단체라 함은 NGO를 총칭하는 것이 아니라, 그 중에서 이익단체를 제외한 공익단체에 한정한 말이다. 우리로 치면 환경운동연합, 참여연대, 경실련 같은 시민운동 단체를 말한다. 1999년 10월 서울에서 NGO세계대회가 열렸을 때 들으니 우리 나라에는 NGO가 2만 개 정도, 시민운동 단체가 1천 개 정도 있다고 했다. 지난 1월 24일 총선 '공천 반대자' 66명의 명단을 발표할 때 시민연대를 구성한 단체를 보면 5백 개 전후의 단체가 활동하고 있는 것으로 짐작할 수 있다.

시민운동의 성장은 세계적 현상이다. 그러나 시민운동이 발달하기에는 우리가 적격일 수 있다. 우리는 언어나 풍속이 동질적인 국민이므로 공익의 집약이 어렵지 않다는 점, 교육 수준이 높고 비교적 평위하여 운동 추진에 이질성이 적을 것이라는 점, 독립운동과 민주화운동을 통하여 시민운동성 민족운동의 경험을 축적했다는 점, 현실적으로 시민운동을 통해 해결할 문제가 많다는 점, 앞으로 통일 후가 되면 시민운동에 기대를 걸 문제가 더욱 많아진다는 점 등을 가지고 있으므로 적격이라고 했다.

여기서 주의할 것은 시민운동이 유산자 부르주아운동으로 편향되지 않아야 한다는 점이다. 우리의 근대 민족운동이 시민운동과 민중운동의 대립 또는 별도로 병행되고 있었던 점을 감안하여 오늘날의 시민운동은 민중운동과 더불어 추진되어야 할 것이다. 그래야 아래로부터 쟁취한 민주주의 욕구를 충족시킬 수 있는 것이다. 현재 시민적이거나 민중적인 다양한 시민단체가 총선연대를 구성했듯이 연대 방식을 발전시키는 방법도 있을 것이다.

그와 같은 이야기가 틀리지 않다고 한다면, 시민운동이 국가경영에 제도적으로 참여하는 길을 열어 구조화할 필요가 있다. 그것이 정치도 지키고, 경제도 지키고, 문화도 지키는 틀이 될 수 있고 통일 추진의 힘도 될 수 있다고 생각한다. 국가경영에 구조적으로 참여한다는 말은 지금까지 국민—정당—정부(국회)로 구조화된 것을 국민—시민단체—정당—정부(국회)로 구조화하는 것을 말한다. 우리가 시민운동을 발전시키는 데 여러 가지 유리한 조건을 가지고 있다고 한다면, 언제까지 선진국의 정치학이라고 해서 18세기형 대의정치나 삼권분립의 틀을 모방하고 있어야 할 이유가 없다. 정치는 정치적으로 풀어야 하지만 서구식 국가론이 불변해야 할 이유도 없다. 21세기에는 우리 나름의 국가경영론을 개발하여 선진국을 추월할 방도를 찾는 것도 생각해봄직할 것이다.

지난 1월 10일 경실련에서 '공천 부적격자' 명단 164명을 발표하였을 때, 한길리서치에서 조사한 여론은 71.8%의 찬성을 보였다고 한다. 그 동안의 밀실 공천에 대한 정치 혐오가 얼마나 심각했던가를 말해준다. 1월 24일에는 참여연대, 환경운동연합 등의 시민단체로 구성된 '2000년 총선시민연대'가 다시 '공천 반대자' 66명의 명단을 발표하여 압박을 가했다. 선거도 하기 전에 부패 정치인 물러가는 소리가 들리는 듯했다. 이에 이르러 시민운동으로 21세기가 열리는 것을 누구나 실감할 수 있었을 것이다.

21세기형 경제를 고안해야

　98정권이 들어서서 IMF 신탁으로 가기는 했지만 경제파탄을 일단 수습한 것은 다행이었다. 그때 온 국민이 금반지를 헌납하는 것을 보면서 필자는 이런 국민이면 국제신탁을 받지 않고도 난국을 극복할 수 있을 것 아니냐고 생각한 적이 있다. 문제는 그것을 이끌 만한 지도층이 있느냐 하는 것이다. 그래서 뜻 있는 사람들은 경제난국을 독자적으로 수습한 말레이지아의 앞날에 주목하고 있는 것이다. 우리가 경제난국을 국제신탁으로 수습하다 보니 대미, 대일 종속이 심화되었다. 그것은 외국자금의 유출입에 따라 흔들리는 증권시장을 보면 알 수가 있다. 휴전선에 오발탄이라도 한 개 터졌다고 하면 돈을 빼서 달아날 호들갑을 무엇이라 할는지 알 수 없다. 우리의 증권시장이 뉴욕 증권시장에 따라 움직이는 종속 상태를 어떻게 수습할 것인가. 어느 만화에서 코스닥이 뭐요, 하고 물으니 코스닥은 나스닥의 동생이요 하고 대답했다. 미국의 'AOL과 타임워너의 합병' 소식을 들으면서 전세계 인터넷을 몇 개의 통신사가 지배할 공포에 젖는다고 했다. 증권시장의 종속 다음에 통신시장까지 종속될 것을 염려한다는 말일 것이다.

　경제파국을 수습하느라고 적지 않은 기업을 외국에 팔았다. 제일은행이던가 외국자본에 팔려간 기업의 임원 퇴임식을 눈물로 치렀다는 이야기는 무엇을 말하는가. 앞으로 GDP는 올라가겠지만 GNP는 얼마나 올라갈 것인가. 한편 기업을 살리고 보니 재벌만 살찐 경제가 되었다. 반면에 중산층이 몰락하고 결식아동 15만 명, 결식노인 20만 명, 빈곤율 20%를 넘을 정도로 빈부 격차가 극심한 자본주의 최악의 구조를 맞게 되었다. 김대중대통령은 새해부터 서민경제에 눈을 돌리겠다고 말하고 있으나 불안한 심정을 감출 수 없다.

한편, 21세기에 예상되는 정보통신사회는 20세기 방식의 대기업이나 대국이라 해서 유리할 것이 없다는 말도 있다. 그래서 서민경제, 대중경제의 발전을 통해 국제경쟁에 임하는 나라가, 그리고 어쩌면 적당히 작은 나라가 유리할 수 있고 국제 경쟁력도 높일 수 있다고 한다. 그렇다면 중소 벤처기업뿐만 아니라 서민경제에 전력투구할 때가 되었다고 할 수 있다.

현 정부가 당초에 표방하던 '민주적 경제정책'이라는 것이 새해부터 '생산적 복지정책'으로 모양을 다듬고 있는데 생산적 복지정책은 미국식의 신자유주의도 아니요, 유럽식 제3의 길도 아니라고 하나 정체가 분명하지 않다. 지난 1월 3일의 '새천년 신년사'를 통해 보면 금융·기업·공공부문·노사관계 등 4대 개혁을 완성하고 중소 벤처기업 육성과 50만 호 주택 건설 등으로 2백만 개의 일자리를 창출하고 초등학교부터 컴퓨터를 비치하는 등 전자민주주의를 실현하여 디지털시대의 역량을 높인다는 것이 그의 일단으로 이해된다. 그렇다면 그것을 왜 예산에 충분히 반영하지 않았던가 의심스럽다. 전국경제인연합회는 1월 5일의 성명에서 그것을 실현 불가능한 일이라고 했는데 모두 알듯 모를 듯하다. 그러니까 국민들은 10월에 실시한다는 '국민기초생활보장법'이나 1월 17일 재정경제부가 발표한 '따뜻한 시장경제'라는 5단계 사업도 21세기 기반 사업으로 믿기가 어렵다는 반응이다.

이러한 앞날에 대한 불투명한 전망은 현정부의 노선이 분명하지 않은 탓에 있다. 신자유주의도 아니요 제3의 길도 아니라는 말은 이것도 되고 저것도 된다는 말로 들린다. 그래 가지고서는 초고속사회에 동참할 수 없다. 19세기 방식의 자본주의나 20세기 방식의 공산주의가 다함께 인도주의를 일탈했으므로 21세기의 길은 적어도 그것은 아니어야 할 것이다. 그렇다면 우리가 갈 길은 수정자본주의가 됐든 사회민주주의가 됐든 제3의 길이 됐든, 인도주의를 향한 민주주의 경제 질서가 돼야 한다. 그것이 국력 신장의 길이기도 하다. 생산적 복지정책이라는 것도 그러한 이론의 틀로 정립하지 않으면 대혼란을 야기하고 말 것이다. 더구나 통일까지 전망한 21세기 경제 정책이란 관점에서 생각하면 불안하기 그지없다. 지금의 정권이 21세기를 담당하지 않는다고 해도, 지금 21세기형 경제 모형을 제시해야 그 원안을 놓고 수정에 수정을 가하면서 또 싸우면서 발전 모형을 만들어갈 것이 아닌가.

문화 농촌을 건설해야 나라가 된다

21세기 경제의 기반 사업으로 간과할 수 없는 것이 문화 농촌의 건설이다. 농촌을 버린 국력이나 민주주의 경제는 의미가 없기 때문이다. 20세기에 추진된 우리 나라 농촌정책은 일제하 식민 농촌 건설계획이 있었고, 해방 후에는 박정희정권의 새마을운동이 있었다. 새마을운동은 유신체제의 농촌 확산책이었는데 북한의 천리마운동의 모방이었다는 말도 있다. 어떻든 그때까지 버려졌던 농촌에 새바람을 일으켜 놀라운 성과를 얻어낸 것은 사실이다. 그러나 새마을운동으로 배고픔은 해결했다고 해도 그 다음의 정책을 접속시키지 못하여 실패하였다. 그리하여 농촌은 다시 황폐해졌다. 농민이 농촌을 떠나지 않도록 문화 농촌 건설계획을 접속시켜야 했다. 이것은 21세기 농촌계획이 되어야 한다. 21세기 국가 구조의 개편이란 측면에서 서둘러야 한다.

115만 농어가의 부채를 탕감 또는 대여해준다고 하지만, 그 돈은 다시 도시로 'U턴' 한다. 마을마다 목욕탕과 문화 포스트로서 도서관 또는 문화회관을 건립하여 돈을 돌게 하고 문화 활동도 조성하여 농촌을 사람이 살 만한 곳으로 만들어야 한다. 그를 위하여 전국의 면(面)을 해체하여 그의 업무와 인력을 마을로 분산하는(도시의 동사무소는 존속시키더라도), 한때 논의하던 지방행정 개혁을 디지털시대에 맞게 수정, 단행해야 한다. 인터넷 초고속사회에서 1914년에 조선총독부가 만든 도(道), 군(郡), 면(面), 리(里)의 지방행정조직을 고집할 이유가 없는 것이다.

그리고 농업협동조합을 농민에게 돌려서 농촌경제를 농민의 손에 맡겨야 한다. 필자가 수없이 주장해왔지만 농협은 농민 경력자, 농고와 농대 졸업자들이 운영을 담당하도록 해야 한다. 그래야 농촌에 활기를 불러일으킬 수 있다. 농촌에 애정이 없는 법대, 상대 졸업생이 농협을 장악하면 농민은 자존심을 박탈당하여 농협은 물론 농촌을 발전시킬 수가 없다. 농민이 농협을 고용해야지 농협이 농민을 고용해서 안 된다는 말이다. 인간주의적 측면에서 생각해보라. 농산물 유통이나 농촌 금융도 농민이 고용하는 방식으로 바꾸어야 한다. 현재와 같이 농협을 운영하면 전남 나주에서 농민주유소 같은 판매 조합을 만들듯이 머지않아 농민이 별도로 농민조합을 전국적으로 만들게 될 것이다. 그렇게 망신당하고 혼란이 일기 전에 농협을 농민에게 돌려주라는 것이다. 그리고 농촌학교의 아동 수가 50명 미만이라도 농촌 문화의 창구라는 측면에서 폐교하지 말아야 한다. 그리하여 21세기에는 20세기 후반에 실패한 지역사회학교가 운영되도록 하는 것이 좋다. 그것은 디지털사회의 지식 격차를 축소시키는 작업으로도 중요한 의미를 갖는다.

쌀, 보리, 콩, 깨 등의 농산물은 모두 국산품이 수입품보다 우수하다. 소, 돼지, 산나물까지 이 땅의 자연 생산물은 우수한데 사람이 재주를 부린 공산품은 뒤떨어진다. 그렇게 우수한 농산품을 생산하는 농촌에 눈을 돌려야 한다. 21세기에는 심각해질 환경오염 때문에 도시 인구가 농촌으로 역류할 것도 예상해야 한다. 정보통신이 발달하면 도시에 앉아 있을 이유가 줄어들 것이다. 그와 같은 국가적 구조 변화가 일어날 것이므로 농촌이 현재 이상으로 황폐하기 전에 종합적 개발을 추진하여 농촌에 꿈을 심어야 한다. 베네주엘라 정부가 도시 개발에 집중한 나머지 작년 12월 허리케인 홍수 때 5만 명이나 죽는 비극을 보았지 않았던가.

농촌이 건전해야 대중문화도 건전해질 수 있다. 농촌이 건전해지면 농촌의 바람이 도시 뒷골목을 순화시킬 수 있다는 말이다. 농촌 인구 10명이 떠돌이성 도시 인구 1천 명을 순화시키는 압력의 구실을 한다. 도시 뒷골목에서 매매춘하는 미성년자에게 갈 곳을 만들어주어야 하지 않는가. 그리하여 20세기와 달리 농촌이 도시를 이끄는 21세기를 만들어야 한다. 세계가 그렇지 않다고 해도 우리는 문화 농촌이 나라를 이끌어가는 국가형을 개발할 필요가 있다.

이와 같이 보면 21세기 경제형은 대중경제와 농촌경제의 개발이라는 말로 요약할 수 있다. 그래야 국가 전체를 전자화하여 모든 생활이 광역 네트워크로 연결될 새 시대에 살맛나는 나라를 만들 수 있다. 그것이 통일 후 전국토의 개발이라는 명제에도 부합할 것으로 안다.

새 시대의 걸림돌을 제거하자

20세기는 해방의 세기였다. 5천년 역사와 더불어 적체된 각종 모순에서 해방되었으며 해방되고자 노력한 1백년 세월이었다. 신분제도에서, 권위주의에서, 가부장제도에서, 무지와 빈곤에서, 제국주의 식민지에서, 이데올로기에서 탈출하기 위하여 근대화 운동으로, 독립운동으로, 통일운동으로 재주껏 노력한 20세기였다. 그래도 남은 과제가 많고 또 그러느라고 새로운 찌꺼기가 만들어지기도 했으며 그것이 어디에도 쓸모 없이 무해무덕하다고 버려둔 것도 적지 않다. 그런 것들이 모두 21세기를 살아가는 데는 걸림돌이 될 수 있다. 특히 전세계가 이데올로기에서 해방하고 있는데 우리는 19세기의 틀에서도 벗어나지 못하고 있다.

그것을 여기서 모두 찾아 거론할 수는 없다. 여기서는 고질적인 몇 가지만을 이야기해보기로 한다. 그것은 대학 벽보에서도 가장 많을 정도로 고질적인 종친회, 향우회, 동창회로 나타난 혈연, 지연, 학연 의식의 문제와 그것이 어우러져 유착한 정감인 국수주의 문제를 먼저 보기로 한다. 몇년 전 ㅇ주에서 ㅇ주를 본관으로 가진 성씨 친목 대회를 연다는 기사를 본 적이 있다. ㅇ주를 본관으로 가진 성씨는 전국에 산재해 있으므로 그의 친목은 지역주의 의식을 타파할 수 있다는 것이다. 그때 필자는 놀란 나머지 본관 철폐 운동을 펴야 하겠다고 생각했다.

그 이야기를 어느 자리에서 했더니 조선 후기를 전공하는 어느 교수가 그것은 다산 정약용이 이미 주장한 바였다고 했다. 조선 후기부터 안동 김씨나 풍양 조씨의 세도정치가 나타났듯이 성씨 중심의 배타주의가 성장하였다. 지방에서는 서원의 문중화 현상으로 나타나 실학을 중심으로 한 개혁의 흐름을 짓눌렀다. 그럴 때 다산이 본관 철폐를 주장했다는 것은 여간 뜻 있는 일이 아니다. 그로부터 2백년 세월이 흐른 지금은 성씨 배타주의가 선거에 악용되고 있다. 언제던가 대통령 선거에서 '1백만 ㅇㅇ김씨 종친에게 호소함' 이라는 신문 광고를 본 적이 있다. 그는 도쿄제대를 나와 조선공산당의 맹장으로 활약하기도 했던 명사였다. 그런 사람도 다급해지면 희한한 소리를 한다는 말이다. 그러니까 다산 선생이 진작 외쳤던 본관을 없애서 21세기를 살아가는 걸림돌을 청산하자고 주장하는 것이다. 동성동본 사이에 결혼도 할 수 있는 지금 본관이란 하등의 의미가 없다. 민주주의 개혁의 측면에서 방해가 될 것은 물론, 전국이 인터넷으로 연결된 21세기에 그런 의미 없는, 혹은 인간평등을 파괴하는 통신이 오가서야 되겠는가.

ㅇ주 본관 성씨의 친목 대회를 고안한 ㅇ주 시장의 고충은 이해한다. 그만큼 지역주의가 고질이라는 것을 대변하고 있다. 지역 정서가 고질병으로 정착한 것은 박정희정권의 지역 차별 정책에서 비롯된 것이다. 학연은 조선시대 당쟁에서 비롯되었다고 봐야 할 것이다. 좋은 의미의 학통이 파당을 형성하는 빌미가 되었다. 그것이 오늘날의 여러 가지 의미를 가진 학파로 나타나 대학이 배타적 동문 대학처럼 만들어져가고 있는가 하면 TK, KK 등의 용어가 나올 정도가 되었다.

이런 악습을 타파할 방법은 무엇일까. 지식인은 물론 국회와 시민단체가 앞장서야 한다. 앞장선다는 것은 대학교수와 국회의원과 시민단체 회원은 종친회, 향우회, 동창회 임원을 맡지 않는 전통을 세운다는 것을 말한다. 법제화할 수도 있을 것이다. 그리하여 그것이 저급 집단이라는 것을 스스로 깨닫게 해야 한다.

혈연, 지연, 학연 의식이 국가주의와 밀착한 것이 국수주의이다. 우리는 독립운동을 전개하고 통일운동을 전개하는 가운데 민족주의의 성장이 긴요하였다. 우리의 민족주의는 1919년 3·1운동 전까지는 종족주의가, 3·1운동 뒤에는 국수주의가 주류를 이루었다. 국수주의 단계에서 민족주의로 발전한 것은 1920년대 후반, 특히 1930년대의 일이었다. 그때부터 민족주의 논쟁이 활발하게 일어나면서 민세주의·삼균주의·신민족주의 등의 용어가 등장했다. 그것은 민족주의의 보편성에 착안한 주장이었다. 그런 가운데서도 국수주의가 한 켠에 내려오고 있었다. 그것은 식민지 지배 당국인 일본이 황도주의로 표현된 그들의 국수주의를 지배 이데올로기로 삼고 있었기 때문에 그와 맞선 독립운동의 저항 무기로 필요했던 탓이기도 하다.

해방 후에는 통일운동과 더불어 1960년대의 세계적 네오내셔널리즘의 바람을 타고 민족주의가 크게 일어났는데, 남쪽에서는 민족 주체성, 북쪽에서는 주체사상이 제기되기도 했다. 그때 제기한 주체의식이 정치논리와 영합하면서 분단국가주의 논리가 되기도 했다. 그리하여 국수주의 정서를 성장시킨 것으로 이해된다.

그것이 옳든 그르든, 이제 전세계는 네트워크로 연결될 초고속 시대로 돌입하고 있다. 우리도 이제는 세계인의 위치에서 생활해야 한다. 1월 18일에 삼성과 현대가 일본, 미국, 독일 기업과 제휴하여 반도체를 공동 개발, 세계 시장 80%를 점유할 것이라는 보도가—필자가 보기에 그것이 좋든 나쁘든 엄청난 뉴스일 것 같은데—작은 활자로 보도되었다. 그 정도는 예사로운 세상이 되었다는 뜻일 것이다. 이런 판국에 혈연, 지연, 학연을 따진다거나 국수주의를 고수하는 것은 개인이나 국가 발전에 큰 방해가 된다.

국수주의는 통일에도 방해가 된다. 분단논리를 생산하기 때문이다. 따라서 세계주의와 모순되지 않는 통일민족주의를 고양시켜야 한다. 분단국수주의와 통일민족주의의 차이는 전자는 국가논리이고 후자는 민족논리이다. 전자는 배타적 폐쇄적 논리요, 후자는 공존적 개방적 논리이다. 때문에 통일민족주의는 보편적 민족주의인 동시에 다원적 세계주의의 속성을 가지고 있다. 이것을 선인들은 대동적(大同的) 민족주의라고 했다.

　대동적 민족주의가 돼야 통일이 세계주의에 이바지하는 구실을 한다. 통일이 세계 평화에 기여하기 때문이다. 서양인이 즐겨 쓰는 문화 다원주의라는 것도 다원적 세계주의 또는 보편적 민족주의에 다름아니다. 그러므로 민족문화의 창달은 곧 세계문화 발달에 기여하는 각기 민족의 책임인 것이다. 거기에서 주의할 것은 국수주의와 국수주의의 세계화 전략인 일원적 세계주의이다. 일원적 세계주의는 곧 제국주의에 다름아니다.

　이상의 이야기 외에도 21세기의 걸림돌이 적지 않다. 이념의 경직성에서 해방되는 문제, 식민지 잔재와 군사문화를 청산하는 문제 등 무수하다(필자의 〈20세기 한국사의 전개와 반성〉, 제42회 전국역사학대회, 1999년 5월 28일 발표문 참조). 그러한 작고 큰 문제를 종합해서 연구·관리하는 부서가 있는 것이 좋다고 생각한다. 그런 점에서 새마을운동협의회와 제2건국위원회를 통폐합하여 새 시대를 위한 ○○운동본부로 개편하는 방안을 생각해봄직하다. 그것이 새 시대를 맞는 준비이자 군사정권기의 새마을운동을 마감하고 제2건국위원회에 대한 각종 오해를 불식하는 방안도 될 수 있을 것이다.

지식은 도덕성을 동반해야

21세기는 창의적 지식이 지배하는 사회가 된다고 한다. 사람의 사회에 대한 지배력은 권력(權力), 금력(金力), 지력(智力), 체력(體力)에서 나온다. 그래서 우리 선인들은 1919년 길림에서 발표한 대한독립선언서에서 그의 균등을 외치기 시작하였다. 그 후 그것을 구체화한 삼균주의(체력 제외)를 외친 것은 1930년으로 70년 전의 일이었다. 그런데 권력과 금력의 균등 문제는 20세기에 실험해보았다. 여간 어려운 일이 아니었다는 것도 알 수 있었다. 21세기를 맞으며 신자유주의가 만연되는 가운데 금력의 횡포는 더욱 활개칠 것으로 예상된다. 금력의 횡포를 20세기에는 권력의 힘으로 극복해보려고 공산주의까지 창안해보았으나 권력 조직의 그물만 남긴 채 실패하고 말았다. 21세기에는 새롭게 지식, 지력의 힘으로 탈출구를 찾아볼 것이 예상된다. 그러자면 지식이 도덕성을 겸비해야 한다. 도덕적 장치가 없는 지식은 금력이나 권력에 못지않는 폭력을 낳기 때문에 그때는 인류 사회를 더욱 어지럽히고 말 것이다.

지식의 도덕성이란 두 가지 측면에서 고려되어야 한다. 하나는 지식의 분배 문제이다. 지식을 습득할 교육의 기회 균등을 말한다. 현재처럼 15만 명의 결식아동과 고액과외 학생이 있는 사회에서는 교육의 균등을 기하기란 어렵다. 올해부터 40만 명의 중등학생과 30만 명의 대학생에게 학비를 지원한다고 하는데 그것은 미봉책에 불과하다. 적어도 중고등학교까지는 사학을 국공립학교로 전환시킬 필요가 있다. 21세기 고도로 과학화될 교육환경을 개인 재단에 의지한다는 것은 지금까지의 사학 비리로 볼 때 기회 균등을 파괴할 염려가 많다. 북한 실정을 고려한다면 그것이 통일의 기반 조성으로도 의미가 있는 것이다.

학교 교육의 기회 균등이 실현된다고 해도 21세기에는 학교가 아닌 정보통신을 통해서 개인적으로 지식을 습득하는 기회가 확대되는 가운데 지식 부유층과 빈곤층이 형성될 것이다. 그러므로 학교에서는 정보통신의 기초교육을 완료하여 통신문맹자가 없도록 해야 하고 지식 빈곤층에 대한 특별 정책이 강구되어야 한다. 정부 조직에서 교육부를 격상시킨 것은 환영할 일이나, 그것만으로는 부족하다. 정부는 정보통신의 독점과 공유 문제, 그리고 지식의 전문화가 추진되는 가운데 발생할 문제까지 총체적 조절을 감당할 수 있어야 한다. 때문에 앞에서 지식문화 포스트를 중심으로 하는 문화 농촌을 건설하자고 주장한 것이다.

다른 하나는 지식의 질 문제이다. 지식의 실용성과 부가가치를 강조한 '신지식론'이 부상하면서 지식의 도덕성이 탈색될 것으로 예상된다. 지식의 본산이라 할 수 있는 대학에서도 고전적 의미의 지식학과는 퇴락하고 발미용과, 장묘문화과, 제과학과 등의 부가가치를 올릴 수 있는 사업성 학과가 인기를 끌 것이라고 한다.《한겨레21》290호에 실린 21세기의 유망직업을 보면 20세기처럼 조직에 의존한 것이 아니라 개인별로 전문화된 직업이라고 했다. 거기에 부응한 직종도 소개하고 있는데 필자의 눈으로는 상상도 안 되는 것이 많다. 염려되는 것은 역시 도덕성이다. 여기서 말하는 도덕성이란 직업 윤리가 아니라 그 직업을 통해 얻게 되는 인간성이 무엇이냐 하는 것이다. 아무리 인터넷사회라고 해도 그 중심은 인간일 수밖에 없을텐데 말이다. 그러므로 새 시대 인간주의에 대하여 고민해야 한다. 21세기형 인문학과 인문 교육을 개발해야 한다. 현재 실시하고 있는 논술고사를 발전시키는 방안도 있을 수 있다. 인문학 출판물에 지원금을 제도적으로 배당하는 방법도 있다. 대학에서는 학문 전공학부와 기술 전공학부의 복수 전공을 체계화하여 기술과 인간을 함께 배우고 연구하는 방안을 모색할 필요가 있다. 우리는 역사적으로 학문을 존중하는 전통이 있어 왔으므로 크게 어렵지 않을 것으로 안다.

우리는 오랫동안 글을 존중하는 문치사회에서 생활하였다. 나라의 통치도 이웃 나라 먼 나라처럼 사무라이(武士)나 나이트(騎士) 같은 무인이 아니라 선비라는 문인이 맡아 다스렸다. 때문에 무인적 훈련이 아니라 문인적 지식교육이 존중된 전통을 가지고 있다. 그러한 전통을 보면 21세기 지식기반 사회는 지식을 존중하던 우리가 유리할 수 있다. 그러나 도덕성을 겸비하지 않는 지식은 총칼 이상의 폭력을 낳는다. 그렇게 되면 자멸하고 만다.

한국에 돈 벌러 왔던 연변동포나 동남아 국가의 형제들이 한국에서 인간 이하의 취급을 당하고 돌아가 무엇이라고 말하고 있는가. 외국 노동자라고 해서 박대한 그런 한국인은 국제적 공해물이다. 우리가 경제파탄을 맞았을 때 우리의 외교 무기는 민주화를 쟁취한 국민이라는 것이었다. 그래서 국제적으로 동정을 얻어냈다. 민주화는 인간주의를 철학적 기반으로 한 것인데 이러한 국민이 인간을 박대했다면 그것은 민주화를 왜곡한 것이고, 왜곡했다면 국제적 보복을 받게 된다. 더구나 디지털사회는 고급 문화와 저급 문화가 긴밀하게 혼재할 것이라고 한다. 한국에 대한 원한이 저급스런 인터넷의 보복으로 돌아올 것을 상상해보라. 대통령의 신년사에서 '10대 인터넷 강국'을 달성한다고 했다. 그럴수록 '10대 인간성 강국'이 동시에 달성되지 않으면 자의든 타의든 '인터넷 급발진 사고'(자동차 급발진 사고처럼 이유도 모른 채 당하는 대형 사고를 가상한 것) 같은 파탄을 맞을 가능성이 많다. 영국의 케임브리지나 옥스포드 대학도 학문의 고전성에 대한 고집을 버리고 실용적 방향으로 개편한다는 소식이니까 우리도 기술 발달에 신경을 쏟아야 할 것이지만, 그와 동시에 인간화에 주력해야 한다. 아니면 남보다 먼저 인터넷 사고나 환경오염에 빠질 것이다.

현재 원자력발전소의 핵 폐기물을 어떻게 처리하고 있는가. 핵 폐기물을 재처리하는 나라는 몇 나라에 불과하다고 한다. 필자가 알아본 것이 정확한지는 몰라도, 지금은 방도가 없어 물 속에 가두어 둔다는 것이다. 언제까지 가두어 둘 것인가. 원자력발전소가 수명을 다하면 흙으로 봉해 둔다는 것이지만, 그것 또한 언제까지 그렇게 할 것인가. 결국 쓰레기들 때문에 흙과 물과 공기가 다 썩는 새천년이 될 것이다. 끝내는 인류가 멸망하고 말 것이다.

지금이라도 늦지 않으니 인간으로 돌아가자. 인간으로 돌아가자면 사회진화론을 극복해야 하고 무한경쟁에서 탈피해야 한다. 그러자면 어떤 방법이 있을까. 필자가 간간히 주장해오던 전세계인이 선진—중진—후진국의 국적을 하나씩 동시에 갖는 방법이 있다. 그리하여 한 사람이 세 개 또는 네 개 국가의 시민권을 동시에 행사하는 다국적 국제인체제로 가야 한다. 다국적 국제인체제의 출발과 그의 운영이 어렵고 복잡할테지만 컴퓨터의 발달과 인터넷의 작동으로 가능하리라고 생각한다. 생각이 좋다면 구체적인 방법은 사회과학과 자연과학의 협동 연구로 찾아내야 한다.

통일운동의 문을 활짝 열자

전국을 네트워크로 연결하기 전에 통일이 이루어진다면 얼마나 좋을까. 통일 문제가 구체화된 것은 1972년 7·4공동선언에서 비롯되었다. 그 후 1991년의 남북화해협력합의서 교환과 1994년의 남북정상회담 합의까지 발전하였다. 1991년 9월 18일 남북한이 동시에 유엔에 가입할 때는 그것이 새 역사의 신호가 되기를 간절히 빌었다.

만일 그때가 군사정권이 아니고 국제적으로도 떳떳한 민주주의 정부가 남북 관계를 조율했다면 안보 문제가 있었다고 하더라도 크게 달랐을 것이다. 지금처럼 지구상에 유일한 냉전체제로 남아 있지 않았을 것이라는 말이다. 남한의 천민자본주의도 지금처럼 참혹하지 않았을 것이고 북한의 식량난 같은 비극도 이전에 수습되었을 것이다. 그런데 창피하게도 지구상의 유일한 분단국가로 21세기를 맞이하고 있다.

그런데 주변 국가들은 무섭게 변화하고 있다. 2030년이면 중국이 미국을 추월할 것이라는 말도 있다. 러시아도 크게 달라질 것이다. 미국과 일본의 패권주의도 성질을 바꾸면서 강화될 것으로 예상해야 한다. 그와 같은 주변의 큰 변화가 통일을 차단할 수도 있다. 지금도 통일을 방해하거나 냉담한 그들인데 패권 역량이 강화되면 강화될수록 우리에게 유리한 방향으로 전환될 가망은 적을 것이라는 것이 일반적 관측이다. 그러므로 늦기 전에 우리의 지혜를 쏟아부어야 한다.

대북 문제를 생각할 때 안보 경직성에서 탈피할 필요가 있다. 그리하여 통일운동을 민간운동으로 추진하는 것이 통일을 앞당기는 첩경이 될 수 있다. 그것이 여러 가지 사소한 사고는 일으키겠지만, 정부 단일 창구로 말미암아 야기되는 남북간 또는 주변국과의 경직성 마찰을 피하는 방법도 된다. 그때 정부는 정보를 제공해주고, 안내를 맡아주고 국제 관계를 조율하면서 통일 분위기를 조성하는 것이라는 점을 강조해두고 싶다. 임수경 양이 평양학생대회에 참가하고, 현대가 금강산 관광을 주선하고, 김순권 박사가 옥수수 농사를 지원하고, 언론이나 시민단체가 가족 면담을 주선하고, 혹은 비정상적으로 이산가족이 만나고, 혹은 북한을 여행할 수 있으면 나름의 방법으로 너도 가고 나도 갈 수 있도록 정부는 편의를 도모하는 막후 후견인의 위치로 후퇴하는 것이 좋다. 그래야 통일을 앞당길 수 있다. 그리하여 학자는 학자대로, 사업가는 사업가대로, 어쩌면 무질서할 정도로 문호를 활짝 열면 정부간의 교류도 별도로 활발하게 추진될 수 있을 것이다. 그래야 평화통일의 명실을 기할 수 있고 남북이 대등한 교류를 실현시켜나갈 수 있다.

  그런 뜻에서 정부의 '포용정책'이란 말을 '협상정책'이란 말로 고치는 것이 좋다고 생각한다. 협상정책이라고 해도 정부의 직교섭은 서둘지 않는 것이 좋다. 직교섭이 필요하다면 이중과세 문제를 해결한다거나 1998년의 세계를 장식했던 대인지뢰금지협약에 가입하기 위하여 교섭하는 것 같은 구체적 사안을 해결하기 위한 것이어야 한다. 필자는 1998년 4월 북경에서 개최된 차관급 회담이 98정권 최초의 남북회담으로 열렸기 때문에 대인지뢰금지협약에 가입하자는 제의가 나올 것으로 기대하였다. 그런데 그것은 기대로 끝났다. 지금이라도 그런 것은 정부 차원에서 추진하여 평화 분위기를 확산하고 조장할 필요가 있다. 정상회담 안건으로 제기해볼 만할 것이다. 그래야 열강의 동아시아 정책이 아닌 우리 나름의 통일정책을 수립할 수 있고 또 추진할 수 있는 것이 아니냐.

  우리 나름의 통일정책이라고 했을 때 통일조국의 국가경영은 북한 방식도 아니고 남한 방식도 아닌 그야말로 제3의 '새 길'이

될 것임을 예상해야 한다. 어떤 형식으로 통일되었다고 해도 남북한 정권 담당자는 각각 자기 방식을 원하겠지만, 남북한 동포가 함께 원하는 방향이 있다면 '새 길'이 최선의 길이 될 수 있다. 그 날의 '새 길'을 위하여 새 길 연구를 준비해 두어야 할 것이다. 그 것이 우리 나름의 통일 준비이기도 하다. 미리부터 열강의 간섭을 핑계삼지 말아야 할 것이다.

제3의 '새 길'이라고 해서 여러 길 가운데 어느 하나의 길이 될 수도 있겠지만 필자는 통합 성격을 가진 것일수록 좋다고 생각한다. 그래서 필자는 역사학을 연구하면서 평소에 총체적 사관을 제기해왔다. 인간이란 유심론적인 면이 있는가 하면 유물론적인 면이 있기 때문에 그러한 인간의 역사를 충실하게 보자면 어느 한 측면에서만 보지 말고 총체적으로 봐야 한다는 뜻이었지만, 그것이 우리의 통일논리로 절실하다고 생각한 것이다(필자의 《현대 한국사학사》 참조).

그리고 행정적 문제이기는 하지만 이 기회에 언급할 것은 국가정보원을 통일부의 외청으로 개편하는 것이 좋다는 생각이다. 국가정보원이 지금처럼 막강하게 군림하며 대북 관계를 주관하면 부작용을 낳게 마련이다. 박정희대통령이 유신체제를 강화하면서 국회나 행정부의 모든 권한을 청와대로 모아 비서실장을 통하여 한 손에 장악했는데 오로지 정보부만 막강한 채 그냥 두었다가 비서실장과 정보부장의 충돌을 불러왔고 끝내는 대통령까지 정보부장의 습격을 받아야 했다. 권력 구조상 그 정도로 막강하다는 말이다. 93정권 때는 북풍사건을 일으켰고 98정권 2년 간에도 국회 529호실사건이나 대통령 정치자금 수수 발설 사건 등, 정치권 밖으로 불거져 나간 오만 불손한 사건이 발생하였다. 미국 정보부의 흉내를 내지 말자. 미국과 우리는 다르다. 얼마나 다를까. 미국 대통령이 섹스 파동을 일으켰을 때 오럴 섹스라고 해서 무사하게 됐는데 만일 우리에게 그런 일이 발생했다면 오럴 섹스는 섹스 이상으로 더럽다고 헌법에도 없는 추방령을 내렸을는지 알 수 없을 정도로 두 나라 사회의 가치와 기초 질서가 다르다.

  통일 문제에서 염려할 것은 국민의 통일 열기가 냉각하고 있다는 사실이다. 필자처럼 연금을 받는 노년층은 노후 안정이 파괴될 염려가 있으므로 통일 문제에 소극적일 가능성이 있다. 대학생들도 부담스럽게 생각하는 인원이 많아진다고 걱정하는 소리가 높다. 그런 뜻에서도 통일 운동의 문을 열어 열기가 식지 않도록 활기를 일으켜야 한다. 1999년 연말 평양에서 열린 '남북 음악의 밤'에 함께 노래하는 것을 보면서 한결 가까운 느낌을 누구나 받았을 것이다. 금강산에 갔을 때도 한가지였다. 필자는 작년 4월 30일부터 금강산을 관광하다가 마침 5월 1일 메이데이가 있어서 그날 남북 합쳐 5백 명 정도의 인원이 만나 〈반갑습니다〉를 합창하며 춤을 추었다. 필자는 그날의 감격을 억제할 수 없어 평생 전무후무하게 시를 짓고 읊었다. 〈금강산 온정리 통일의 춤〉이라는 시였다(《역사문제연구소 회보》 제39호, 4쪽).

  민족적 명분을 떠나서 본다고 해도 우리에게 통일은 절실한 문제이다. 우리의 증권시장이 미국 자본에 종속되어가듯이, 또 대러시아 외교 때문에 연거푸 두 번씩이나 외교통상부장관을 바꾸어야 했듯이, 미·일·중·러의 힘이 교차하는 복판에 앉아 우리 자신을 지탱하기가 힘드는데 통일이 되면 인구 7천만 명으로 증가하여 국력이 두 배 세 배로 증대될 것이므로 지탱할 힘이 커지는 것이다. 그것을 누가 싫다고 하겠는가. 그래서 21세기를 통일의 세기로 만들자는 것이다. 될 수 있는 한 빨리.

　글을 맺으며 1백년 전 20세기 초의 상황을 생각해본다. 그때도 개혁이 숨가쁘게 추진되었다. 주변 열강의 관계도 지금처럼 중·일·미·러시아가 줄다리기식으로 오가고 있었다. 개혁당, 헌정연구회, 보안회, 국민교육회 등 시민운동 단체가 개혁과 구국을 외치며 서울의 거리를 누비고 있었다. 그런데 어느 것도 성공하지 못하고 1904년부터 기울어져가는 나라를 일으켜세우는 데 실패하고 말았다. 그때 동해안의 독도부터 빼앗기고 있었다. 그로부터 1백년 뒤인 지금, 그때와 비슷한 내우외환을 맞은 것 같은 느낌을 억누르며 글을 맺는다.

　그때와 다른 점은 시민운동이 독립운동과 민주화운동의 기반 위에서 아래로부터 일어나 크게 성장하고 있다는 점과 시민운동이 정치와 대립했던 1백년 전과 달리 지금은 상보관계를 이루고 있다는 점, 그리고 군사독재정권을 무너뜨린 후 93정권에 이어 98정권을 민주화운동의 힘으로 탄생시키고 있다는 점이다. 그것이 바로 역사의 발전을 의미하는 것이다.

　93정권은 2분의 1, 98정권은 3분의 2가 민주화운동의 몫을 가지고 출발하였다. 전자는 삼당합당으로 출발하였고, 후자는 유신세력과 연합한 공동정권으로 출발하였다. 출발 후에 민주주의 업적을 얼마나 올릴 것인가는 집권 후의 개혁 성과로 평가된다. 그래서 역사는 어떠한 정권도 그 정권을 발생(출발) 가치와 역할(업적) 가치로 나누어 평가하는 것이다.

　그러므로 98정권의 역할 가치는 아직 알 수 없다. 알 수 없기는 하나 앞에서 말한 민주주의 개혁을 완수하고 통일의 기반을 조성한 정권으로 평가되기를 기대한다. 인문주의도 성장할 것으로 믿는다. 시민운동도 오늘의 역사적 위상을 바로 이해한 방향 설정과 조직성이 반영된 것이 되기를 빈다. 그래야 민주화운동이 끝내 승리하고 나라꼴이 되는 것이다. 그랬을 때 21세기를 개혁·통일·복지, 그리고 인간주의가 번영하는 1백년으로 만들 수 있다.

《역사비평》, 2000년 봄호)

II

2백년 만의 개혁이 어디로

2백년 만의 도약

　힘겨운 1998년은 가고 1999년이 밝았다. 새해는 20세기를 마감하는 해이다. 그리고 민주화의 개혁을 정착시켜야 하는 해이다. 지난해에는 경제파탄을 수습하느라고 민주화 개혁은 문제 제기나 부분적인 것에 그쳤다. 이제는 농업협동조합을 농민에게 돌린다든지, 유신체제의 산물들을 개폐한다든지, 본질적으로 인간주의를 고양할 민주화개혁을 정말 구조적으로 정착시킬 차례이다.
　우리의 역사에서 인간을 발견하고 인간을 위한 근대적 개혁을 시도했던 것은 18세기 조선 후기의 개혁에서 비롯되었다. 그때 사회경제적 변동이나 실학이 대두했듯이 괄목할 변화와 개혁이 추진되었다. 그러나 19세기로 접어들면서 보수적 반동인 세도정치가 등장하면서 모든 개혁은 봉쇄당하고 말았다. 그 후 각종 개혁운동 및 계몽운동이 새롭게 시도되었으나 이번에는 일제의 침략으로 짓밟히고 말았다. 독립운동을 통하여 다시 근대화를 일으켜 역량을 성장시키기는 했으나 자갈길의 달구지처럼 한계를 안고 있었다. 독립운동을 계승한 해방 후의 개혁운동은 미·소의 군사점령과 남북분단, 그리고 6·25남북전쟁으로 난도질당하고 그 위에 남북 모두 왕조시대를 방불할 독재정권에 의해 갈기 갈기 찢기고 말았다.

남한에서는 4·19혁명으로 극적인 전환을 보는 듯하였으나 군사정권의 엄습으로 또 파탄의 운명을 맞아야 했다. 하지만 민주화의 물줄기는 흩어지는가 하면 모이고, 숨는가 하면 솟아올라 대하를 이루는 법. 사라질 수는 없었다. 사람들의 가슴 저 깊은 곳에서 숨죽이고 있던 4·19 정신의 불씨는 다시 솟아올라 60년대의 6·3항쟁과 3선개헌반대투쟁, 70년대의 유신반대투쟁과 부마민중항쟁, 80년대의 광주민주화운동과 6월항쟁으로 발전하면서 이 땅에 민주주의의 전통을 심었다. 그것은 세계에서 드물게 아래로부터 민주화를 달성한 전통인 것이다. 그것은 처절한 희생의 대가였지만, 사람들은 그 길고 숨막히는 고통의 시간에서도 쓰러지지 않고 오늘의 민주주의를 쟁취하였다. 위로부터 민주화를 이룩한 이웃 나라들에 비하면 얼마나 자랑스러운 한국현대사인가?

그렇게 보면 1801년부터 지금까지, 2백년 간의 꿈이었던 개혁을 오늘 우리가 달성해가고 있는 것이다. 그것은 21세기를 맞는 세계인의 자세이고 21세기 우리의 최대 과제인 통일을 준비하는 자세이다. 다만 공동정부로 말미암아 보수화의 징조가 나타나고 있어 마음에 걸리지만 민주화의 용광로를 믿을 수밖에 없다. 98정권의 능력을 총동원하여 불을 지피자. 국민이 93년에 김영삼을 택하고 98년에 김대중을 선택한 이유가 그들의 독단과 카리스마적 매력에 있었던 것이 아니라 민주주의 개혁의 창조자로 신뢰했기 때문이다. 그런데 93정권은 가시적 개혁을 이루고도 군사정권의 핵심적 독버섯을 도려내지 못하여 그 독에 감염되어 경제파탄에 이르고 말았다. 그 독버섯이란 정경유착과 군사독재를 비호하던 권위조직들의 발호였다.

 그렇다면 98정권은 정경유착을 분쇄하면서 모든 사회조직을 점검하여 교수들의 모임도, 의사·변호사·세무사·관료·농민들의 모임도 뒤집을 것은 뒤집어라. 부정부패의 온상도 거기에 있다. 바로 그러한 개혁이 1999년의 정의이다. 앞을 가로막고 있는 통일의 길도 더욱 환하게 열어젖히면서 말이다. 기묘년의 토끼처럼 민첩하게 뛰자. 그리하여 '2백년 만의 도약'이란 영광을 안지 않으려는가?

《대한매일》 1999년 1월 4일》

민주화운동의 기점 논리

6월 임시국회에 '민주화운동 관련자 명예회복법안'이 상정될 것 같더니 또 연기되고 말았다. 시기 문제와 예우 방식에서 의견이 분분하다고 들었다. 205차 임시국회에서는 통과되기를 빌면서 시기 문제에 대한 견해를 개진해둔다.

시기 또는 기간에 대한 의견을 보면, 여당인 국민회의는 1969년 8월 7일 군사정권이 3선개헌을 발의한 날부터 국민회의가 집권한 1998년 2월 24일까지이고 한나라당은 군사정권의 유신체제가 발동하기 시작한 1972년 10월 17일부터 6월항쟁에 의해 민주화가 선언된 1987년 6월 29일까지라고 말하고 있다.

먼저 지적할 것은 역사에 관한 문제는 정치판의 흥정으로 결말을 지어서 안 된다는 점이다. 국회의원 본인들이 관여한 문제라고 해도, 그렇기 때문에 더욱 전문적 진단 또는 객관적 평가를 필요로 하는 것이다.

해방 후 한국현대사를 세분하면 1945~1960년을 '해방 후 혼동기'로, 1960~1992년을 '민주화운동기'로 브고, 1993년부터 오늘날까지를 '민주주의 개혁기'로 나눌 수 있다. 이러한 시기 구분에 대하여 다른 의견이 있을 수 있으나 1960년 4·19혁명부터를 민주화운동기로 보는데 대하여는 공감하고 있다. 그렇다면 그 시기는 4·19혁명을 뒤집은 5·16 쿠데타를 기점으로 잡아야 할 것이다.

민주화운동자에 대한 예우는 평상시의 '비(非)민주 현상'에 저항한 민주화운동이 아니라 '반(反)민주체제'에 대한 저항을 의미하는 것이어야 한다. 평상시의 비민주적 현상이라는 것은 과거는 물론 현재의 김대중정권에서도 나타날 수 있는 개별적이고 산발적인 현상을 말한다. 학원이나 노조운동 같은 것을 통하여 민주화운동이 전개될 수 있으나 그러한 일상성 현상까지 포함할 수는 없다. 그러한 비민주주의에 저항한 것까지 예우를 한다면 앞으로도 민주주의 개혁이 시행착오를 겪는 가운데 얼마든지 나올 수 있다. 또 비민주 현상에 대한 평가는 사람에 따라 다를 것이기 때문에 실무 진행에 혼란이 일어날 염려가 많다. 그렇기 때문에 반민주체제에 대한 저항운동으로 한정해야 한다.

반민주체제란 정권의 발생과 존재가 민주주의에 반대될 뿐만 아니라 민주주의를 제도적으로 봉쇄하고 반민주체제가 수립된, 우리의 경우는 군사정권기를 말한다. 따라서 이 법안은 군사정권에 대하여 저항한 '체제적 운동자'에 대하여 예우하는 것이어야 한다.

4·19혁명자에 대한 예우는 이미 마무리지었다. 그러니 새로 예우할 사람은 5·16쿠데타에 저항한 사람부터로 보아야 한다. 쿠데타에 저항한 사람이 있느냐의 여부는 시기 설정과 별개의 문

제다. 1백 번을 양보해서 보더라도 1964년 6·3항쟁부터는 민주화운동에 포함시켜야 할 것이다. 6·3항쟁은 한일회담 반대운동에서 출발하고 있으나 나중에는 군사정권 타도를 위한 민주화운동으로 전개되었다. 그런데 구태여 1969년의 3선개헌이나 1972년의 유신체제에 기점을 두자는 이유가 무엇인가? 대단히 불순해 보인다. 5·16쿠데타와 한일회담을 거론하지 않으려는 얄팍한 잔재주는 아닌지……. 현재 공동정권이 갖는 고충을 이해하지 못하는 것이 아니다. 그러나 이해와 진실은 다른 것이다. 결국 민주화를 위한 입법을 하고도 두고 두고 비판받을 어리석음은 범하지 말기를 바란다.

《매일신문》 1999년 7월 5일〉

음력 '설'은 한국에만 있다

 한달 전에 양력 설이 지났는데 며칠 후에는 또 음력 설을 맞아야 한다. 설은 새해가 시작되는 날, 1월 1일을 가리킨다. 그 1월 1일은 음력이나 양력이나 생활력의 첫날을 일컫는다. 음력으로 생활하면 음력 1월 1일이 설이고 양력으로 생활하면 양력 1월 1일이 설이다. 그런데 우리는 양력으로 생활하면서 음력 첫날을 설이라고 한다. 이런 모순이 어디에 있는가? 우리는 원래 음력 설을 쇠었는데 일본의 식민통치 때에 양력으로 고쳤다고 말하는 사람이 있다. 그래서 1990년엔가 음력으로 설을 뒤집을 때 언론기관에서 우리의 설을 찾았다고 도통 알 수 없는 소리를 해댔다. 우리의 양력은 1896년부터 실시한 것이다. 그래서 그해 연호를 양력을 세운 해라고 해서 건양(建陽)이라 했다. 일본도 오랫동안 음력을 사용하다가 우리보다 23년 전에 양력으로 고쳤고 관습상의 음력 설을 버리지 못하는 사람이 많아 이중과세를 방지하기 위하여 양력 설을 강요했던 것이다. 그러니까 그것은 식민지적 강요가 아니었다.

　혹은 중국이 음력 설을 쇤다고 말할지 모르나 그렇지 않다. 중국도 설 즉, 원단(元旦)은 양력 1월 1일이고, 음력 1월 1일은 춘절(春節)이라 하여 봄맞이 축제로 신명나게 노는 것이다. 그러니까 우리가 음력 1월 1일을 설이라 일컫는 것은 천부당만부당하다.

　이것이 왜 중요한가 하면 생활에서 합리성을 잃으면 올바른 판단력이 서는 풍토가 조성되지 못하기 때문이다. 새해를 맞았다고 온통 야단을 피우고도 새해가 시작되는 첫날이 설이 아니라니 무슨 괴변인가? 지난 1월 2일 정부 각 부처에서는 신년 인사를 나누었다고 하는데 새해 덕담은 무엇이라 했는지 모르겠다. 신년 인사란 무엇인가? 그것이 바로 설 인사가 아닌가? 그런데 신년 인사를 나누고 한 달 반 뒤에 또 무슨 설이란 말인가? 조상 제사는 음력 설에 지내야 한다고 말하기도 한다. 제사는 양력으로 지내면 안 될 이유가 있는가 말이다. 자기는 새해를 맞아 연하장도 보내고 신년 인사도 나누고, 돌아가신 부모나 조상에게는 왜 신년 인사 즉, 설 차례를 미루어 두는가 말이다. 윤리로 말해도 불효다.

　필자는 정부 방침을 거부하고 양력 설에 차례도 지냈다. 올해는 그렇다 치고 내년 21세기를 맞으면서도 새해 1월 1일이 설이 아니라고 할는지 궁금하다. 21세기 새해를 세배와 차례도 없이 맞으려 하는가? 불쌍한 사람들의 불쌍한 나라로다. 6공 때 중간평가를 받겠다던 그 약속을 지키기에 앞서 환심을 사려고 설을 뒤집어버린 것을 민주주의 정권이 왜 지키고 있는가? 공동정부이기 때문인가? 필자는 설을 뒤집을 때 필자가 표현할 수 있는 최대의 욕을 퍼부으며 당국자들을 비난하였다. 그때도 양력 1월 2일을 공휴일에서 제외하려는 음모가 있었다. 그런데 민주주의를 표방한다는

98정권이 왜 양력 과세를 봉쇄하는 조처를 취하는가 말이다. 민주주의는 합리성을 기초로 한다는 교과서적 교훈을 어떻게 하자는 것인가? 양력이 생활력이면 양력 과세가 합리적이다. 민주주의가 독재정권을 타도하는 것처럼 큰 덩어리로도 나타나지만, 그런 큰 덩어리는 일상생활에서 합리성의 축적으로 만들어진다는 것을 모르는가? 새해와 설이 다른 그런 사회가 어떻게 합리성을 수립해 갈 수 있다는 말인가? 백 보를 양보해서 양력 1월 1일 연휴를 없애도 좋으니 음력 1월 1일에 놀고 싶으면 이름을 바꾸어 놀도록 하자. 놀든 안 놀든 설은 양력 1월 1일이다.

《대한매일》 1999년 2월 8일

양력 설맞이를 준비하자

한 달 채 못 가면 2000년 1월 1일이 된다. 그날이 2000년의 설이고 새천년의 설이다. 집집마다 조상에 세배(설 차례)하고 가족간에 새해와 새천년을 맞는 특별한 각오로 세배를 나누자. 그리고 친구들과도 21세기를 맞는 덕담을 주고받자. 다른 해의 설과 다른, 새백년 새천년의 설이 아니냐.

설이란 그해의 첫날 즉, 1월 1일을 말한다. 설은 한국만 가지고 있는 것이 아니라 전세계인이 가지고 있는 공통적인 날이다. 옛날에는 우리가 음력을 사용했으므로 음력 1월 1일이 설이었지만 요사이는 양력을 사용하고 있으므로 양력 1월 1일이 설이다. 양력과 음력에 어떤 가치가 붙어 있는 것이 아니라 생활력이 무엇이냐에 따라 설날이 결정되는 것이다. 세계인이 문화권별로 생활할 때는 양력과 음력 그리고 러시아력 등 각기의 달력을 사용하다가 20세기에 들어서서 세계인의 생활이 점점 하나가 되면서 달력도 하나가 되어가는 가운데 양력으로 통합되어왔다. 양력이 가장 과학적

이기 때문이다. 설에는 조상과 가족과 세배를 나누고 친지간에도 새해를 축복하는 인사를 나눈다. 이것도 세계 공통적인 모습이다.

우리는 1896년부터 양력을 사용하였다. 식민지시기에 일본이 양력을 고집하고 우기니까 그때는 일본이 하는 짓이면 무엇이나 밉게 보이던 때여서 그에 반발하여 음력 과세를 고집한 그 정서는 이해하지만 그렇다고 언제까지나 음력을 고집할 것이 아니었으므로 해방 직후에는 남북한 어디서든 양력 1월 1일을 설이라 하여 새해맞이 행사를 했다.

식민지시기에도 독립운동을 하던 어른들은 줄곧 양력을 사용하다가 해방을 맞았다. 때문에 대한민국임시정부를 비롯한 독립운동 문서는 모두 양력으로 쓰여져 있다. 1927년에 결성한 신간회에서도 양력 과세를 장려한 일이 있었다. 그리하여 해방 후에는 누구의 반론도 없이 양력 1월 1일을 설이라 했다. 그런데 오늘날 한국은 음력 과세를 하고 있다. 아마도 세계에서 음력 과세를 하는 유일한 나라일 것이다. 누가 중국이 음력 과세한다고 말하는데 그렇지 않다. 중국도 설을 말하는 원단(元크)은 양력 1월 1일이고, 음력 1월 1일은 춘절(春節)이라 하여 봄맞이 날로 축제를 올리고 있다. 그리하여 춘절과 추절(추석)을 경축하고 있는 것이다.

우리가 음력 과세로 돌아선 것이 1990년이니 9년 전의 일이다. 1987년의 대선에서 중간평가를 공약한 것이 부담이 되어 설을 뒤집은 것이다. 6공정부 최대의 실수였다. 민주주의 정치는 선거를 통해 대중을 계몽하고 진보시켜 나가야 민주주의가 발전하고 국력이 증강하는 것인데 설을 뒤집듯이 수준 이하의 짓이나 하면 민주주의는 우민정치에 빠지고 만다.

음력 설은 전통문화를 수호하는 의미를 가진다고 말하기도 한다. 전통문화는 비판적 계승이어야 한다. 역사의 발전이란 전통의 개혁으로 추진되고 달성되는 것이다. 전통의 수호가 미덕이라면 옛날의 양반과 상놈의 차별을 오늘날에도 고집할 것인가. 그렇게 하자는 사람은 한 사람도 없을 것이다. 그와 같이 전통도 전통 나름으로 이어갈 것과 고칠 것과 없앨 것이 있는 것이다.

  25일이 지나면 2000년 1월 1일을 맞는다. 그날 아침에 새해와 새천년을 맞는 큰 설의 마음을 다짐하고 가족간에 큰 설의 인사를 나누고 조상에게도 큰 세배를 올리자. 올해만이라도 양력 설에 세배를 하자. 새해를 맞고 부모와 조상에게 세배를 올리지 않는 것은 불효다. 작년에 철없는 정치꾼들이 1월 2일을 휴일에서 빼 버렸으니 불편하지만 그래도 올바른 이치를 고집해보면 남다른 쾌감도 느낄 수 있다. 세배는 양력 설에 하고 놀기는 음력 옛설에 놀면 되지 않은가.

《매일신문》 1999년 12월 6일)

재외동포법을 고쳐라

지난 8월 12일 '재외동포의 출입국과 법적 지위에 관한 법률' (약칭 재외동포법)이 국회를 통과했다. 이 법에는 '재외동포'에 대한 정의 및 그들의 '출입국'에 관한 내용, 그리고 그들이 한국에서 누릴 '법적 지위'에 관한 내용 등이 규정되어 있다. 국제화시대를 맞아, 또 바야흐로 다국적시대로 이행해가는 상황에서 재외동포에게 내국인과 거의 동등한 출입국과 법적 지위를 보장하는 제도가 마련되었다는 사실은 무엇보다 반갑다.

그런데 이 법이 규정한 '재외동포'의 범위가 문제다. 법에 따르면 1948년에 수립된 대한민국의 국적을 가졌던 사람이나 그의 직계비속(자손)으로 다른 나라의 영주권을 가진 '재외국민'과 외국 국적을 보유한 '외국국적동포'로 한정하였다(법률 제2조). 그러면 미국에 살던 서재필과 안창호의 자손은 대한민국 국적을 가진 적 없으므로 재외동포에 해당하지 않는다. 중국이나 러시아에서 독립운동을 하던 홍범도·이동휘·계봉우·양세봉·김동삼 등의 자손 역시 재외동포가 아니라는 말이 된다.

　대한민국 국적으로 한정하였으므로 대한제국(1897~1910) 정부가 추진하여 1903년부터 하와이·멕시코로 이주한 동포와 그의 자손 수만 명, 역시 구한말부터 시작해 1910년 대한제국의 멸망 때, 또 3·1운동과 더불어 만주나 러시아로 대거 망명한 동포와 그 자손 250만 명, 그리고 식민지시대에 징용과 정신대로 끌려갔다가 일본에 살고 있는 동포와 그 자손 70만 명은 재외동포가 아니라는 말이 된다. 스탈린의 강제이주로 카자흐스탄이나 우즈베키스탄에 사는 동포는 버리겠다는 말인가? 그렇다면 '재외동포'라는 용어는 왜 쓰는 것인가?

　무엇보다 그 많은 재외동포를 버리면서 '재외동포법'을 만들어야 할 이유가 어디에 있는가? 동포 범주에서 버리고 있는 그들은 경제적 능력이 빈약한 반면 대한민국이 수립된 뒤 이민간 동포들은 경제 능력이 뛰어나 모국(한국)에 투자할 가능성이 많다는 경제적 타산이 이유라는 말이 있다. 가소롭기 짝이 없다. 대한제국기에 망명한 동포들 가운데는 훌륭한 2~3세가 많다. 긴 눈으로 보아라. 세계 곳곳에 흩어져 살면서도 모국을 잊지 않는 그들이야말로 민족적으로 큰 자산이 될 재목들인 것이다. 그들은 망국의 설움을 안고 타국으로 떠난 동포들이다. 그렇다면 나라를 찾아 제일 먼저 감싸야 할 사람은 누구인가? 바로 그들이다. 그들을 버리고 무엇 때문에 '재외동포법'을 만들었는가? 그리고 해방 후 북한에서 살다가 망명한 동포는 어디에 의지하란 말인가? 그들은 미아(迷兒)인가? 또 하나의 분단논리를 만들고 있다.

　당초에는 혈통주의에 따라 그들을 포함했는데 세계 추세가 국적주의이고, 또 혈통주의로 중국 조선족까지 포함했더니 중국 정부가 이의를 제기하여 국적주의로 바꾸었다고 했다(법안 심사보고서). 그러나 혈통주의를 채택한 나라가 있으므로 교섭하기에 따라 마찰을 피할 수 있지만, 국적주의라고 해도 모든 해외 동포를 포함할 방도가 있다. 그리고 경제적 타산도 시행령으로 조절하면 된다.

  그 방도를 이야기하겠다. 법률 제2조에 규정한 '재외국민'이나 '외국국적동포'를 대한민국이 아니라 '대한제국' 국적을 보유했던 사람으로 규정하면 해결된다. 대한제국 국적 서류는 거의 망실됐으므로 '① 대한제국의 민적(民籍)이 있으면 좋고, 없다면 ② 대한민국 국적자와 ③ 북한 국적자는 대한제국 국적자와 동일하게 인정하고, 그 외는 ④ 국적심사위원회의 심의에서 인정한 사람'으로 규정하면 된다. 뒤이어 시행령에서 국적심사위원회 설치와 운영에 관한 세칙을 마련하면 된다. 중국 조선족 문제는 '현재 국적국가(중국)의 의사에 반하는 사항은 모국(한국)과 관계를 맺을 수 없다'라는 식의 규정을 둠으로써 외교 마찰을 피할 수 있을 것이다. 그것이 중국 조선족을 보호하는 길이기도 하다. 재외민족이 많은 중국이 이해하지 못할 턱이 없다. 공들이여 정신 좀 차리라.

《매일신문》 1999년 8월 30일》

대통령기념관은 안 된다

　1999년 5월 13일 대구에서 김대중대통령이 박정희대통령기념관 건립을 제의했다고 한다. 듣는 순간 어딘가 이상하게 느껴졌다. 기념관이 옳으냐의 여부를 떠나 김대통령이 대통령이 되지 않았더라도 그런 제의를 했을까? 만일 아니라고 한다면 기념관 건립의 추진은 잘못된 것이다. 진심일 수 없기 때문이다. 동서화합을 위한다는 것인데 박정희—김대중 때문에 동서가 얼마나 손해를 보았는데 또 두 사람의 이름에 동서를 팔아야 하는가? 듣기만 해도 불쾌하다. 그리고 민주화운동을 하던 경상도 사람에 대한 심각한 모욕이다. 경상도가 박정희 신앙에 묶여 있다고 생각하는 모양인데 그것은 착각이다. 촌로들도 군사정권이 정상이 아니라는 것쯤은 알고 있는데 기념관을 세운다고 하니 얼떨떨하다는 어느 친구의 말이 솔직한 심정일 것이다.
　혹은 남아공화국 만델라의 화해정책 같은 것으로 생각할 수 있으나 문제가 다르다. 그것은 인종차별문제이다. 그리고 남아공의 화해위원회는 '진실과 화해위원회'로 화해와 진실을 동시에 추구했다. 그런데 김대통령은 진실을 위장하는 기념관을 세우려 한다.

개인적으로 화해하는 것은 훌륭한 것이고 국민으로부터 박수도 받을 수 있다. 그렇다고 개인의 화해가 진실을 위장할 수는 없다. 또 기념관은 화해가 아니라 진실의 산물임을 알아야 한다. 그렇다면 기념관 안에는 진실을 담아야 하며 진실을 담는다면 언젠가는 함석헌·장준하 등의 이야기와 유신독재와 정보부 지하실 풍경이 들어설 것도 예상해야 한다. 국비를 지원한 공공기념관이라면 그 것을 막아서는 안 되고 막을 수도 없다. 그렇다면 화해가 아니라 분란의 기념관이 되고 만다. 결국 박대통령에게도 욕이 되는 것이다.

일각에서는 이승만기념관도 거론한다고 들었다. 어느 대통령의 것이라도 공공기념관으로 건립하는 것은 거론할 시기가 아니다. 김대중기념관의 사전포석이라는 말도 있는데 물론 안 된다. 통일 후가 아니면 사후 50년은 돼야 판단의 객관성을 확보할 수 있다. 그 전에 필요하다면 정부 지원 없이 추종자들의 사설 기념관으로 세워라. 50년 정도 지나서 공공화 여부를 논의해야 한다. 혹은 그와는 별도로 청와대 안에 '대통령전시관'은 설치할 수 있다. 전시관이나 기록관이 아니고 기념관을 세우기 시작하면 기념관 경쟁의 꼴불견을 연출할 것은 뻔하다. 옛날의 생사당(生祠堂)이나 선정비(善政碑)처럼 말이다. 얼마나 추잡한 일인가? 역대 대통령들의 면면을 보라. 이유야 어떻든 퇴임할 때는 하나같이 비참했다. 물러나 앉아서는 서로 욕하기에 바쁘다. 한심하고 불쌍한 사람들이다. 거기에 기념관 경쟁까지 더해 놓으면 어떻게 될 것인가?

박대통령기념관은 더욱 안 된다. 민주화운동 기념관은 거론도 않은 채 누가 그런 군국주의 술사 방식의 착상을 했는지 알 수가 없다. 그의 산업화 공적은 인정한다. 인간적 동정에는 필자도 공감한다. 그러나 그는 일본군 장교로 독립군의 무대였던 중국전선에 출동해 있었다. 광복군에 투신했다는 말이 있는데 그렇지 않다. 일본군이 패하자 광복군의 북경 잠편지대(지대장 이재현)에 기탁했던 것이 와전된 것이다. 해방 후 국군에서도 남로당과의 관계에 이어 그 후의 변절 등, 이상한 구석이 많다. 그런 행적을 어떻게 추모하고 어떻게 기념하자는 것인가? 대통령 재임 기간만 기념하자고 할는지 모른다. 기념관이란 그렇게 꾸밀 수가 없다. 가능하다고 해도 총 든 쿠데타 정권으로 출발하여 측근자의 총에 맞아 끝을 맺었으니 서론과 결론을 만들 수가 없지 않는가. 넓은 눈으로 보자.

《매일신문》 1999년 7월 19일)

박정희기념관의 건립 시비

지난 5월 13일 대구 그랜드호텔에서 김대중대통령이 박정희대통령 기념사업 관계자 40여 명과의 만찬 석상에서 박정희대통령 기념관 건립을 범국민적으로 추진할 것을 당부하고 국비 지원을 약속했다고 한다. 듣는 순간 필자는 거기에 잠재된 정치적 이유가 무엇일까를 생각해보았으나 무엇이 되었든지 박대통령기념관 건립을 정부 차원에서 논의하는 것이 부당하다는 생각을 했다. 그리고 박정희기념관뿐만 아니라 누구의 것이 돼도 대통령기념관을 거론할 시기가 아니라고 생각했다. 대통령기념관을 거론할 시기는 통일 후가 아니면 당사자의 사망 후 50년은 되어야 한다고 생각한다.

화해와 기념관은 별개의 문제다

이에 관한 보도를 보면 사전 조율이 있었던 것 같다. "김중권 비서실장이 'TK 대부'인 신현확 전 총리와 긴밀히 협의해 주도한 것으로 알려져 있다."(성한용)는 것이다. 그리하여 마련된 자리에서 각본대로 이의근 경상북도지사가 건의하는 형식으로 말문을 연데 이어 김대통령이 응답의 격려사를 했다. 김대통령은 "오늘 우리는 참으로 감개무량한 자리를 함께 했다. 인간으로서 과거의 정적에 대한 증오를 넘어 박대통령을 추모하고 그 일을 위한 사업을 협의하는 자리를 함께 하고 있는 것이다. 나는 맹세코 박대통령을 정치적으로 비판했으나 사람으로서 미워하지는 않았다."라는 말로 시작하여 박대통령과 정다웠던 기억을 더듬은 뒤 "전직대통령 예우법 제 5조에 기념사업을 정부가 돕도록 돼 있다. 지난 대선 때 구미 생가를 방문, 지원을 약속했었다. 어떤 사람은 선거에 표가 급해 그런다고 했다. 솔직히 그런 점도 있었다. (……) 과거 정적 관계로 박해도 받았으나 다 청산하고 다시 한 번 내일으로 그분을 재평가하여 기념사업을 하는 것은 저도 뜻깊고 여러분도 감회가 클 것이다. 이것이 국민 사이에 사람을 아끼는, 지도자의 좋은 점을 따르는 선례가 되기를 바란다."라고 기념사업을 촉구하는 연설을 했다. 그 기사를 읽으며 김대중대통령이 대통령이 안 되었어도 이런 제안을 했을까? 하는 생각을 해보았다.

뒤이어 신현확 전 국무총리를 비롯한 지역인사들의 답사가 있었고, 김수학 기념사업회 준비위원장의 현황 설명에 이어 이 지사가 기념관에 대하여 "설계도 아직 안 된 상태다. 약 7백억 원이 소요될 것으로 추정된다."라고 설명했다. 김기재 행정자치부장관이 "추진위원회를 범국민적으로 구성하고 기부금 모금 허용 등 모든 행정조치를 대통령 뜻에 따라 하겠다."라고 말을 잇자 김대통령이 "꼭 성공시켜야 한다. 이 지사, 김수학 위원장, 김행자부장관, 김중권 비서실장이 협의하고 앞장은 역시 신현확 선생이 맡아야 할 것이다."라며 구체적으로 마무리까지 했다.

  이 일은 앞으로 신현확 전 국무총리를 정점으로 하여 김중권 비서실장, 김기재 장관, 이의근 지사에 의해서 민관 합동이라지만 실제는 관 주도로 추진될 모양인데, 주목되는 것은 김대중 대통령의 적극성이다. 1971년 대통령 선거에서 박정희―김대중이 경선 대결한 이후 자신이 탄압받아온 과거를 관용으로 청산한다는 것이다. 그것은 승자의 아량이기도 했다. 그러나 민주화의 탄압이 김대중에게만 있었던 것이 아니다. 그러므로 김대통령 한 사람이 관용을 베푼다고 해서 역사에 쌓여 있는 앙금까지 청산할 수 있는 것은 아니다. 그것은 김대통령 권한 밖의 일이다.

  다음으로 영호남의 지역 감정도 1971년 박정희―김대중의 대선 때부터 생겨난 것인데 그것도 기념관 건립으로 청산해보자는 것이다. 기념관을 세우면 박정희 추종자들이 김대통령에 대하여 고마움을 느끼게 되고 그 연장선상에서 호남에 대한 종전 감정을 버릴 것이라고 계산한 모양이다. 그러나 영호남 문제에 관한 한 호남은 호남이고 김대중은 김대중이다. 더욱이 박정희로부터 탄압을 받던 영남 사람들, 즉 영남에서 민주화운동을 하던 사람들에게 영남과 박정희를 동일시하는 것은 큰 모욕이 아닐 수 없다.

  그에 앞서 근본적 문제는 기념관 건립의 정당성이 없다는 데에 있다. 김대통령의 머리에 각인된 박대통령은 존경할 만한 인물인지 모르나 박대통령의 생애나 업적 가운데는 기념해서 안 될 일들이 너무 많은 것이다. 그것들은 누가 용서한다고 해서 없어지는 것이 아니다. 김대중대통령이 관용을 베푸는 것과 아무 관계가 없다는 뜻이다. 관용이 아무리 높은 덕목이라고 해도 그것은 기념관 건립과는 별개의 문제인 것이다.

박정희기념관의 정당성은 무엇인가

그와 같이 관용은 기념관 건립의 정당성을 확보하는 조건도 아니다. 기념관이 그런 것을 해결하는 기능을 갖고 있는 것도 아니다. 사설 기념관이라면 몰라도 국민의 세금인 정부 예산을 투자한 공공기념관이라면 국민이 마음에 새길(기념) 가치가 있는 것으로 꾸며져야 하고 거짓과 과장 없이 오로지 진실을 담아야 하는데, 진실을 담은 박정희기념관이라면 기념할 가치가 있는 내용이 얼마나 될 것인가가 문제이다.

일반적으로 위인 열사들의 공공기념관을 설립하는 것은 그 사람의 태중의 이야기부터 무덤에 묻힐 때까지의 행적을 숨김 없이 공개하여 사회교육에 이바지하자는 것이 목적이다. 대통령이라고 해서 대통령 재임기간의 행적만 기념하는 것이 아니다.

박정희대통령의 경우라면, 경북 선산에서 태어난 가정환경과 성장과정, 대구사범학교 수학, 문경소학교 교원, 만주와 일본 육군사관학교 수학, 일본군 장교로 중국전선에 출동한 것 등을 공개하여야 한다. 또 독립군이 독립전쟁을 펴던 중국전선에서 독립군을 토벌하던 일본군으로 파견되어 있었다는 것을 용서할 수는 있지만 숨길 수는 없는 것이다. 숨길 수 없다면 그 대목을 무엇이라고 설명할 것인가? 어떤 책에 박정희가 일본군을 탈출하여 광복군에 투신한 것처럼 기록돼 있고 언젠가 그렇게 방송까지 해서 물의를 일으킨 적이 있는데 그것은 거짓이었다. 일본이 패전한 뒤에 광복군의 북경 잠편지대(지대장 이재현)에 몸을 기탁하여 귀국한 것을 과장한 것이다.

해방 후에는 대한민국 국군에 입대하였는데 그때는 남로당과 관계를 맺었다가 발각되어 재판을 받고 또 변심하는 등의 복잡한 과정이 있었다. 이것 역시 용서는 할 수 있어도 숨길 수는 없는 진실이다. 변절을 거듭한 그의 생애를 무엇이라고 설명해야 하는가?

대통령 재임 중의 업적에도 껄끄러운 문제가 한두 가지가 아니다. 우선 대통령의 자리는 쿠데타로 확보된 것이다. 그리고 측근의 총에 맞아 마감했다. 그러니 대통령의 처음과 마지막 즉, 서론과 결론을 기념할 수가 없다.

그 외에도 한일회담과 월남 참전 등 대외정책의 실패, 정경유착과 부정부패의 만연, 해방 이래 성장해오던 민주주의를 유신독재로 파괴했다. 반공의 맹목적 강화로 인한 대북정책의 실패 등, 5·16정권이 아니라면 찾아오지 않았을 문제들을 만들어내 역사를 크게 후퇴시켰다.

그래도 산업화의 업적은 자랑할 수 있다고 말한다. 그렇더라도 산업화를 근대화라고 말해서는 안 된다. 근대화란 인간화와 민주화와 산업화를 묶어 이르는 종합개념의 낱말이다. 그러므로 산업화라고 한정해서 안 된다. 산업화에 한정한다고 해도 그로 말미암아 개발독재로 정경유착을 낳아 빈부격차와 부정부패가 구조화되었고, 성수대교와 삼풍백화점의 붕괴에서 보듯이 부실공사와 불성실한 생활 풍토가 만성화되었다. 그리하여 오늘날 기업의 구조조정에서 보듯이 부작용도 많고 그나마 성공할는지가 의문일 정도로 심각한 후유증을 후세에 남겨놓았다.

일각에서는 새마을운동을 큰 업적으로 꼽기도 한다. 물론 농촌에 새바람을 일으켰다는 점에서는 의미가 컸다. 그런데 새바람을 발전시키는 후속정책이 따르지 못하여 퇴색되고 말았다. 새마을운동을 유신독재의 전국 조직으로 악용한 탓이기도 했다. 그러므로 그 무렵에 추진된 중공업정책으로 말미암아 초래된 전국의 이농현상을 속수무책으로 바라볼 수밖에 없었다. 바로 그때 문화농촌 건설이라는 후속조처가 따랐어야 새마을운동이 성공할 수 있었다. 그에 이를 정도가 아니었으므로 노인들의 그림자만 남아 있는 농촌을 만들고 말았다.

그러니까 기념할 정도의 내용이 없다는 말이다. 혹은 사설기념관처럼 거짓으로 번듯하게 윤문 윤색해서 꾸밀 수 있다고 생각하는지 모른다. 그러나 그 거짓과 윤문이 영원하리라고 생각하는가? 공공기념관은 공공의 여론에 따라 언젠가는 진실대로 바로잡히게 되어 있다. 함석헌의 외침을, 장준하의 죽음을, 정보부 지하실의 참극을 전시하지 않을 수 없는 때가 오고 만다. 그때는 새로운 분쟁이 일어날 것이다. 그렇다면 박정희기념관의 건립은 화합이 아니라 새로운 분란을 만드는 곳이 된다. 멀리 보아라. 그때는 유족들도 관여하지 못할 것이다. 그러므로 정말 박정희를 위한다면 사설기념관을 만드는 것이 현명할 것이다.

민주주의 기념관부터 세워라

김대중대통령은 세계를 여행하면서 각종 기념관을 관람한 것 같지가 않다. 아니면 측근 인사 가운데 군국주의 술사 방식의 인물이 있어서 잘못 진언한 것이 아닌가 한다. 김대중대통령의 현재 위치는 군사정권으로 차단되고 반동화된 민주주의를 회복하며 민주주의 개혁을 추진하는 데 있다는 사실은 누구나 잘 알고 있다. 경제파탄을 수습하느라 현실과 타협하지 않을 수 없었고, 그 가운데 유신 세력과의 공동정권도 불가피했지만 그것은 민주주의를 달성하기 위한 방편이었다. 때론 전진을 위하여 일보 후퇴하는 경우가 있다고 해도 본질적 후퇴로는 보지 않았다. 그런데 민주주의에 역행하는 기념관을 세운다고 하니 누구나 놀라지 않을 수 없다. 그것은 군사정권과의 노골적인 야합이므로 놀라지 않을 수 없는 것이다.

기념관이란 세웠다가 싫으면 없앨 수 있는 그런 것이 아니다. 김대중정권이 세우면 김대중정권을 대변해주는 기념물이 되는 것이다. 김대중정권이 아무리 화해를 한다고 해도 박정희정권을 대변해줄 수는 없지 않는가? 김대중정권이 탄생하기까지 즉, 오늘의 민주주의를 달성하기까지 박정희정권으로 말미암아 너무도 많은 피를 흘렸기 때문에 양 정권이 화해할 수는 있어도 기념할 수는 없는 것이다. 김대중정권이 무엇보다 먼저 기념해야 할 것은 피를 흘리며 달성한 민주주의인 것이다. 그렇다면 민주주의 기념관을 세워야 한다. 그 다음에 관용·화해·화합을 위한 기념물을 만드는 것은 별개 문제이다.

민주주의 기념관을 건립하여 4·19혁명의 기초 위에 1960년대의 6·3항쟁과 3선개헌반대투쟁, 1970년대의 유신반대투쟁과 부마민중항쟁, 1980년대의 광주민주화운동과 6월항쟁으로 이어진 민주화운동을 기념하는 정의로운 기념체제를 수립해야 한다. 그 속에서 독립운동과 민주화운동에 몸 바친 장준하 같은 인물의 기념관도 생각해봄직하다.

그런데 거꾸로 일본에 충성하고 민주주의를 탄압한 박정희기념관을 세운다고 하는가? 양심과 정의, 그리고 민주주의를 포기한 것인가? 이것은 무엇인가 잘못되었다. 과거의 정적과 화해하는 것은 김대통령이 7월 4일 필라델피아 자유메달상 수상 연설에서 지적한 대로 자유와 민주주의를 더 빛나게 한다. 그러나 화해가 곧 추종, 존경을 뜻하는 '기념'의 의미는 아니다. 남아공화국 만델라의 화해정책도 추종 같은 무조건적 화해가 아니다. '진실과 화해위원회'를 통하여 분별 있는 화해를 추구하고 있다. 거기에서 분간이란 진실 여부를 말한다. 그러니까 만델라는 당장에 노벨 평화상을 받을 수 있었다.

박정희 군사정권 속에서 민주주의 열사들이 외치던 정의를 현창하기 위하여 지금 국회에서는 '민주화운동희생자 예우에 관한 법률' 안을 상정시켜 놓고 있다. 거기에서 국민회의는 민주화운동의 기점을 1969년 8월 7일 박정희정권이 삼선개헌을 발의한 날이라고 주장하고 있다. 그 주장에도 문제가 있지만 그렇다고 하더라도 박정권에 의해 희생된 사람을 예우하는 작업을 진행 중인 김대중정권이 돌아서서는 그를 희생시킨 박정권을 추모하는 작업을 진행하고 있으니 이런 이율배반적인 정책을 역사는 무엇이라 평가할 것인지 생각해보았는가? 잔꾀와 잔재주도 그렇게 나타내는 것은 아니다. 유신 체제 속에서 공포에 떨고 가슴 졸이며 살던 삶을 따스하게 만들어주지는 못할망정, 공포정치를 자행하던 정권을 기념관으로 찬양한단 말인가. 그것은 민주화의 함성을 묻어버리는 것이다. 민주화의 함성을 묻는다는 것은 민주주의 철학을 포기한다는 것을 의미한다. 민주주의를 짓누르던 유신 체제가 생산한 것이 12·12정권이라는 것까지를 생각해보자. 5·16이 쓰러져 갈 때 유신 특효약을 써보았지만 소용없이 그도 쓰러지고 말았다. 그 쓰러진 고목에서 독버섯으로 움돋은 것이 12·12정권이다. 그 독버섯을 없애기까지 얼마나 많은 희생이 필요했는가? 그 희생의 덕택으로 김대중정권이 탄생할 수 있었던 것이다.

그 동안 김대중 자신은 대통령에 출마하거나 야당 당수로 지내면서 나름의 신명도 맛보았고 강연장에서 덧도 부릴 수 있었으며 국민으로부터 박수 갈채를 받는 보람도 느낄 수 있었을 것이다. 박정희와 더불어 명성을 얻을 수 있었으므로 때론 박정희가 고마운 정치 동반자로 추억될 수도 있을는지 모른다. 그러니까 전쟁을 마친 장군처럼 승장과 패장이 악수하는 기분으로, 또 추억을 되씹으며 용서해주는 나름의 쾌감도 있을는지 모른다. 그러나 이름없이 죽어간 민주 열사와 정보부 지하실에서 야만적 몽둥이에 멍든 수많은 민주 투사들의 처지를 생각해야 한다. 생각해보았다면 민주주의의 정체를 분명히 한 연후에 용서할 것은 용서하고 화해 화합하는 것이어늘, 민주주의 기념관을 세우는 등의 민주주의 정체도 정비하지 않고 민주주의를 탄압하던 상대의 정비 작업부터 착수하는 것인가? 그것을 민주주의의 화신으로 알려진 김대중대통령이 주도한다는 것이 정말로 믿어지지 않는다. 그래 가지고 노벨상을 받은들 누구로부터 박수를 받을 것인가.

기념관 가운데는 폴란드의 아우슈비츠 기념관이나 중국의 남경대학살기념관 같이 독일군이나 일본군의 만행을 사실대로 전시하여 역사적 반성의 장으로 삼는 곳도 있다. 천안의 독립기념관 제3전시관이 일본 침략과 학정을 폭로하고 반인류성을 고발하는 곳이다. 그렇다고 해서 박정희기념관이 박정희를 고발하는 곳일 수는 없을 것 아닌가?

대통령기념관은 안 된다

5월 13일 모임의 후일담에는 이승만기념관의 이야기도 있고, 김대중기념관을 건립하기 위한 사전포석이라는 말도 있다. 내막은 알 수 없지만 사실이라면 대단히 위험한 생각이다. 그것을 선례로 해서 기념관이 경쟁적으로 들어서는 웃지 못할 사태가 빚어질 것도 염려된다. 이미 갖가지 국제적 포상 경쟁을 벌여 망신을 당한 우리가 기념관 경쟁으로 또 다시 망신을 당해야 하겠는가? 그래서 우리의 선인들은 서산대사의 '踏雪野中去 不須胡亂行 今日我行跡 遂作後人程'이라는 글을 외우면서 선례를 만드는 일을 조심하고 또 조심했던 것이다. 선례가 무섭기 때문이다.

그런 경우가 아니라고 해도 역사에서 살아 있는 사람을 찬양하는 사업은 하나같이 잡음과 추태를 일으켰기 때문에 주의해야 한다. 대표적인 것이 생사당(生祠堂)과 선정비(善政碑) 또는 공덕비(功德碑), 그리고 근래에는 동상(銅像) 건립 문제였다. 1888년에 춘천이 유수부가 되고 초대 유수에 閔斗鎬가 부임했는데 그때 생사당을 건립케 했다. 민비의 척족인 민두호의 세도에 누구도 거역하지 못하고 있었으나 1895년 을미사변이 일어나자 춘천부민들은 봉기하여 민두호의 생사당부터 때려부수었다. 을미의병의 봉기 가운데 특수한 경우였다. 생사당은 다른 곳에도 있었으나 현재 단 한 군데도 남아 있는 것이 없다. 선정비는 수탈비라는 별명을 가지게 되어 어느 후손도 조상의 선정비를 자랑하는 이가 없을 정도로 버림받고 있다. 선정비 압력이 얼마나 혹심했던가는 청송부사가 떠나면 우선 나무로 만든 목비부터 세워놓고 다음을 대비했다는 이야기를 통해 알 수 있다. 전국에서 유일하게 선정비 한 개도 없는 안동은 수많은 안동부사로부터 보복을 당한 이야기가 많다. 1920년대 전반기에 암태도와 하의도에서 소작쟁의가 한창일 때 소작농민이 지주의 공덕비를 뽑아들고 항쟁했던 이야기는 유명하다.

1956년 심산 김창숙은 남산에 세워져 있던 이승만의 동상을 보고 '揷天銅像奪人魂 獨裁功德今如許 請看 滄桑一瞬飜'이라며 한 순간에 동상이 없어질 날을 예고하고 있었다. 오늘 함부로 세운 기념관이 4·19 당시 이승만의 동상과 같은 운명을 당하지 않는다고 누가 장담할 것인가? 이런 이야기를 하는 것은 국민의 뜻을 떠나 국민의 세금으로 기념관을 건립하는 선례를 만들다가 엉뚱한 일이 발생할 수 있기 때문이다. 대한민국 건국 이후 역대 대통령들의 면면을 보라. 이유야 달랐지만 하나같이 비참하게 물러났다. 그리고 물러나서는 볼썽사납게 서로 욕하며 싸우고 있다. 창피하고 한심한 사람들이다. 그런데 거기에 기념관 경쟁까지 일어날 것을 상상해보아라. 무슨 꼴불견이 될 것인가?

30여년 간의 군사정권이 무너지고 1993년에 김영삼정부가 들어서서 민주화개혁을 추진했으나 삼당합당의 구조적 모순으로 말미암아 경제파탄에 이르고 말았다. 뒤이어 김대중정부가 경제파탄을 수습하고, 바야흐로 민주주의 개혁을 추진하고 있다. 김대중정부도 유신세력과의 공동정권이라는 구조적 모순을 안고 있는데 그러한 취약점을 극복하고 군사정권으로 정체된 민주화개혁을 성공적으로 달성하고 경제적 민주화—지난 6월 26일 한국방송 심야토론에서 강봉균 재정경제부장관이 언급한 '생산적 복지체제'라고 하는 그 정도만이라도 달성한다면, 그리고 대북 관계를 발전시켜 통일의 기초를 쌓는다면 마땅히 역사의 축복을 받을 것이다.

필자는 작금의 민주주의 개혁을 조선 후기 실학자들의 개혁운동 이래 유산되어온 개혁이 2백년 만에 달성될 역사적 기회를 맞은 것이라고 강조하고 있다. 그러므로 2백년 만의 개혁에 성공한다면 김대중은 대통령 이상의 역사적 인물이 될 것으로 믿는다.

아무리 그렇더라도 김대중대통령이 살아 있을 때 기념관을 거론해서 안 된다. 적어도 사후 50년은 경과해야 되는 문제다. 박정희대통령이 타계한 지 20년이 지났다. 20년이 경과한 지금, 박정권 당시의 이해 당사자들이 아직도 정치판에 수없이 남아 있다. 즉 기념관을 만드느냐 마느냐에 따라, 자신의 명예나 정치 운명이 달라지는 사람들이 수두룩한 것이다. 박정희와 함께 5·16쿠데타를 주도한 김종필 국무총리를 비롯하여 당시의 각료와 정보부장, 비서실장 가운데 아직도 정치활동을 하고 있는 사람이 많다. 그러므로 사설기념관이라고 하더라도 기념관 논의를 공정하게 주고받을 수가 없다. 그래서 누구의 것이라도 사후 50년은 되어야 한다는 말이다. 권력의 입김이 스며들지 않는 곳이 없는 한국현대사의 풍토를 고려한다면 50년이 결코 긴 기간이 아니라는 것은 누구나 알 수 있을 것이다.

한국현대사의 인물 가운데 사후 50년이 지나면서 남북한이 함께 기념할 인물이 있다. 그는 백범 김구이다. 1999년 6월 26일 서거 50주기를 맞았을 때 공동추도식을 평양에서 개최하자고 북한이 제의해왔다. 비록 실현되지는 못하였으나 남북이 공동으로 추모할 인물이 있게 되었다는 기쁨과 함께 백범 사후 50년에 이르러 남북의 평가가 근접하게 되었다는 점에서 의미가 깊은 것이다.

김대중대통령이 철회하라

5월 13일의 모임 보도가 있고 난 뒤 이에 대한 각계의 반응이 뒤를 이어 언론에 소개되었다. 여야 정당이 한 목소리로 찬성했다. 언론에서도 찬성의 소리가 높았다. 찬성 이유는 한결같이 '과거와의 화해' 또는 '동서화합'에 있었다. 화합으로 보면 박수를 아낄 이유가 없다. 하지만 앞서 언급했듯이 기념관은 화합이 기준이 아니라 역사적 진실이 기준이라고 볼 때 초점이 맞지 않는 찬성론이다. 그리고 진실을 기준으로 한다면 새로운 분란을 만드는 장소가 될 염려가 있다는 것도 이야기하였다. 화합이나 분열은 독립 변수가 아니라 종속 변수라는 점을 명심해야 한다. 그리고 찬성론 가운데는 대통령기념관을 기록관이나 유물관과 혼동하는 경우가 있는데 기록관이나 유물관은 있어야 하지만, 그것이 추모하는 기념관과는 다른 것이므로 논의를 분별해야 할 것이다.

한편 좀 색다른 화합론도 있었다. 5월 21일 국민정치연구회 월례포럼에서 김대중대통령의 왼팔 격인 한화갑 의원이 박정희를 비롯한 군사정권의 전직 대통령을 '잠재적 우군'으로 본 대화합론이 제기되었다. 화합은 백 번 말해도 좋은 것이지만 잠재적 우군을 얻기 위하여 기념관 건립을 추진한다는 것은 기념관 이론의 순수성을 이탈한 주장이다. 한화갑 의원이 5월 언젠가 광주에 갔다가 분뇨(똥오줌) 세례를 받았던 것이 무엇을 의미하는지 살펴야 할 것이다. 학계를 대표해서 한국정신문화연구원의 한상진 원장이 "한국 사회의 발전에 지대한 영향을 끼친 사람이라는 점에서 객관적이고 공정한 평가가 이루어질 시점이 됐다고 생각한다."면서 찬동했는데 그것은 정권의 철학적 기반을 포기한다는 말로 들렸다. 한 원장 자신이 그 동안 민주주의론에서 군사정권을 비판했던 것은 객관적이 아니었다는 말인지 도통 알 수가 없다.

그에 비하여 반대 여론이 심상치 않았다. 학계는 가치관을 뒤집는 처사라는 비판과 함께 박대통령을 존경한다는 김대통령에 대해서 실망과 배신이라는 규탄론이 있었는가 하면, "단언컨대 김대중대통령은 박정희 시절의 최대 피해자가 아니며, 과거의 민주화운동과 민족운동의 성과를 독점해 대변할 수 있는 위치에 있지 않다."(김동춘)라며 대통령의 자리를 남용하지 말라는 충정 어린 충고를 하기도 했다. 그런데 여기서는 집단의사로 표현된 것만 보기로 한다. 우선 현지 대구에서는 참여연대·전교조 대구지부·희망의 시민포럼 등 시민단체가 반대성명을 발표했는가 하면(19일), 광주 5·18기념 행사장에서는 "김대중정권은 더 이상 우리의 희망이 아니다."라는 구호와 함께 '정권 퇴진'이라 씌여진 유인물이 뿌려졌다고 한다. 물론 이러한 극단적 표현은 김대중대통령에 대한 애정을 바탕에 깔고 있지만 김대통령에 대하여 사람이 달라졌다는 소리가 높아간다고 하니 거기에는 귀를 기울여야 한다.

  5월 20일에는 서울에서 4·19혁명부상자회(회장 박종구), 4·19희생자유족회(회장 윤재락) 등 4·19혁명 관련 4개 단체가 "박 전 대통령 기념사업은 군사쿠데타를 정당화하고 장기 집권과 민권 탄압을 미화하는 결과를 가져온다."라는 성명을 발표하고 지원계획의 철회를 촉구했다. 같은 날 역사문제연구소·역사학연구소·한국역사연구회등 3개 역사 연구단체들도 "민주주의·인권·분배 정의 등의 가치를 부정한 박정희식 근대화를 기념하는 것은 현정권이 표방하는 민주주의 개혁에 배치된다."라는 반대성명을 냈다.

  그런 정도라면 김대통령이 주장을 철회해야 한다. 기념관 건립의 이론도 서지 않고 여론도 좋지 않다. 지금의 세도를 믿고 강행한다면 김대중은 그 동안의 민주화투쟁도 권력쟁탈을 위한 위장이었다는 극단적 비난을 면하기 어렵다. 한편 김영삼 전 대통령은 김대중을 독재자라고 비난하면서 반대하였다. 반대한 것은 좋은 일이지만 독재자라는 점에서는 김영삼도 한가지이다. 대통령 재임 당시 김영삼대통령이 오만에 빠져 실정한다는 소리가 높아가고 있어도 돌아보지 않고 독재를 구사했다. 그리하여 정국의 파탄을 불러오고 말았다. 박정희를 비롯하여 김영삼·김대중·김종필이 유신을 만들어내고 또는 유신과 맞서 싸우는 가운데 유신에 감염되어 모두 유신적 독재자가 되고 말았다. 정신과 의사가 정신병자를 치료하다가 자신이 정신병에 감염되는 경우와 같다. 그 폐단이 오늘날까지 확실하게 남아 있는 것이 정당 운영의 독재이다. 군사정권이 등장하기 전에는 적어도 정당 내 민주주의는 발달하고 있었다. 1970년 9월 신민당 전당대회에서 김대중대통령 후보를 탄생시킨 것도 정당민주주의가 존속했기 때문에 가능하였다. 그런데 유신 체제하에서 또 박정희와 3김시대에 이르면서 정당민주주의가 사라졌다. 공천 독재가 자행되었고, 공천 독재를 둘러싼 정치자금 문제가 독재를 더욱 강화시켰다. 그 점에서는 3김이 누가 더하고 덜할 것 없다. 그러므로 이제는 누가 먼저 유신독재의 늪을 걷어치우느냐가 남아 있는 것이다. 작금의 내각제 문제나 양당 합당의 문제, 신당 창당 문제가 부침하고 있는 것을 보아도 민주적 방식과는 거리가 멀다.

 여기서는 박정희기념관 문제까지 독단하지 말기를 바랄 뿐이다. 다시 말하지만 기념관 건립의 명분으로 화해를 내세우는데 박정희와 화해를 하고 말고는 김대중 개인의 문제이다. 두 사람의 화해를 놓고 동서화합이라고 말하는 것도 언제까지나 박정희와 김대중이 영호남의 대부일 수 없음을 환기한다면 무의미한 소리이다. 두 사람 때문에 동서가 얼마나 손해를 입었는지 생각해보았는가? 두 사람의 문제가 공공의 문제라고 생각한다면 그것은 루이 14세 방식의 착각이다. 그러한 착각을 벗지 못하면 독재자라는 누명도 벗지 못하는 것이다.

정치를 쉽게 해라

필자는 위의 요지를 간추려 〈대통령기념관은 안 된다〉라는 글을 이 문제의 진원지인 대구에 던져보았다. 《매일신문》 1999년 7월 19일자에 실렸다. '칼럼'의 글이기는 했지만 우선 신문에서 실어준다는 것이 그 지방 독자들의 정서에 크게 어긋나지 않는다는 것을 의미한다고 아전인수격으로 해석해보았다. 다시 그 지방 친구들에게 물어보았다. 아무리 경상도에서 박대통령을 좋아했던 사람이라고 해도 시골 촌로까지도 군사쿠데타와 군사정권이 옳지 않다는 것쯤은 알고, 이제는 그에 대한 비판논리도 가지고 있는데 기념관을 세운다는 소리를 들으면서, 그것도 김대중대통령이 앞장을 서서 세운다는 소식 앞에서 그저 얼떨떨할 뿐이었다는 것이다. 그런 가운데 필자의 글을 읽고 반겼다고 그들은 말했다.

그러나 반론도 강하게 받을 것을 각오하고 투고했다. 반론이 아무리 강하다고 해도 착각한 민중이 정의를 상실할 우려가 있을 때 정의를 잡아주고 일깨워주는 한 마디가 된다면 그것으로 만족한다는 심정으로 투고했다. 이 글도 그와 같은 마음을 담고 썼다.

글을 맺고 있던 7월 20일에 공동정부의 양당 합당설이 톱뉴스를 탔다. 17일 양당 보스인 양 김씨의 워커힐 회동에서 김대중대통령이 선창하고 김종필 국무총리가 동의한 것이라고 소문이 났다. 그래서 양당 합당이 급조 계획일 수 없을 것이므로 5월 13일에 표면화된 박정희기념관의 설립 추진이 바로 양당 합당의 사전포석이 아니었던가 하고 생각해보았다. 그런데 21일에는 김종필 국무총리가 기자회견에서 양당 합당에 합의한 사실이 없다는 것과, 연내 개헌을 통한 내각제는 연기한다는 것을 김대중·김종필의 합의사항으로 발표했다. 무엇이 꼬이고 있는 모양이나 양당 합당 문제는 이면에서 크게 진전되어 온 것 같다. 그리하여 합당론이 정가를 휩쓴 것이 하루 동안에 불과하지만 양당의 이질성을 좁히는 효과는 컸을 것으로 보인다. 자민련의 군사정권 옹호론과 국민회의의 민주화 옹호론 중 어느 쪽으로 좁혀지고 혹은 동질화되어 갈 것인가는 주목할 일이지만 그에 따라 박정희기념관 논의의 향방도 달라질 것으로 예상한다. 총선을 앞두고 기상천외한 뉴스가 이어질 것으로 예상되는데 다만 민주주의의 역사가 질식당할까 두렵기만 하다.

　아니나 다를까. 22일에는 김대중이 제2창당을 선언하고 나섰고 김영삼은 민주산악회를 전국적으로 복원한다고 발표했다. 바라건대 3김시대를 재현하고자 하는 팔불출의 생각들일랑 말았으면 좋겠다. 그리고 김대통령에게는 어떤 문제라도 복잡하게 돌리다가 오해를 사지 말고 알기 쉬운 정치를 하라고 말해두고 싶다.

(《역사비평》 1999년 가을호)

동물의 왕국

　지구 곳곳에서 인종분쟁, 종교분쟁이 일어나더니 결국 서로 죽이는 살육이 마구잡이로 자행되고 있다. 이제는 최첨단 무기까지 동원하여 대량 살상을 일삼는다. 나름대로 평계가 있고 과학이 있어서 동물의 싸움과 다른 것처럼 보이지만 동물의 약육강식 세계와 그 성질이 다르지 않다. 오히려 동물은 본능적 질서가 있지만 사람의 싸움에는 질서와 한계가 없으므로 동물보다 더 잔인하다. 본능만으로 이야기하면 가장 하등 동물이 사람이라는 것을 여실히 보여주고 있다.
　작금에 회자되는 코소보사태라는 것이 어디에서 비롯되었는가? 우리의 3·1운동을 본체만체하던 세계 열강들이 1918~1919년 파리강화회의를 통해 유고슬라비아를 만들면서 잘못한 것이 지금의 저 모양이 되고 만 것이다. 말로는 민족자결주의를 외치면서 강대국의 이해에 따라 아무렇게나 처리한 것이 오늘의 비극을 불러왔다. 인종과 종교와 역사가 각기 다른 슬로베니아·크로아

티아·보스니아·세르비아·헤르체고비나·몬테네그로·코소보·마케도니아 등을 두루뭉수리로 묶어 유고슬라비아라고 했다. 주민의 의사는 무시되었다. 티토정권 같은 강력통치 기간에는 각기의 소리를 낼 수 없었지만 언젠가는 터지지 않을 수 없었다. 그래 놓고 발칸반도는 화약고라고 말했다.

1990년 무렵인가? 보스니아사태가 터졌을 때 지금의 사태를 예상해야만 했다. 티토정권 같은 전체주의 정권 속에서는 스탈린의 명분상 세계주의 강요하의 소련처럼, 민족주의가 탈색된다. 반면, 원시적 종족주의의 공속 감정은 은연중에 강화되어 언젠가는─티토정권의 종말이나 소련 해체와 같은 시기를 맞으면─종족주의가 분출되게 마련인 것이다. 그러한 속성을 예상해야 했다. 그러한 속성을 유엔도, 나토 국가들도, 유고슬라비아의 밀로셰비치 정권도 무시하거나 아니면 외면하였다. 보스니아사태 때 유엔평화군을 파견하고도 그것을 알지 못했다는 것은 말이 안 된다. 혹은 세계주의와 민족주의와 종족주의의 관계를 몰랐던 탓인지도 모른다. 원시적 종족과 역사적 생산물인 민족과는 다른 것이다.

이번 코소보사태나, 나토연합군이 벌인 군사행동도 마찬가지다. 밀로셰비치의 세르비아가 코소보에 대해 '인종(종족)청소'를 강행한 것은 물론 잘못이지만, 종족주의가 극도에 달한 상태를 예상해야 했다. 또 사후라고 해도 나토의 공습이 종족주의적 비극으로 확대될 것은 예상할 수 있는 일이었는데, 무시하고 말았다 자신의 일이 아니라고 해서 80년 전 유고슬라비아를 만들 때처럼 안이하게 생각한 나머지 오늘의 결과를 초래하고 만 것이다. 그러고도 인도주의를 이야기하는 것인가? 거기에 나토 유럽국과 미국간에 지상군 파견을 놓고 주도권 문제가 부상하고 있다니 한심한 인도주의의 가면이 아닐 수 없다.

늦기는 했지만 코소보 난민들의 이주 계획이 섰다고 하는 것은 다행이다. 마케도니아 북쪽 국경선의 '검은 산' 참극을 상상해보라. 난민들이 모여들고 있는 몬테네그로·알바니아·마케도니아에서는 인간이 무엇이라는 것을 새롭게 깨달을 기회가 되었을 것으로 안다.

사람들에게는 인도주의를 생각할 문도 열려 있지만, 생물진화론을 생각할 문도 열려 있다. 진화론에 빠지면 힘을 우상으로 섬기게 된다. 그리하여 19세기 중반 이래 제국주의론이 염치없이 판을 쳤다. 진화론자들은 지구상에서 열등한 흑인은 멸종하고 결국에는 우등한 백인만 남을 것으로 예상하였다. 못난 사람은 죽는 것이, 죽여야 하는 것이 인류의 행복을 위하여 당연하다고 생각하였다. 그래서 강한 나라가 약한 나라를 정복하는 것도 진화를 위하여 당연하다고 생각하였다. 그러한 이치는 '동물의 왕국'에서는 맞는 이치이다. 그 원리를 사람에 적용하면 병신은 죽어야 하고 또 죽여야 한다. 인도주의는 없고 복지국가나 세계평화란 바보의 논리에 불과하다. 진화론적 법칙에 따라 살아가면 그만이다. 지금 코소보사태가 바로 그것을 말한다.

한국현대사에는 그런 생각을 하는 사람이 없었던가? 남의 민족을 식민통치하고, 6·25전쟁을 일으키고, 민주화운동을 탄압하던 사람들이 바로 무자비한 진화론에 도취했던 사람들이다. 부정선거를 통해서라도 이기고 보자는 국회의원이 바로 동물진화론자이다. 그들에게 어떻게 인도주의적 복지국가의 입법을 기대할 것인가? '동물의 왕국'을 시청하더라도 부디 인간적 반성을 생각하는 시간이 되기를 빈다. 어떤 정치인은 '동물의 왕국'을 시청하면서 그들의 생존경쟁에 취한다는 말이 들리기에 당부하는 것이다.

《대한매일》 1999년 4월 14일)

어느 여자의 정신적 반란

지난 7월 중순부터 신창원 김명주 부부(?)의 이야기에 사람들은 눈을 팔았다. 그에 못지 않은 빅뉴스가 뒤따랐지만 크게 주목하지 않았다. IMF 박사로 알려진 경기도지사 부부의 수뢰사건, 검찰 수뇌부의 조폐공사 파업유도, 대우재단의 파산 소식, 내각제 파란과 양당 합당설의 소동, 신당 창당설과 팔불출 같은 3김시대의 재현 소식 등 빅뉴스들이 줄을 이었음에도 이제는 격분도 시들하고 호기심도 시들하다는 반응이다. 그것들은 거짓말 잔치 같아 듣기도 싫다는 것이다. 그에 비하여 신창원이 죽일 놈이기는 하지만 잔재주가 없고 거짓이 없고 변덕스럽지가 않아 정이 간다고 말한다.

30년에 걸친 민주화운동을 돌아보면 이 같은 오늘날의 사회가 너무 실망스럽다. 정신을 담고 정을 붙일 곳이 없다. 민간정부가 등장하면서 양심과 정의의 길이 열릴 줄 알았는데 아니다. 보스들의 야합이 판을 치는 가운데 정치인들은 생각없이 이 그룹 저 그

룹으로 옮겨다닌다. 모두들 그러하니 배신자, 변절자란 비판도 사라졌다. 그냥 '걸레 정치꾼'이라고 말한다. 이 물통이면 어떻고 저 물통이면 어떠냐는 걸레처럼, 정당을 바꾼다. 맑은 물통이 없으니 그럴 수밖에 없다고 한다. 퀴퀴한 냄새가 코를 찌른다. 거기에 비하면 변덕 없이 숨어다닌 신창원은 냄새가 나도 한 가지 냄새만 나니 오히려 낫지 않느냐는 얘기다. 그래서 영국에서는 신창원을 한국판 '로빈 훗'이라고 보도하기까지 했다던가.

김명주라는 여인도 신창원으로부터 인간적 매력을 느꼈다고 고백했다. 20일 간에 불과한 부부관계였지만, 진실된 인격을 가진 그에게 연민의 정을 갖게 돼 신고할 수 없었다고 했다. 그 정도면 부부라고 해도 좋다. 그 전의 몇 여인들도 비슷한 생각과 처지에서 그를 숨겨주었다.

그런데 세상은 그 여자에 대해서도 동정을 보낸다. 이유가 무엇일까? 신고하지 않은 것이 법적으로나 도덕적으로는 나쁘지만 진실성에 연민의 정을 느꼈다고 말하는 정도의 여자라면 고운 마음씨를 가졌다고 보아야 한다. 즉 착하지는 않지만 곱다는 것이다. 신고하면 5천만 원이 생길 것을 알면서도 그의 인간성에 끌려 신고하지 않았다고 했다. 그 여인들이 보는 인간성이 옳은지는 몰라도 어떻든 돈보다 인간성을 앞세웠다. 뇌물을 받고 대가성을 따지는 정치인들의 소리에 진저리 난 우리들의 귀에는 곱게 들리지 않을 수 없다.

그때 옷로비 뉴스를 던진 여인들도 있었다. 그들은 고관 부인들로 학력도 높고 말도 잘하고 교회도 잘 다녀 보기에는 착하고 아름다운 여인들이었다. 그런데 알고 보니 옷을 입었느냐 팔에 걸치기만 했느냐 또 대가성이 있느냐 없느냐를 가지고 다툰, 착하지도

곱지도 않은 여인들이었다. 거기에 비하여 술집 여자들은 착하지는 않지만 고운 마음씨를 가졌다. 남편의 자리를 이용하여 기업 부도와 은행 퇴출도 막을 수 있다고 생각하는 잘난 여인들보다는 단란주점의 여인이 훨씬 곱다. 그것이 오늘의 현실이다.

 문제는 바로 거기에 있다. 착하지 않는 일에 고운 마음씨를 쏟는 것은 정신적 반란이다. 그 정신적 반란에 동조하는 대중 심리 역시 정신적 반란을 의미한다. 정신적 반란이 어디에서 올까? 지도층이 착하지도 않고 곱지도 않으면서 착하고 고운 척 하는 거짓을 일삼으니 정신적 반란을 꾀하는 것이다. 신창원에게 호기심을 보내는 마음도 역시 정신적 반란의 표현이다.

 토인비가 그랬던가. 문명 붕괴의 첫 징후가 내적 프롤레타리아트(정신 반란)의 성장이라고. 이 말이 무섭지 않다면 그 또한 정신적 반란이다.

《매일신문》 1999년 8월 2일

정이 넘치면 사랑에 곰팡이가 핀다

한국인은 식민지하에서 고생하고, 독립운동과 민주화운동을 하느라고 함께 울고 웃는 가운데 인간애(사랑) 이상의 동지적 정감을 키우게 됐다. 그래서 정 때문에 산다는 말까지 나오게 되었다. 1930년대부터 시작된 유행가가 급속도로 확산된 것도 그 가락이 인간 내면의 정감을 긁어주기 때문이다. 그래서 사랑과 정감을 혼동하여 정을 사랑인 양 이야기하는 수까지 생기게 되었다. 어느 재벌이 돈 때문에 모자간에 법정소송을 제기하며 싸운 것도 치부 과정에서 생긴 깊은 정감을 다스리지 못해 일어난 불행이다. 민주화운동 당시 찰떡 같았던 김영삼과 김대중이 등지고 있는 것도 동지적 정감이 깊었던 나머지, 이해가 상반되자 원수 같은 감정에 빠진 추한 모습이다. 그와 같이 정감이 사랑을 잃으면 추해진다.

오늘날 지역감정의 문제, 종친회의 문제, 동창회의 문제 같은 것이 여러 가지 부작용을 낳는 것도 보편적 인간애를 제치고 감정적 정감이 넘친 데서 온 부작용인 것이다. 호남 사람이 호남을 사랑하고 영남 사람이 영남을 사랑하는 것이 잘못된 일일까만은 사랑이 아니라 끼리 끼리의 감정으로 자기 고향과 종친과 동창을 두둔하기 때문에 문제인 것이다. 그런 '끼리' 사이의 감정은 멀어지기 시작하면 남만 못한 원수가 된다. 이승만과 박용만이 그랬고, 박정희와 김재규가, 윤보선과 장면이, 전두환과 노태우가 그랬다. 패거리 정치꾼이나 깡패 기질이 많을수록 정감이 깊은 관계를 좋아하고 그것을 의리라고 착각하기도 한다.

그래서 진정한 독립운동가와 참다운 민주화운동자는 운동 기간에도 정감 조절에 적지 않은 신경을 썼다. 백범 김구가 임시정부 주석으로 있던 1945년의 이야기다. 중경에서 아들 인(仁)이 폐렴에 걸렸을 때, 며느리 안 여사가 시아버지에게 페니실린을 구해달라고 간청을 했으나 다른 젊은이가 죽어갈 때 구해주지 못했다는 이유로 백범은 며느리를 달래며 구해주지 않았다. 결국 그 유망하던 아들은 죽고 말았다. 심산 김창숙이 1925년에 독립군 기지 개척을 위한 자금을 조달하려고 국내에 잠입했을 때, 마침 스승 곽종석의 문집 간행을 위하여 자금을 모아둔 것이 있어서 그의 출자를 요구하니 동문들이 반대하여 차압하다시피 갹출하였다. 그래서 문집 간행은 유산되었다. 그때 백범이 자정(子情)에 빠지거나 심산이 동문의 정을 누르지 못했다면 다른 사람들이 자금을 출자하지도 않았겠지만 독립운동에 곰팡이가 피고 말았을 것이다. 무정부주의자 유림(柳林)은 생전에 아들 유원식이 면전에 서지를 못하게 했다. 애비가 중국에서 독립운동을 할 때 아들은 일본군 장교로 출동하고 있었기 때문이다. 그것이 진정한 부자간의 사랑이다. 그와 같이 진정한 사랑은 착하고 올바른 길을 여는 힘을 가지고 있다.

이승만과 이강석, 김일성과 김정일, 박정희와 박지만, 김영삼과 김현철의 관계를 보면서 자식에게 엄격했던 김구와 유림을 생각할 때가 많다. 가족주의가 우선했던 옛날에는 사랑이 살아 있어 가족간에도 진정한 사랑이 유지되었는데 가족주의가 퇴색한 지금은 사랑은 상실하고 정감만 남아 있는 형극이다. 그래서 부자나 모녀나 내외가 모두 비밀계좌를 만들고, 증권을 조작하고 옷로비를 일으키고, 거액 수뢰도 마다하지 않다가 부자가 함께, 내외가 함께 감옥을 정답게 오가고 있다. 사사로운 정을 공직에 남용한 모습이다. 공직자들에게 부탁컨대, 정과 사랑은 다르다는 것을 알고 가려서 처신하시길…….

(《매일신문》1999년 9월 13일)

그래도 조선시대 당쟁을 탓할 것인가

역사책을 보면 1910년 대한제국이 망한 가장 큰 이유를 '당파싸움'으로 들고 있다. 하지만 그 시대의 당쟁은 요사이 당쟁에 비한다면 그래도 정치논리가 있었다. 비록 예의 문제를 빙자한 경우에도 그 본질은 왕도정치에 기준을 둔 내용이 많았다. 그러므로 안확(安廓) 같은 분은 1923년에 출간한 그의 《조선문명사》에서 당파싸움이 역사 발전에 기여했다며 붕당발전론을 제기했고, 그 책은 지금까지도 학계의 주목을 받고 있다.

그런데 근래 한국정치의 파당 싸움의 이유는 무엇인가? 민주와 반민주도 아니고 보수와 진보도 아닌 서로 흠집내기 경쟁이다. 한국은 정치꾼들이 망치고 있다는 소리가 또 나오게 생겼다. 특별검사가 수사하고 있는 옷로비 사건은 옷을 샀다고 말하는 날짜인 1998년 12월 19일인지 26일인지가 1년 다 되어가는데 왜 여태 신문의 톱기사로 오르락 내리락 해야 하는가. 역시 특별검사가 수사한다는 조폐공사 파업유도 사건은 자중지란이 일어나 어떻게 결말이 날지 알 수가 없단다. 이럴 때 터진 것이 '언론장악문건'이다. 거기에 관계된 국회의원과 신문, 방송국 기자 등, 등장인물이 심상치 않다 싶었는데 여기에 청와대 비서의 관여설까지 나돌고 있다. 여야간에 군사정권 때의 버릇을 버리지 못한 것인가? 거기에 서울 송파구와 인천 계양구 보궐선거 당시 국가정보원장의 정세분석 문서가 튀어나와 세상을 떠들썩하게 했다. 아직도 정보원이 선거에 개입하는 것인가? 놀랄 일이다.

사건들이 얽힌 가운데 이근안 고문경찰이 자수했다는 보도가 뒤로 숨었는가 했더니 고액수표와 경찰 고위직 인사의 이름과 함께 다시 부상하고 있다. 터진 김에 고문 이야기가 새롭게 높아졌다. 1989년인가, 서경원 의원 사건 때 고문문제가 재론되는 가운데 북한 공작금 1만 달러를 당시 김대중 평민당 당수에게 주었느냐의 여부가 화제에 올랐다. 머지않아 검찰이 옛 검찰을 수사하는 일이 일어날 것이라고 한다. 모두가 군사정권 때의 이야기가 아니면 군사정권 방식의 이야기이다. 이런 일들이 민주주의 개혁의 도마 위에서 불거진 문제라면 하나도 이상할 것이 없다. 민주개혁을 덮어두었다가 정치 파쟁으로 곪아 터지고 있으니 문제인 것이다. 민주개혁을 기피하면 사회 정의가 서지 않아 파쟁이 꼬리를 물고 일어나게 마련이다. 그러니까 지금이라도 민주주의 기준에서 수술을 해야 한다.

지금의 당파싸움을 민주주의의 기준에서 빨리 처리하는 것만이 수습의 길이고 지금 정권의 정당성을 역사적으로 보장받는 유일한 길이다. 그것을 당파싸움의 흥정과 승패에 따라 결말을 낸다면 정당성은 보장받지 못한다.

그러한 흥정을 당파싸움에 이력이 난 정치인들은 대화와 타협이라는 말로 미화하고 있다. 혹은 정치적 해결이란 말로 포장하기도 한다. 그렇다면 조선시대의 당파싸움보다 못 하면 못 했지 조금도 나을 것이 없다. 정치판이 그 모양이면 행정기강이 무너지지 않을 수 없다. 행정이 질서를 잃으면 인천 노래방의 청소년 참사 사건과 같은 것을 막을 방도가 없다. 행정이 통제력을 잃고 청소년도 도덕적 감각을 잃고 있는 그런 사회적 분위기가 참사 사건을 만드는 것이다. 조선 후기 세도정치로 정치가 혼란할 때 삼정의 문란이라고 해서 행정기강이 엉망이 되어 나라가 기울고 말았던 교훈을 심각하게 반성하고 되새겨야 한다.

작금의 한국 관계 외신보도는 1950년 노금리사건과 1968년 비무장지대 고엽제 살포 사건에 쏠려 있다. 그런데 그에 대하여 국회에서는 아무 대책이 없다. 새해 2000년의 예산안이 국회에 상정된 지가 오래인데 파쟁 때문에 방치되어 있다. 민생 관계 입법도 무수하게 상정되어 있다. 어느 것도 진지한 논의가 없는 것을 보면 파당 흥정으로 처리될 것이 뻔하다. 한심한 사람들이여 정신 좀 차리소서.

《매일신문》 1999년 11월 22일〉

3·1운동 80주년의 교훈
― 인도주의 사회 건설을 위하여

　일제 식민지시기이던 1910년대 국내 지식인은 사회진화론에 젖어 있었다. 사회진화론은 원래 1859년 영국의 찰스 다윈의 《종의 기원》에서 밝힌 동식물의 생물진화론을 역시 영국의 스펜서가 인간사회에 적용하여 주장한 것인데 그 후 독일, 프랑스와 미국으로 급속하게 전파되어 아시아 각국으로도 번진 사회발전 원리의 주장이었다. 아시아에서는 중국(天演論)·일본·한국의 지식인들이 사회진화론을 열성으로 신봉하였다.

　한국에는 서재필·유길준 등에 의하여 소개되고 1903년 출간된 중국 양계초의 《飮氷室文集》을 통하여 확산되었는데 구한말 지식인의 특허물과도 같은 주장이었다. 그에 따라 '경쟁시대' '아는 것이 힘, 배워야 산다'는 구호가 유행어가 되었는데 그 주장에 따라 구한말 계몽운동을 전개하였고, 너도 나도 학교를 설립하고 구국교육에 헌신했다. 그러다가 나라가 망하니 '힘이 없으니 망한 것이 아니냐'라고 자탄하며 자포자기하는 사람이 많았고, 친일파로 전락하는 사람이 오히려 현명한 것처럼 보이기도 했다. 그런데 같은 사회진화론자라도 진화의 주체를 국가가 아닌 민족으로 본 선각자—박은식, 양기탁, 신채호 같은 인사는 진화론의 원리를 받아들이되 민족이 진화하면 독립국가를 새로 만들 수 있다고 믿고 독립운동에 매진했다. 그에 비하면 친일파로 전락한 지식인은 진화의 주체를 민족이 아닌 국가로 보았던 것이다. 그러한 두 유형의 지성은 1910년대까지 계승되고 있었다. 그것은 그때의 일본 유학생들의 모임인 학우회에서 발행하던 《學之光》을 읽어보면 잘 알 수 있다.

사회진화론은 역사를 순환론적으로 보지 않고 발전적으로 보았다는 점과 힘의 경쟁을 강조하여 사람들이 부지런한 생활을 하도록 한 점 등, 사회 발전에 기여한 바도 컸다. 그러나 인간과 인간 사회를 동물의 세계처럼 힘의 논리로만 설명하고 경쟁지상주의를 강조하여 동물성과 다른 인간성을 상실케 했다는 점은 크게 반성할 점이다.

19세기 사회경제의 발달과 더불어 일어난 제국주의를 합리화하고 미화한 반지성적 논리가 사회진화론이었는데 그때 지식인들은 그것을 천상의 원리로 이해하고 있었다. 일본 지식인들이 진화론을 얼마나 신봉했던가는 동경대학 개교식(1877)에서 진화론의 대가였던 미국의 모스가 특강을 했다는 것으로 알 수 있다. 모스는 유길준의 스승이기도 했다. 한국에는 《음빙실문집》을 통해 전파되어 그의 영향이 컸다. 이러한 사회진화론의 자연도태론에 따르면 지능지수가 낮고, 신체가 부자유한 사람은 죽어야 하며 죽여야 한다. 죽이지 않더라도 버려두면 절로 죽게 되는 것이 자연의 원리이다. 그러므로 못난 인종은 멸종할 것이고 약한 국가는 멸망할 것이며 그것이 삶의 원칙이라는 것이다. 따라서 대한제국이 멸망하는 것을 서러워할 이유도 없고 조국 광복을 위하여 독립운동을 전개한다는 것은 자연의 섭리 즉, 운명을 거역하는 것이 된다. 이러한 사회진화론은 초기 자본주의의 야경국가 이론과 결합하여 20세기 초까지 인간주의의 성장을 마쇄하고 봉쇄하였다.

그러한 사회진화론적 사고를 혁명적으로 전환시킨 것이 제국주의 전쟁인 1차대전이 끝나고 부상한 인도주의 사상이었다. '병신도 살 권리가 있다' '약한 나라도 독립할 권리가 있다' '운명은 없다. 사람이 노력하기에 따라 세상은 달라질 수 있다'라고 주장을 바꾸어간 것이다. 그리하여 3·1운동을 계획하고 독립 만세를 외치기에 이르렀다. 3·1운동 선언서의 종류가 적지 않은데 선언서마다 '정의·인도'라는 문구가 빠지지 않고 등장하는 이유가 거기에 있다. 3월 13일 용정의 운동에서는 깃발 자체가 '正義 人道'라고 쓴 것이었다.

인도주의라고만 이야기하면 막연하다. 그리하여 선언서들에서 보는 바와 같이 인도주의를 실현하기 위하여 '세계를 개조하고 사회를 개조하자'는 것이다. 그렇다면 어떻게 개조하자는 것인가? 그를 위해 자유주의, 민주주의, 사회주의, 공산주의, 무정부주의 등 여러 가지의 방식이 제기되었던 것이고 그것이 1920년대 각양각색의 주장으로 나타나게 되었다. 민주주의에도 자유민주주의와 사회민주주의가 있었고, 사회주의에도 기독교사회주의나 불교사회주의가 있었으며, 유물론사회주의를 주장한 것도 있었는데 그것이 공산주의였다. 공산주의는 원래 사회주의에 포함된 것이었으나 1914년 제2인터내셔널의 해체와, 특히 1918년 제3인터내셔널의 결성 이후 양자를 구별해서 이야기하는 버릇이 생겨났다.

이와 같이 인도주의가 제창된 후, 자유민주주의를 기저로 한 자본주의도 수정에 수정을 거듭하여 사회주의의 장점을 수용하면서 야경국가가 아니라 복지국가 건설을 목표로 하게 되었고, 사회주의도 사회민주주의 성향을 강화하면서 사회보장제도의 발달을 통한 복지국가 건설에 매진하고 있는 것이다. 그러므로 거기에서 외길을 걸으며 자만하던 공산주의는 운명을 다하지 않을 수 없었다.

여기에서 수정자본주의와 사회민주주의의 차이는 사실상의 의미를 상실하고 있다. 우리의 경우 남북이 이념으로 분단되어 있으므로 명분론에 묶여 논의의 광장을 형성하는 데 한계를 가졌던 것은 불행한 일이다. 수준 있는 계층은 구애를 받지 않는다고 하더라도 대중화에는 장애가 일게 마련이므로 국민의 사고 역량을 넓히고 제고시키는 데는 어려움이 있는 것이다. 수준 있는 계층이라고 하더라도 1994년 여름부터 주사파 또는 좌경논쟁이 있었듯이 정치인의 정쟁에서는 가끔 명분론적 논쟁이 그치지 않는 것이 현실이다. 오늘날 세계적으로 풍미하고 있는 '제3의 길'이란 것도 우리의 근대사의 안목으로 보면 새로울 것이 없고, 오늘 이 자리에 모인 김용기 선생 기념사업회 회원의 눈으로 보면 김용기 선생이 주장하시던 바로 그것이 아닌가 여겨질 정도로 새로운 것이 아니지만, 분단논리나 극우, 극좌의 안목으로 보면 새로운 것이다. 그만큼 우리의 사고에는 인도주의와 복지국가 이념이 자리하고 있으면서도 여태 명분론에 묶여 있는 것이 사실이다.

그렇다면 이제는 복지국가의 실현을 위하여 하나 하나 고치고 다듬어 나가야 할 차례이다. 이제는 남북분단의 명분에 묶여 있어야 할 이유가 없다. 자유당 말기에 경제개발계획을 추진하자는 일부 지식인의 움직임이 있자 대통령이 스탈린 방식의 사고라고 일

축해버린 그런 극우적 사고는 박물관에서나 찾아볼 오늘인 것이다. 그런 점을 고려하여 근래에 농업협동조합의 개혁이 추진되고 있는 것과 관련, 필자가 지난 3월 6일자 《대한매일》에 '농협을 농민에게 돌려주라'라는 글을 실었다. 복지국가 건설의 참뜻이 어디에 있고, 김용기 선생의 가나안농군학교의 유지를 잇는 뜻도 어디에 있는가를 생각하며 읽어주기를 바란다. 필자는 1979년 초에 《日帝下 韓國農民運動史》라는 책을 내놓은 적이 있다. 그때 김용기 선생의 가나안농군학교를 중심으로 해서 농민운동을 좀 자세히 알게 되었는데 그때의 기억을 더듬으며 '농협을 농민에게 돌려주라'의 글을 소개하는 것이다(이하 생략).

(《젖과 꿀이 흐르는 가나안을 꿈꾸며》 일가(김용기) 기념상 재단, 1999년)

영해 3·1운동의 현대적 의의

올해가 1999년인 만큼, 20세기(1900~1999)의 마지막 해이다. 내년이면 21세기(2000~2099)에 들어선다. 그러므로 올해 3·1운동을 기념하는 것은 80주년이라는 뜻도 있으나 21세기로 넘어가는 해의 기념이라는 점에서 특별한 의미를 지닌다. 즉, 3·1운동 이념이 21세기에도 필요한 것인가? 필요하다면 어떤 점이 필요한 것인지를 새기면서 기념해야 할 것이다. 그런 뜻에서 3·1운동의 역사적 의미를 먼저 살펴보고, 그 의미가 21세기에 어떻게 계승되어야 할 것인가를 찾아보기로 한다.

한국 독립운동의 특징

여기에서 먼저 한국 독립운동의 특징을 살펴보기로 한다.

첫째는 민족 구성원 대부분의 인원이 독립운동에 참여하거나 관련을 가지고 있었다는 점이다. 독립운동에서 순국한 인원과 직업성 독립운동자도 적지 않았지만, 일회성 독립운동자 외에도 정보와 자금의 지원 등, 거의 대부분의 민족 구성원이 독립운동에 기여했다는 점이다. 그것은 3·1운동의 경우를 보아도 알 수 있지만 일제 말기 전시파쇼체제가 철통 같던 상황에서도 산발적이긴 해도 각 분야에서 독립운동이 전개되었던 사실로서 확인할 수 있다. 둘째는 독립운동을 발전시키는 가운데 전통시대를 반성하면서 새로운 역사 발전을 추진하고 있었다는 사실이다. 즉, 한국 근대화의 발전에 기여하고 있었다는 말이다. 그것은 독립운동을 통하여 입헌정치와 정당정치의 발생을 본 것이나* 평등사상의 발달

* 한국의 입헌정치는 1919년 대한민국임시정부 헌법에서 비롯되었으며, 정당정치의 효시는 1930년 조선혁명당, 한국독립당의 창설에서 비롯되었다. 그 후 신한혁명당, 조선민족해방동맹, 조선혁명자연맹, 민족혁명당, 한국국민당, 조선청년전위동맹 등이 1930년대 독립운동 정당으로 창당되었다.

에 따라 여성의 권익이 신장된 점이나 국어학, 국문학, 국사학의 발달 등을 보면 알 수 있다.* 셋째는 그러한 독립운동이 세계에서

* 오늘날 우리들이 사용하고 있는 한글은 1933년 조선어학회에서 만든 '한글맞춤법통일안'에서 마련된 것일 정도로 식민지하에서 국어학이 발달하였고, 국문학도 조윤제, 양주동, 홍명희, 현진건, 그리고 이 근방 영양 출신의 이병각, 오일도, 조세림과 조지훈 등에 의해서 개척되었고(친일문학 제외), 국사학도 신채호, 박은식, 황의돈, 권덕규, 장도빈, 백남운, 이청원, 김광진, 계봉우, 문일평, 손진태, 안재홍, 그리고 이 근방 울진 출신의 혁익한 등에 의해서 개척되었다.

유례가 없이 시간적으로 연속되었고 공간적으로 아시아는 물론, 미주 유럽 등, 세계를 무대로 했다는 점이다.

넷째는 독립운동의 이념이 3·1운동 선언서들에서 보듯이 궁극적으로는 인도주의의 달성에 있었으나 인도주의를 실현하는 방책으로 제기된 이념은 1920년대 독립운동전선에서 보듯이 자유주의, 사회주의, 무정부주의 등 다양했고 그렇게 다양한 이념이 동시 다발적으로 전개되었다는 점이다.*

*사상과 이념이 다양하게 분화되었던 이유는 인도주의를 실현하는 방도를 고민하던 나머지의 현상이었다. 이 길로 가면 인도주의가 실현될 것인가 아니면 저 길로 가야 할 것인가? 부모형제의 생각이 다를 수 있고 내외의 생각이 다를 수 있다. 흡사 병원의 처방이 다르고 점심을 먹을 때 찾는 음식이 다른 것과 같은 것이다. 또 착각할 수도 있는 것이다. 다른 것이 인간적이다.

다섯째는 이념의 다양화에 따라 독립운동전선이 분화될 때 국내의 신간회나 중국 관내의 정당 통합이 꾸준히 추진된 것으로 알 수 있듯이 통일전선이 형성되고 있었다는 점이다.*

*중국에서 독립운동을 전개하던 사람은 모두 통일전선에 동참하고 있었다. 1940년 조선혁명당(이청천), 한국국민당(김구), 한국독립당(조소앙)이 합쳐서 한국독립당(김구)을 결성하고 1942년에는 한국독립당만 참여하고 있던 임시정부에 민족혁명당(김규식, 김원봉)과 조선민족해방동맹(김성숙), 조선무정부주의자연맹(유림)도 참여했고, 1944년에는 임시정부와 연안의 독립동맹(김두봉)도 통일에 합의하고 절차를 밟고 있었다. 거기에 국내의 건국동맹(여운형)도 연결을 달고 있었다. 그러한 절차를 밟는 중에 해방을 맞은 것이다. 이때 통일전선에 참여하지 않았던 것은 미국과 소련에서 독립운동을 전개하던 인사뿐이었다.

여섯째는 식민통치의 민족말살과 직접통치, 그리고 식민통치의 잔인성에 대응한 독립운동으로서 독립전쟁 같은 극한적 무력항쟁이 방략의 중심축을 이루고 있었다는 점이다. 일곱째로 태평양전쟁(1941~1945) 기간에는 임시정부를 비롯한 독립군 단체들은 대일 선전포고를 하고 연합군의 일원으로 참전하여 중국전선, 인도버마전선, 태평양전선에서 싸웠다(일본군에 끌려가 일본을 위하여 싸운 사람도 있었지만 그것은 강제로 끌려간 것이었다).

이처럼 한국의 독립운동은 세계 어느 민족의 독립운동과 비교해도 손색 없는 수준을 보이고 있었다. 그렇다면 제2차대전 종식과 함께 한국이 독립하는 것은 당연한 원리였다. 열강들도 그것을 인정하고 있었다. 그것이 1943년의 카이로선언이란 것이다. 그런데 전쟁이 끝나자 미국과 소련이 한반도를 점령하고 우리의 독립을 방해하였다. 국토를 남북으로 분단 점령하고 자기들이 훈련시킨 사람으로 정권을 장악하게 공작을 꾸몄다. 중국에서 독립운동을 하던 임시정부와 광복군, 독립동맹과 조선의용군은 배제시켰다. 그 공작이 성공하여 1948년 남북에 각각 미국과 소련을 대변하는 단독정부가 수립되었다. 그런 판국에 "38선을 베고 죽을지언정 분단정부는 수립할 수 없다."고 외치던 백범 김구가 암살 당할 것은 예상되는 일이었고, 미국과 소련의 조작으로 분단정부가 수립되는 한, 그들의 대리 전쟁인 6·25남북전쟁이 일어날 것도 예상되는 일이었다.

이제 우리들이 해야 할 일은 무엇인가? 한 마음 한 뜻으로 3·1운동을 일으켰던 그때의 정신으로 돌아가 통일정부를 수립하는 것이 다가올 21세기 최대의 과제이다. 그렇다면 3·1운동의 어떤 정신을 배워야 할 것인가?

3·1운동과 인도주의

3·1운동의 이념은 첫번째가 인도주의에 있었다. 3·1운동 당시 곳곳에서 발표된 독립선언서를 보면, 예외 없이 '正義 人道'에 근거하여 우리는 독립해야 한다고 주장하고 있었다. 또 그해 3월 13일에 전개된 만주 용정의 운동에서는 '正義 人道'라고 크게 쓴 깃발을 들고 시위할 정도로 인도주의 사상이 넘치고 있었다. 그렇다면 이때 인도주의가 크게 부상했던 이유는 어디에 있었던가? 그 전까지는 인도주의와 배치된 사회진화사상(社會進化思想)이 지배적이었다. 사회진화론은 경쟁의 사회, 우승열패, 자연도태 등의 원리가 역사의 이치라고 믿었던 사상이다. 그러니까 약한 나라는 망할 수밖에 없으며, 망해야 마땅하다는 것이었다. 사람도 동

물과 같은 성격이 있으므로 어느 정도 진화론적 측면을 가지고 있는 것은 사실이다. 그러나 동물처럼 진화론에 의하여 지배되어서는 안 되는 것이다. 약한 사람도, 소아마비 사람도 도우며 같이 살아가는 것이 사람이다. 그런 사람의 특징을 잘 살려가는 사람들의 나라가 선진국인 것이다.*

_{* 先進國이란 돈 많은 나라를 의미하는 것이 아니다. 돈도 사람이 쓸 정도는 있어야 하지만 그렇다고 경제 일변도의 발전을 목표로 해서는 안 된다. 짐승의 나라가 되고 만다. 어느 정도의 경제발전을 달성한 다음에는 사람을 존중하고 사람이 대접받는 나라가 되어야 한다. 그것이 선진국이다. 사람을 존중하는 나라의 경제는 빈부의 차이가 현격하지 않은 것이 특징이다. 겉으로 보기에 집들이 비슷한 것이 특징이다.}

1910년 대한제국이 멸망할 때 지식인들 중에는 사회진화론을 믿고 대한제국이 멸망하는 것을 어쩔 수 없는 일이라고 생각한 사람이 많았다. 어쩔 수 없다고 믿고 친일파로 전락한 사람도 많았다. 그것을 믿지 않고 그런 세상에서 사는 것보다는 의로운 귀신이 되는 것이 낫다는 생각으로 의병을 일으키고 독립운동을 하는 사람이 있기는 했으나 많지는 않았다. 그래서 나라가 망한 것이다. 이곳 영해 지방에서도 1895년에 의병을 일으켜 일본 제국주의의 침략에 저항한 꽃다운 기록을 가지고 있다는 것을 알고 있다. 병신창의 시파록(丙申倡義 時爬錄)에 등재된 사람만도 李壽岳, 白重述, 權進模를 비롯하여 2백 명을 넘고 있다. 그것을 보고 기억할 것은 그들이 의병으로 얼마나 활약했는가에 있는 것이 아니라 적어도 그들은 사회진화론은 믿지 않고 있었다는 사실이다. 널리 알려진 朴東鎭, 金橞, 申運錫, 申乭石, 金魯憲 의병진에서 활약한 수많은 의병의 경우도 말할 나위가 없다. 사회진화론을 믿지 않고 있거나 혹은 정의의 세상을 믿고 있다는 것은 당장에 일본의 침략을 물리치지 못한다고 하더라도 기회가 도래하면 정의와 인

도주의를 일으킬 수 있기 때문에 그것은 중요한 인간적 자원이 되는 것이다. 1910년 나라가 망하자 만주벌판으로 가서 독립운동을 전개한 朱鎭洙, 黃萬英(이상 울진 출신), 朴慶鍾, 南世赫, 李謙浩(이상 영해 출신)의 경우가 그것을 잘 보여주고 있다. 남세혁·이겸호는 3·1운동과 직접 관계되어 있었다는 사실도 그것을 입증하고 있는 것이다. 생각해보라. 그들이 의병을 일으키고 독립운동을 전개한 목적이 부자가 되고 요사이 정치인들처럼 권좌를 탐내서 한 것이었던가? 사람답게 살기 위하여 의병으로 봉기하여 싸웠고 삭풍 휘몰아치는 만주벌판으로 갔던 것이 아니던가? 거기에 정의와 인도주의의 무서운 힘이 있는 것이다. 이러한 3·1운동의 이념이 21세기에 더욱 강화되어야 한다. 더구나 고도로 산업화되어가고 있는 오늘날, 인도주의가 강화되어야 한다는 것은 전세계인의 요망이기도 하다.

3·1운동의 3대 원칙과 통일 의지

3·1운동의 이념은 서울에서 3·1운동을 계획할 때에 결정한 3대 원칙으로도 나타났는데 그것은 일원화, 대중화, 비폭력이었다. 이 중 일원화와 대중화는 대체로 잘 지켜졌는데 비폭력은 이곳 영해 3·1운동에서 보는 바와 같이 지켜지지 않아 이념으로 정착되지는 못하였다. 오히려 폭력시위가 일반화되어 독립운동이 독립전쟁을 주요 방략으로 채택하는 기초가 되었다. 일원화와 대중화의 원칙은 영해 3·1운동에서 어떻게 반영되었는가?

일원화의 뜻은 3·1운동을 계획한 천도교, 기독교, 불교 대표들이 각기의 종교적 장벽이나 이해를 떠나 민족의 독립을 위하여 일원화한다는 뜻이다. 이러한 문건은 세계에서 선례가 없는, 한국

독립운동에서만 있는 귀중한 문건이다. 세계 어디를 막론하고 민족주의를 지향해도 종교적 민족주의를 표방했다. 한국 독립운동의 경우처럼 종교를 통합한 통일민족주의를 지향한 경우는 없었다.* 오늘날 세계 각처에서 일어나고 있는 종교분쟁을 보면서 한

*3·1운동을 계획할 때 유교 대표는 한자리에 참석하지 않았다. 거기에는 두 가지 이유가 있었다. 하나는 친일파로 전락한 사람 외에 黃炫, 李晚燾, 崔益鉉, 許蔿처럼 자결 또는 의병전선에서 전사하거나 柳麟錫, 李曾榮, 李東寧, 申圭植, 李相龍, 李世永, 朴慶鍾처럼 많은 인사가 해외로 망명, 독립운동에 투신하여 국내에는 유교를 대표할 만한 지도급 인사가 적었다는 점이다. 다른 하나는 3·1운동을 계획한 기독교·천도교·불교 대표는 나라가 망할 때 유학자와 같이 의병이나 독립운동을 전개한 것이 아니어서 동지적 유대가 이루어져 있지 않아 서로 연락할 수 없었다는 점이다. 그러므로 유림은 별도로 巴里長書를 발송했던 것이다. 그러나 지방 유림은 3·1운동이 누구에 의해서 계획되었는가를 가리지 않고 만세를 부르며 항쟁했다. 거기에서 종교를 초월한 독립의 의지를 확인할 수 있다.

국이 독립운동에서 종교적 차이를 극복한 전통을 3·1운동에서 마련했다는 것이 여간 다행스럽지 않은 것이다.

영해 3·1운동 중 3월 18일에 전개한 영해읍(축산면, 병곡면 포함)의 경우에 보듯이 기독교와 유교 지도자가 함께 추진했을 때, 크게 성공했다는 것을 알 수 있다. 또한 과거의 양반이나 상민이 함께 추진한 영해읍, 병곡면, 창수면 같은 경우가 비교적 성공을 거둘 수 있었다는 점도 확인할 수 있다. 여기에서 성공의 기준은 대중화를 말한다. 즉, 대중적 독립운동의 전통을 세운 것이다. 거기에서 종교뿐만 아니라 과거의 이해 관계를 넘어선 통일 의지를 찾아볼 수 있다. 영해읍 시위에서는 林昌穆, 崔在崑, 李海述, 李會東 등 8명이 일제의 총에 맞아 순국하였고, 南孝樑, 金渭煥, 金道植, 李斗寬, 權正珌, 南晚鎭, 南洪鎭 金渭錫 등 16명이 부상을 입었다는 기록이 있다. 당시의 일본측 재판 문서에서도 대중화에 성

공했던 실상을 전해주고 있다. 영해 3·1운동에서 제1차로 金世榮, 權泰源, 丁奎河, 朴羲洛, 權相鎬, 南孝直, 南汝明(世赫) 등 96명, 제2차에서는 南應夏, 楊在學, 申相文, 金德根, 黃茂出, 姜三仁 등 74명 도합 170명이 재판을 받았다. 이뿐이 아니었다

당시에는 '조선태형령(朝鮮笞刑令)'이라는 것이 있어서 법적으로 사람을 때리고 고문할 수 있었다. 〈태형심득(笞刑心得)〉이란 문서를 보면 입에 물수건을 물리고 둔부를 대리는데 90대까지 때릴 수 있었다. 재판을 받은 인원보다 태형을 받은 인원이 훨씬 더 많았다. 농사철을 앞두고 주재소에 끌려가 짐승처럼 매를 맞던 망국민의 설움을 상상해보라. 80년 전의 영해벌은 피와 한숨의 벌판이었다. 그리고 서울의 33인도 3~4년의 징역을 살았는데 영해 인사들은 7년 징역형을 선고받기까지 했다. 이것은 영해 3·1운동이 규모에서나 운동 강도에서나 격렬하였다는 것을 의미한다. 희생은 컸지만 3·1운동이 가지고 있는 통일민족주의의 이념과 독립운동의 대중화 방략을 실험하였다는 사실은 소중한 민족의 자산으로 남는다. 바로 영해 3·1운동을 통하여 얻은 자산인 것이다. 특히 통일민족주의는 21세기에 가장 귀중한 자산으로 키워가야 할 것이다. 그리하여 미국과 소련의 심술궂은 장난으로 분단된 조국을 통일하는 교훈으로 삼아야 할 것이다.

영해의 전통과 3·1운동

영해는 조선시대에 寧海都護府가 있던 큰 고을이었다. 동해안의 해안선 따라 영해와 같은 부(府)는 북으로 三陟府가 있었고, 남으로는 東萊府가 있었을 뿐이다. 삼척과 동래의 중간에 興海郡이 있었고 그 외에는 모두 縣에 불과하였다. 그러니까 영해는 조

선시대에 큰 짐을 지고 있었다는 말이다. 그런 큰 짐을 영해인들은 거뜬히 감당해나갔다. 영해의 문호인 丑山港에 해군사령부 격인 萬戶가 설치되어 있었다는 것도 영해인들의 부담이 적지 않았다는 것을 의미한다. 그러한 고장이므로 임진왜란을 맞아서 武毅公 朴毅長, 명고서원의 鄭湛, 楓林 申규년 같은 공신을 배출할 수 있었고, 화왕산성 전투에 무려 59인의 인사가 참전한 대공을 세웠다고 이해된다.

그런가 하면 1871년에 동학농민군(李弼濟)을 일으켜 농민운동에서 선봉적 기록을 남긴 것도 영해였다. 이때 영해, 영양, 봉화, 예천, 문경에 이르는 넓은 지역에서 농민운동이 일어났는데 이것은 이 지역의 대중적 역량을 과시하는 것이기도 했다.

그 후 면면히 이어졌던 의병전쟁이 있었고, 1914년에는 의병장 碧山 金道鉉이 이곳 대진 바닷가에 와서 도해(蹈海) 순국하였다. 1910년을 전후하여 자결 순국한 인사가 적지 않았지만 도해 순국한 경우는 우리 나라에서 대진 바다의 김도현의 경우 하나뿐이었다. 김도현이 영양인으로 영해인은 아니지만 영해 향토사에서 빼놓을 수 없는 장거라고 생각되어 지적해둔다.

이와 같은 역사상의 의로운 공적이 축적되어 1919년 3·1운동을 수준 높게 전개할 수 있었다고 이해된다. 이와 같은 3·1운동이 옛 이야기로 그치느냐의 여부는 지금의 영해인의 생각과 마음과 손발에 달려 있다. 그렇다면 오늘의 영해인이 나아갈 길은 분명한 것이 아닌가?

《3·1운동 80주년 기념 강연집》영해 3·1운동기념사업회, 1999년 2월 28일)

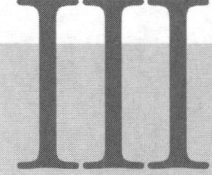

III

통일의 고개를 오르며

금강산 온정리 통일의 춤

 시도 아니고 노래도, 시조도 아닙니다. 저는 시 같은 글을 지어 본 적이 없어요. 그러나 이렇게라도 금강산 온정리에서 지은 글을 토해내야 속이 시원할 것 같아 소개합니다. 지난 5월 1일 노동절(메이데이)이어서 북한에서는 축하 모임을 가졌는데 기왕 모인 김에 남쪽 관광객에게 노래와 춤을 보여주자고 의견을 모았던 것 같아요. 그날 금강산 관광을 마치고 돌아온 오후 4시경, 관광객 휴게소가 있는 바로 옆에 김정숙휴양소가 있는데 그 마당에 2~3백 명 정도의 남녀가 모여 〈반갑습니다〉라는 노래를 합창으로 불러주었어요. 그러니 남쪽 관광객이 뛰어가 장단을 맞추며 콧노래로 합창을 했지요. 길 하나를 두고 마주보며 춤판까지 벌어졌어요. 남북의 인원이 비슷했어요. 사람들의 표정은 갖가지였어요. 좋아 웃는 이가 있었고 하염없이 우는 이도 있었어요. 그 광경을 보고 필자는 흥분한 나머지 다음의 노래 말을 써본 것입니다.

5월이 물드는 금강산 온정리
〈반갑습니다〉 노래가 산울림을 타고
남쪽 관광객이 장단 맞추니
통일의 노래판이로세
통일의 춤판이 아니더냐
말도 하나 노래도 하나 마음도 하나
오백 스무남은 어깨가 들썩대는
춤도 하나
누가 남북을 둘이라 했느냐
온정리는 하나인 것을

노래 소리 드높여라 평양까지 들리도록
서울까지 들리도록
손뼉도 크게 쳐라
두 팔을 멀리 멀리 뻗어라
덩실 덩실 뛰어라 엉덩춤도 추어라
아! 이것이 진실이어라
웃다가 울고 울다가 웃는 이 진실을 보아라
함께 노래하고 춤춘 적이 얼마만인가
비로봉을 넘는 해야
이 소식 실어다가 서역에 퍼뜨려라
둥실 둥실 두둥실

주고 받는 눈말은 하나가 됐는데
손은 잡을 수가 없구나

정녕

남북은 남남이란 말인가

티 없는 이 겨레를 누가 이렇게 만들었느냐

누가, 누가

그래도 오늘만은 분단을 잊자

춤을 추자

그러나 정말로 헤어져야 하는가

흥겹던 가락이 흐느낀다

춤은 허우적거리고

기어이 남북으로 떠나야 한다네

울먹이다 말고 손으로 허공을 휘젓는다

옷자락이 젖었구나

하늘도 운다

먼 날까지 기억해두자

1999년 5월 1일

온정리에서 가슴 뜨겁게

통일의 꿈을 담은

웃다가 울어버린 통일춤을 추었다고

―1999년 5월 1일 금강산 온정리에서

《역사문제연구소 회보》 39, 1999년 8월

금강산 온정리의 춤과 눈물

　　신록이 물드는 5월의 첫날 금강산 관광에 나섰다. 봉래호가 장전항에 입항했을 때 맑은 아침 햇살이 하늘과 바다와 땅을 은빛으로 수놓으며 반겨주었다. 멀리 금강산 관음연봉도 긴 팔을 내밀며 맞아주었다. 버스로 갈아타고 원산으로 달리는 철길을 넘어 온정리에 들어서니 아침부터 웬 춤판이 벌어지고 있었다. 김정숙휴양소 옆마당에 30명 정도의 남녀가 줄을 서서 춤을 추고 있었다. 오늘이 5월 1일이어서 메이데이(노동절)를 기념하는 축하 모임이란다. 그런데 학교의 무용 시간처럼 마음에도 없이 손발을 하느작거리는 것 같아 이상하게 느껴졌다.
　　버스가 미인송 숲을 지나 6·25때 불타버린 신계사 옛터에 안쓰럽게 서 있는 삼층석탑을 비켜서 목란관식당(여관) 서쪽 주차장에 이르렀을 때, 그 춤이 마음에 걸려 옆 사람에게 물어보아도 역시 의례적인 춤 같다고 했다. 일행들이 금강문을 지나 옥류담과 연주담 맑은 물에 마음을 흠뻑 적시고 봉황새와 용들이 하늘로 날

아오른다는 비봉폭포와 구룡폭포에 이르는 십리길에서 정선(鄭
敾)의 진경산수화를 빼어 닮은 경관이 열렸다가 닫히는가 하면 또
열리고, 입을 다물 수 없는 절경에 넋을 잃었다가도 다시 온정리
춤판이 머리에서 되살아나곤 했다.

  금강산 절경이 사람의 넋을 빼앗아가므로 참선하던 스님들도
마지막엔 여기를 떠난다고 했던가. 그래서 금강산에서 입적한 고
승이 없다고 했다. 절벽 틈새 따라 고절을 자랑하며 서 있는 소나
무를 잡고 가파른 길을 오르다가 무심코 손에 움켜쥔 고산 진달래
를 입에 넣었더니 관리원이 짭짤한 말씨로 '자연을 훼손한다'고
나무란다. 숨을 헐떡이며 옥녀봉 턱밑에 올라갔다. 선녀가 멱을
감다가 하늘길을 놓쳐 나무꾼에게 시집갔다는 전설의 상팔담을
내려다보고 있노라니 그제야 나의 상념이 부질없다는 것을 깨달
았다. 춤의 서곡을 네가 어찌 알 것이냐고 여덟 선녀가 말하는 소
리를 듣고야 깨달은 것이다.

  내려오는 길에 그것을 확인하였다. 일행이 김정숙휴양소 바로
앞에 마련해놓은 휴게소에 도착했을 때 온정리 춤판은 신명나게
펼쳐지고 있었다. 인원도 불어나 남녀 2백 명은 되는 듯했다. 남
쪽 관광객을 향하여 〈반갑습니다〉라는 노래를 부르며 춤을 추었
다. 남쪽 사람들도 춤판으로 몰려갔다. 그리고 박수로 장단을 맞
추니 춤꾼들의 노래 소리도 높아갔다. 장단을 맞추던 관광객의 어
깨가 들썩거리기 시작했다. 북쪽에서 마이크를 틀었다. 노래가 금
강산에 메아리쳤다. 통일 춤판이 금강산 은정리에서 벌어진 것이
다. 어디에서 왔는지 북쪽 사람들이 3백 명으로 늘어났다. 남쪽
사람들도 8백 명 관광객 가운데 기백 명이 모였는지 알 수가 없
다. 춤판은 가슴과 가슴을 뜨겁게 했다.

그러나 아니었다. 남과 북의 춤꾼들 사이에는 7미터쯤의 도로가, 거기도 정확히 남과 북으로 갈라 놓고 있었다. 금방이라도 넘어갈 듯이 잡힐 듯한 손을 서로 서로 뻗어가며 춤을 추다가 몸부림을 쳤다. 부산에서 왔다는 아주머니들은 신들린 사람처럼 앞줄 복판에서 뛰며 몸부림을 쳤다. 70은 넘었을 할아버지가 앞줄로 나와 문서에도 없을 춤을 마구 추어댔다.

뒤에서 멀거니 서 있는 사람들에게 다가가 보았더니 눈물을 닦고 있었다. 키가 작고 이마가 약간 벗어진 아저씨는 흐르는 눈물을 닦지도 않은 채 흐느끼고 있었다. 이때 울지 않으면 언제 울 것인가. 그렇다. 분단 55년에 이 땅에서 남북이 한 자리에 모여 노래하고 춤을 춘 적이 언제 있었던가. 그러니까 반가움의 눈물이었다. 그것도 분단된 고성군에서 통일 춤판이 벌어졌으니 정말 기쁨의 눈물이었다. 그러나 아니었다. 더 없이 아프고 슬픈 눈물이었다. 춤판에서조차 손을 잡을 수 없어 서로 손을 내밀어 허우적거리고 있지 않은가. 그래도 서로는 원망하지 않았다. 누가 이 순박한 겨레를 이렇게 만들었단 말인가. 어찌 아픈 눈물이 쏟아지지 않을 것인가. 하염없는 눈물을 닦을 이유가 없는 것이다.

해는 이미 비로봉을 넘어갔는데 몸부림치는 춤판은 그칠 줄을 모른다. 안내원들이 억지로 남쪽 춤꾼들을 차에 태웠다. 아쉬움을 달랠 수 없어 흔들어대는 이별의 손과 손이 하늘까지 울렸던가. 빗방울이 떨어졌다. 차에 오른 사람들은 말을 잊었다. 말을 잊은 채 차창 유리만 닦고 또 닦았다.

봉래호에 올랐을때 비로소 말문을 열었다. 춤 이야기가 꽃을 피우기 시작했다. 사람들의 얼굴에는 남과 북이 손을 잡고 춤추지 못한 한이, 아니 분노가 서려 있었다. 누가 이 분노를 막을 수 있단 말인가. 이튿날 만물상의 오봉산에서도, 동해 바다를 내려다보는 망양대에 올라가서도 가쁜 숨을 몰아 쉬며 어제의 춤과 눈물의 이야기로 꽃을 피웠다. 천성대 위에 올라가니 하늘을 향해 무엇인가 빌고 있는 젊은이가 있었다. 그의 마주 잡은 손은 왼쪽과 오른쪽이 하나가 되어 있었다.

《대한매일》 1999년 5월 5일

백범 50주기를 맞는 의미

　백범 1주기였던 1950년 6월 26일은 6·25동란이 발발한 바로 이튿날이었다. 때문에 추도식은 무산되었고 그 시각 하늘에는 북한 비행기 두 대가 날고 있었으며 원효로에는 국군 17연대의 출동 트럭이 달리고 있었다. 1948년 2월 10일 백범이 〈삼천만 동포에게 읍고함〉에서 남북전쟁을 예고한 그 장면이 서울에서 연출되고 있었다.

　단독정부를 수립하면 전쟁이 일어날 것을 백범이 누구보다 앞서 예견하고 있었던 것은 그가 중국에서 독립운동을 이끌면서 분열과 분단의 비극을 무수히 보아왔기 때문이다. 그래서 백범은 광복 전에 통일전선을 형성하기 위해 온갖 노력을 경주했다. 1940년 임시정부가 중경에 정착하자마자 조소앙, 이청천과 함께 우파 3당의 통합으로 한국독립당을 개편하였고 1942년에는 좌파였던 민족혁명당(김규식, 김원봉), 조선민족해방동맹(김성숙), 조선청년전위동맹(신익희), 무정부주의자연맹(유림)과 손을 잡고 통합의회와 군사조직의 통합을 이루었다. 1944년에는 연립내각을 형성했고, 나아가 독립동맹(김두봉)과 통합에 합의한 뒤 실무자로 장건상을 연안에 파견한 그때에 광복을 맞은 것이다. 이 말을 하는 것은 1948년의 남북협상은 독립운동의 연장선상의 당연한 순서였다는 점을 강조하기 위해서이다.

거기에 참여하지 않거나 못한 진영이 단독정부 수립을 추진하였다. 그들은 남북을 점령하고 있던 미·소와 가장 가까운 세력이었다. 결국 미소 냉전의 대리전과도 같은 6·25가 이 땅에서 연출되기에 이른 것이고 그것을 예견한 백범이었으므로 38선을 베고 죽을지언정 단독정부 수립은 반대한다고 외치며 남북협상을 추진했던 것이다. 그 때문에 백범은 암살당하고 말았다.

이제는 백범 암살의 진상이 천하에 밝혀졌다. 그 진상이 국회에 의해 공기록으로 남게 되었다. 이제 역사가 나아갈 길은 백범이 개척한 독립운동의 양심과 남북협상의 대로를 더욱 넓게 개척하는 일이다.

1960년 4·19혁명 전에는 백범의 추도식도 거행할 수 없었다. 제11주기부터 추도식을 거행했는데 그때의 추도사를 보면 북진통일 또는 흡수통일의 논리가 지배적이었다. 이제는 그런 논리도 멀리 가고 포용정책이란 말이 부상하고 있다. 필자는 포용정책보다는 협상정책이라고 하는 것이 좋다고 생각한다. 그것이 역사적 의미를 갖고, 협상 분위기 조성에도 기여할 것이다.

현재 신포리 경수로 공사장에서는 남북 노동자가 함께 일하고 있다. 우여곡절은 있어도 금강산 관광으로 긴장을 완화시키고 있다. 사회단체에서는 북한 지원사업에 나섰는가 하면 문화 교류도 점점 확대되고 있다. 북한에서는 백범 50주기 추도식을 남북 공동으로 개최하자고 제의할 정도에 이르렀다. 분단 시기 인물 가운데 남북이 공동으로 추도할 인물이 있다는 것이 얼마나 다행인가. 그가 백범인 것이다.

　이러한 남북 협상의 분위기 조성은 남북 공히 분단의식을 극복한다는 점에서, 밖으로는 열강에게 민족적 의지를 과시하여 통일을 방해하는 국제 제패의 예각을 꺾는다는 점에서 중요한 의미를 갖는다. 인접한 4강국은 한반도의 쌍둥이 형제가 싸우는 것을 보고 비장미 같은 쾌감을 느낄지도 모른다. 아니라고 해도 분단 지속이 자국의 이익에 도움이 된다고 생각할 수도 있다. 때문에 한반도의 쌍둥이는 평화협상을 더욱 끈기 있게 발전시켜 21세기에는 되도록 빨리 통일을 성취해야 하는 것이다. 그것이 백범 50주기에 다짐할 우리의 마음이요, 자세이다.

《조선일보》 1999년 6월 25일)

악수로 만나 포옹으로 헤어진 감격

 6월 13일부터 15일까지 평양에서 열린 남북 정상회담에서 오간 말 가운데 가장 뜻 있는 말은 15일 오찬이 끝난 자리였던가, 김정일 국방위원장이 "구정치인이 후회하도록 만들자."고 내뱉듯 던진 한 마디였다. 구정치인이란 누구인가? 그들은 분단을 만들거나 분단 덕분에 권좌에 앉아 부귀영화를 누린 사람들이다. 그들이 통일을 이야기하고 노래했다고 해도 그것은 권력 유지를 위한 방편의 의미가 컸다.

 이번 남북 정상의 만남은 첫 만남이면서 역사를 전환시킨 만남이었다. 1948년에 김구·김규식 남북 협상회의 또는 연석회의에 참석했던 바가 있으나 그것은 당국자간의 만남이 아니었다. 우리가 사상이 분열된 뒤 통일전선을 모색하기 위해 1923년에는 국민대표회, 1926년에는 민족유일단운동, 1932년에는 대일전선통일동맹, 1939년에는 중국 기강(綦江)에서 7당회의와 5당회의 등이 열렸으나 모두 실패하였다. 1942년 중경(重慶)에서 임시정부의 통합의정원이 구성되었고, 1927년에는 국내에서 신간회가 결성된 바 있으나 국부적 현상이었다. 그래서 공동선언까지 나온 이번 만남이 뜻 깊은 것이다. 합의 사항 5개 항도 하나같이 좋았다.

처음에 평양 공항에 내리는 김대통령의 모습도, 마중 나온 김위원장의 모습도 그렇게 장하게 보일 수가 없었다. 환영 인파를 보고 공동선언이 나올 것은 예감하였다. 그리고 무엇보다 김정일위원장의 재치 있고 두툼한 언동을 보면서 혹시나 엉뚱한 인물이 아닐까 하고 걱정했던 우려를 말끔히 씻어버렸다. 우리에게도 저런 인물이 있었던가 하고 긍지를 느끼기도 했다. 양 정상은 군인 출신이 아니므로 전쟁을 가상할 능력이 없다는 점에도 기대를 걸었다. 그래서 대인지뢰금지협약에 가입하는 문제도 논의되기를 은근히 바랐다. 그에 이르지는 못해도 악수로 만나 포옹으로 헤어질 정도로 감격적 성과를 얻었다. 포옹으로 만나 악수로 헤어진 것과 다르다. 앞날을 기약한다는 무언의 약속이 아닌가.

성급한 기대와 흥분은 금물이라고 했지만 이럴 때 흥분하지 않으면 언제 흥분하랴. 흥분도 해야 다음의 일을 힘차게 밀어갈 수 있다. 이제 우리는 단계적으로 추진할 연도별 백서도 만들어 차근히 밀어가자. 국민의 공감대를 형성하기 위한 폭넓은 참여 방법도 강구해야 한다. 이산가족의 상봉과 임진강 제방공사나 전력공사, 경의선 철도를 복원하자면 경비는 얼마나 들까? 경제 교류 말고도 학예술과 체육 교류, 그리고 위생과 환경사업에도 막대한 경비가 소요될 것이다. 단시일에 모든 사업을 성사시킬 생각은 말자. 특히 과장과 허세로 중도에 망신하지 않도록 각별한 주의가 요망된다. 성숙한 민족의 역량을 보여줄 때라는 말이다.

1990년을 전후하여 연변(延邊)을 여행할 때 허세를 부리다가 망신했던 경험을 상기하라. 서울에 왔던 연변동포들이 돌아가 욕하는 소리를 이 기회에 다시 새겨봐야 한다. 그를 위해 온 나라에 만연한 하수도문화와 천민자본주의를 불식할 민주화 개혁을 더욱 과감하게 추진해야 한다. 재벌개혁도 시급한 문제다. 사실 김대중 정부는 IMF 체제의 극복과 대북정책에 정성을 쏟은 나머지 민주주의 개혁에는 소홀했던 것이 사실이다. 그러므로 지금의 천민자본주의로 남북 교류를 확대하다가는 북한 정권이 아니라 북한 주민으로부터 외면당하기 쉽다는 점에 유의해야 한다. 유의해야 우리의 기반이 튼튼하게 되고 튼튼하게 돼야 심술궂은 이웃 나라와 먼 나라의 간섭도 이겨낼 수 있다. 그렇지 않다가 보면 열강의 간섭을 이겨내지 못할 뿐 아니라 우리의 내부에서 문제가 터질 위험도 있다. 그때 누구를 탓해봐야 무슨 소용이 있겠는가?

그런 뜻에서 시민운동 단체의 참여를 기대한다. 정권의 임기를 감안하면 긴요한 문제다. 그리고 통일 후에도 시민운동이 필요하다는 사실을 생각하면 더욱 절실한 문제다. 지난 총선 후의 내부 부실로 말미암은 충격을 털고 일어설 때가 되었다고 생각한다. 정상회담에서 옥에 티가 있었다면 그것은 환영 군중은 한복을 입고 있는데 회담자 가운데는 한복 입은 사람이 한 명도 없었다는 사실이다. 그래 놓고 자주성을 말했는가? 그것도 시민운동 단체가 참여했더라면 사전에 깨우칠 수 있었을 것이다. 국민적 참여로 통일의 길을 탄탄하게 닦자는 말이다.

《문화일보》 2000년 6월 20일)

IV

우정(友情)이 머문 곳

靑嵐 金都鍊 교수의 화갑을 축하하며

　靑嵐 金都鍊 교수께서 얼마 전에 還甲을 맞았다. 金 교수는 한문학 연구에 일생을 바쳐온 분인데 학문뿐만 아니라 인격이 고매하여 동료 교수로부터 존경을 받아왔다.

　金 교수는 文鄕으로 이름난 全羅北道 完州郡 高山 栗谷里에서 한학자 金在英 선생의 차남으로 태어났다. 소시에 부친 슬하에서 한학을 배운 후 鳳林 吳衡善 선생, 愼菴 金正萬 선생, 玄山 李玄圭 선생으로부터 七書와 史記, 八家文 등 經學과 詞章을 폭넓게 수학하였다. 6·25를 전후한 시기에 검정고시에 합격하여 완주중학교(舊制)를 다닌 것이 金 교수가 신교육을 받은 전부였다.

　그 후 金 교수는 完州郡 鳳東面 書記, 高山鄕校 掌議, 高山儒道會 總務 등 시골 서생으로 사회에 진출하였다. 그러나 金 교수의 출중한 한문학 소양이 경향으로 소문나 1968년에 국사편찬위원회 校書員에 발탁됨으로써 중앙 학계로 진출하였다. 이어 서울대학교 국사학과에 출강한 것을 비롯하여 민족문화추진회 전문위원, 민족문화추진회 연수원 강사로 활동하면서 金 교수의 학자적 명성은 날로 높아져 1979년에는 중학교 졸업생으로서 대학교수 자격을 획득하기에 이르렀다. 이것은 金 교수 자신과 우리 나라 한문학계가 함께 축하할 일이었다. 그와 동시에 金 교수는 국민대학교 한문학과 교수로 취임하게 된 것이다.

국민대학교에 취임한 후 金 교수는 대학원 한문학과 주임교수와 한국학연구소장을 역임하면서 한문학을 중심한 국학 발전에 이바지한 바가 적지 않았다. 아울러 성균관대학교, 서울대학교, 연세대학교 등의 대학원에 출강하여 신진 한문학자 양성에 심혈을 기울였다.

한편 金 교수가 발표한 저작과 논문이 적지 않다. 양적인 면도 그것이지만 하나 하나의 저술과 논문이 가지고 있는 학술적 가치가 돋보이는 것이어서 환갑을 맞는 金 교수에게 더욱 축하를 드리고 싶은 심정이다. 金 교수의 한문학은 한국의 고전 한문학뿐만 아니라 중국 고전시대의 한문학에 이르기까지 넓고 깊게 연구한 것이다. 그리하여 범상한 학자는 미치지 못할 수준 높은 논저를 남겨놓고 있거니와 지금도 환갑(還甲), 진갑(進甲)의 연륜이 무색할 정도로 서재에 묻혀 독서와 연구에 정력을 쏟고 있다.

그와 같이 학문에 대한 애정과 열정이 젊은이에 못지 않고 인품이 北岳의 師表로 빼어나므로 우리 동료 교수는 입을 모아 金 교수의 환갑을 축하드리는 것이다.

金 교수는 신교육을 받은 기간이 짧고 오히려 구학이라 할 수 있는 한학의 수학 기간이 길고 또 한학에 이바지하는 가운데 갑년을 맞이했으므로 옛 선비가 자칫하면 가질 수 있는 애협하고 메마른 성품의 인격자로 오해하기도 쉬우나 金 교수와 교유한 모든 이

는 호쾌한 성품과 낭만적인 행적에 놀라고 있는 것이다. 그러한 여유 있는 자세가 金 교수의 학문이 대성할 수 있는 기초가 될 수 있었다고 생각되어 환갑을 맞는 金 교수의 앞을 축복해 마지않는 바이다. 金 교수의 千歲와 學問의 大成을 빈다.
1994년 2월 28일 한국학연구소장 조동걸

《韓國學論叢》 20, 한국학연구소, 1994)

鶴山 金鎭鳳 선생의 정년을 축하하며

　학산 김 선생님, 식민지시기에 태어나, 전쟁 속에서 살아 남아, 갖은 혼란기를 살아야 했던 우리 세대가 무사히 정년을 맞았다는 자체가 자축할 일이어서 '축하한다'는 말을 했습니다. '望七'의 나이에 한국현대사 70년을 회고해보면 누구나 저의 말에 동의할 것으로 믿습니다. 다시 한 번 정년퇴임을 축하합니다. 더구나 학산께서는 대학 졸업 후에 국사편찬위원회와 충북대학교에 봉직하면서 쌓은 업적이 형형하였으므로 축하의 구체적 내용도 다양하다고 하겠습니다.
　저가 기억하는 대로 말한다면 충북대학교에 역사교육과와 사학과를 설립하는 등의 학사 공적을 말해야 하겠습니다만 저는 무엇보다 선생의 논저를 꼽고 싶습니다. 특히 1969년에 발표한 〈三·一運動과 民衆〉(《三·一運動 50周年紀念論集》, 동아일보사)은 당시 학계에 커다란 파문을 던진 불후의 논문이었습니다. 그리고 이어 발표한 〈勢道政治와 農民抗拒〉(《한국사》 15, 국사편찬위원회)는 삼남민란을 농민운동의 시각에서 분석한 최초의 역작이었습니다. 많은 논저 가운데 굳이 이 두 개의 논문을 거론하는 것은 이 두 개의 논문이 나에게 '김진봉을 반하게 만든' 것이었기 때문입니다. 어언 30년 전의 이야기입니다만 그 후 김 선생께서는 3·1운동의 비교 연구를 진행시켜 3·1운동 연구에서는 독보적 권위자가 되었습니다.

우리가 자주 만나게 된 것은 독립운동 유공자 공훈심사위원회 회의가 연중 개최된 1981년부터로 기억합니다. 그때 인상은 동성연애라도 하고플 정도로 너무 예뻤다는 것입니다. 용모뿐만 아니라 身言書判이 그렇다고 모두들 입을 모았댔지요. 그런데 봉황을 올라탄 '鎭鳳'이라는 함자처럼, 또 그 동안의 논저들이 거작이었기 때문에, 또 심사회의에서 발언이 항상 무게를 싣고 있었기 때문에 선생은 위풍당당한 인격자로 각인되어 있습니다.

이왕 말이 나왔으니 유공자 심사 때 이야기를 하나 할까요? 80년대 초반이었지요? 정부 고위층과 대한노인회의 직간접 압력이 무섭게 쏟아지던 속에서 그것을 단연 물리치고 개선장군의 기분으로 그날 밤새워 술마시던 기억나지요. 그것이 공훈심사에서 외부 압력을 차단한 전환점이 되었지 않았습니까? 그날 술자리에 인천의 신지현 선생도 계셨던 것으로 기억합니다. 그래서 김 선생은 충청도 양반에 선비의 자품을 지닌 분으로 세상에 알려졌습니다. 그런 가운데 우리가 독립운동은 하지 않았지만 독립운동의 빛과 가치는 우리의 손으로 수호했다고 자부하는 것이 아닙니까?

그렇게 엄격한 성품의 김진봉 선생이셨는데 그래도 항상 학문 이전에 인간이 되어야 한다고 강조하고 제자에게 훈도하신 선생이라는 것을 우리는 잘 알고 있습니다. 언젠가 독립기념관 연구원으로부터 존경하는 원로 학자가 김진봉 선생이라는 말을 듣는 가운데 그러한 인품을 확인할 기회까지 있었습니다. 그래서 선생의 인격에 대해서 동료 후배 학자들이 존경하고 있는 것입니다.

김진봉 선생께서 충청도를 위하여 공헌한 업적도 적지 않습니다. 충청도의 터줏대감으로서 쌓은 업적을 여기서 어떻게 일일이 손꼽을 수 있습니까? 그러면서도 욕심을 내지 않는 깨끗하고 인자한 청주의 선배로서 영원히 기억될 것을 의심치 않습니다.

학산, 우리 시대도 서서히 물러가고 있습니다. 노을진 서산 언덕에서 초동들의 저녁 피리 소리가 들리는 우리인가 봅니다. 그러나 학산께서는 술에 만취해서도 단정하실 정도로 청춘에 못지 않는 근력과 학문 연구의 의욕이 식지 않고 있으므로 정년에 구애받지 않고 학계와 향토를 위하여 왕성한 활동을 계속하실 것으로 믿습니다. 그런데 김 선생, 우리가 혼탁한 세상을 사느라고 언제 김삿갓처럼 마음 털고 술 마시며 목청 높여 노래라도 불러보았습니까? 이제는 옆 눈치도 보지 말고 술이라도 마시다가 갑시다. 찾아가거든 막주산췔망정 없다말고 내십시오. 동산 언덕에 달 뜨걸랑 옛노래도 부르면서 말입니다. 선생의 長生久視와 온 가정의 행복을 기원합니다.

2000년 3월 31일

교과서 인물 仁宰兄에게

 兄이 停年을 맞았다구요. 막을 수 없는 것이 세월이니 정년을 맞을 수밖에요. 나도 지난번에 정년을 맞았습니다. 兄과는 同甲인데 내가 생일이 앞서서 먼저 정년퇴직을 했던 것이지요.
 仁宰兄! 우리가 만난 것이 1953년 4월인 것 같아요.
 6·25전쟁의 동란이 아직 끝나기 전에 우리는 대학 문을 두드린 것입니다. 대구에 있는 경북대학교 사범대학 역사학과였습니다. 兄이나 나나 서울에서 6·25를 만나 대구에 와서 대학에 다니는 같은 처지였으므로 곧 가까워졌지요. 도 고향이 형은 奉化 시드물이고, 나는 英陽 주실이어서 世誼로 보아서도 곧 가까워질 수밖에 없었습니다. 그 후 우리는 45년의 우정을 한결같이 나누며 함께 정년을 맞은 것입니다.
 兄을 생각하면 나는 먼저 우리의 학창시절을 생각하게 됩니다. 20만 정보의 넓은 캠퍼스를 오가며 나눈 이야기들이 생각이 납니다. 널따란 캠퍼스인데도 몇 동의 강의실박에 없는, 그래도 천막 속에서 강의하던 서울의 피난 대학들보다는 좋았지만 요사이 시설로 보면 보잘것이 없는 학교였지요.

하지만 나는 6·25전란에 시달려 몸과 마음이 피로에 지쳐 있던 때여서 대학 캠퍼스가 편안했습니다. 작은 언덕 따라 봄이면 진달래가, 가을에는 코스모스가 젊음을 달래주곤 했습니다. 여름에 펼쳐진 푸른 잔디와 보리밭 풍경은 평화롭기 그지없었으나, 한편 청운의 꿈을 키우기에도 부족함이 없었습니다. 그래서 우리는 석양을 바라보며 지구를 거꾸로 돌릴 듯한 이야기도 나누며 우정을 다졌습니다.

그때는 볼펜이 없을 때여서 잉크병과 펜을 들고 다녔지 않았습니까? 형의 잉크병은 작고 예쁘장한 것이었지요. 형의 모습처럼 말입니다. 그런데 겨울에는 냉방 교실에서 잉크가 얼기 때문에 잉크병을 겨드랑이에 끼고 다녔지 않았습니까? 만년필도 만들 줄 모르는 나라 형편이었으니 도리가 없었지요.

나는 그때의 노트를 지금도 가지고 있는데, 약간 얼었던 잉크로 쓴 글씨는 희미하게 남아 있어서 노트를 펼칠 때마다 그때의 학생들이 속삭이는 이야기들을 보고 들으며 형을 생각합니다. 결석하면 형의 노트를 빌려 베끼곤 했기 때문이지요. 강의라고 해도 교수님들이 미리 준비한 강의 원고를 한 시간 내내 불러주는 방식이었으므로 우리는 그것을 부지런히 받아 썼습니다. 그 무렵 강의 능력을 갖춘 교수 진용을 갖출 수가 없었으므로 그것은 도리가 없었지요.

6·25 피난 덕분으로 유명 교수가 모인 경북대학이 그럴 바에야 다른 대학들은 말할 형편이 아니었지요. 우리는 미군 작업복을 검게 물들여 입고 다녔어요. 대구가 방직업의 고장이어서 시장에

가면 옷가지를 살 수 있었지만 양복을 입는다는 것은 상상도 못했어요.

전쟁 인플레가 극심하고 자유당 독재정부의 실정이 국민을 도탄으로 몰아넣고 있던 때였습니다. 나는 졸업할 즈음에 겨우 양복을 입었어요. 아르바이트 할 곳도 없던 당시였으므로 고학의 길도 좁았습니다.

형은 교내 마라톤에서 1등을 해서 멋진 가방을 들고 다녔던 것으로 기억해요. 그것이 1학년 때였지요? 나는 그 가방이 무척 탐스럽게 보였습니다. 형은 모범생으로 장학금도 남 먼저 받았던 것으로 기억합니다. 형이 모범생이란 소문은 타과 타대학까지 자자했습니다. 나는 3학년 때 등록금이 없어서 한 학기 휴학을 했지요. 그때 나는 다른 핑계를 대고 휴학했습니다. 휴학을 하고 나는 고향에서 헤겔의 《歷史哲學緖論》부터 역사책이란 책은 닥치는 대로 읽었어요. 일반 교양서도 적지 않게 읽어서 그때의 휴학이 나에게는 무척 보람된 기간이 되었습니다.

내가 복학했을 때 형들은 4학년에 올라 졸업 준비를 하고 있었습니다. 나는 외톨이가 되었지요. 때마침 1956년에 대통령선거가 닥쳐 나는 거기에 뛰어들어 외로움을 달랬습니다. 나는 "못살겠다 갈아보자."의 구호를 외치며 방방곡곡을 누볐습니다. 그러느라고 형과 나는 만날 수 없게 되었습니다. 그리고 그해 10월에 헝가리혁명이 터졌습니다. 혁명 수상 임레-나지는 소련 탱크가 쳐들어오는 부다페스트 역전 광장에서 "우리는 몇 사람의 자본가에 의해 수탈당하는 사회도 거부하지만 국가란 유령에 의해 수탈당하는 사회도 거부한다."고 외치는 소리를 들을 수 있었습니다. 기억하십니까? 그때 내가 형들에게 장문의 편지를 보냈던 것을…….

나는 지금도 그때의 임레-나지를 좋아하고 있습니다. 그래서 내년에는 부다페스트 역전 광장을 가볼까 합니다. 같이 안 갈래요?

　兄과 다시 가까워진 것은 졸업 후에 강원도 교사가 된 뒤부터 일인 것 같습니다. 내가 강릉농업고등학교에 있을 때, 형은 태백고등학교에, 형이 원주고등학교에 있을 때 나는 춘천여자중학교에 있었지요. 그러다가 형은 장학사로, 교장·교감으로 중등학교 경영과 장학 행정에 정성을 다할 때, 나는 춘천교육대학을 거쳐 서울로 올라와 국민대학교에서 세월을 보냈습니다. 연구를 쌓고 책을 쓴다고 했지만 큰 성과를 거두지 못했습니다.

　우리는 같은 학교에 있거나 같은 도시에서 살아보지는 못했지만 가장 가까운 향우요, 학우요, 교원 동지로 지냈습니다. 자주 만나야 친하는 속물들과는 달랐지요. 나는 곧잘 형을 교과서 인물이라고 말하였습니다.

　兄을 교과서 인물이라고 말한 데에는 근거가 있습니다. 형은 양친을 모시고 3남 1녀를 둔 다복한 가정을 거느리고 살았습니다. 다만 맏이 鍾根 군이 소아마비였던 것이 형의 마음을 아프게 했습니다. 1975년이었던가? 종근 군이 원주고등학교를 졸업하고 진학할 때 형은 소아마비 자식이 필기시험에 합격하면 입학을 허가해 줄 대학을 찾아 서울은 물론 전라도, 경상도 각 대학을 누비다가 답답한 나머지 春川에 왔습니다. 낸들 무슨 묘수가 있었겠습니까? 형은 다시 淸州에 가서 청주대학으로부터 기어이 허락을 받아냈습니다.

　그때 대학에서 소아마비가 심한 학생은 받지 않을 때였는데 아버지의 정성에 감복하여 허락한 것이겠지요. 進化論에 빠져 있던 지식인이 문교행정이나 대학을 운영하던 철없던 당시의 슬픈 이야기입니다. 그래서 둘째 鐘建 군도 백형을 돕기 위하여 淸州에 가서 대학을 다닌 것으로 알고 있습니다. 그 아버지에 그 아들이 었습니다. 그러는 동안 부인께서 흘린 눈물이야 뉘라서 알겠습니까? 그 정성으로 종근, 종건 군이 훌륭한 동량으로 성장하여 사회에 봉사하고 있지 않습니까? 그때의 社會進化論이 요사이 다시 고개를 들고 WTO니 OECD니 하며 무한경쟁이라는 말을 심지어 종교인까지 서슴없이 내뱉는 세상이 돼가고 있습니다. 아프리카의 소아마비 어린이는 아랑곳하지 않고 말입니다. 이럴 때면 나는 늘 형을 생각하곤 합니다. 兄은 강원도 교단에서도 모범 교원으로 소문이 났습니다. 때문에 춘천중학교나 원주고등학교 같은 전국적으로 이름난 명문학교의 교장을 맡았던 것이 아닙니까? 가정과 학교를 아는 모든 사람은 형을 교과서 인물이라고 말하는 나의 의견에 동의할 것입니다.

그래서 仁德으로 가득찬 맏며느리를 맞았던 것이 아닙니까? 둘째 며느리 김정순은 나의 제자입니다. 학교에 다닐 때 카톨릭 학생회에서 활동했고, 내가 지도교수였지요. 나는 신자는 아니지만 그때 군사정권으로부터 카톨릭이 탄압을 받을 때여서 누구도 지도교수를 맡으려고 하지 않아 학생들의 간청을 받아들여 내가 맡았지요. 맡기는 했는데 데모 학생이 많아 혼났습니다.

그때 김정순 학생은 역시 모범생이었습니다. 데모를 해도 촛불시위를 하는 등 조용히 얌전하게 했지요. 형의 식구다운 여학생이 있어요. 種浣 군과 種賢 양 남매도 모두 성가하여 훌륭하게 살고 있다는 소문을 들었습니다. 이제 무슨 걱정이 있습니까? 교단 40년을 마감하고 편안하게 쉬십시오. 6·25세대로서 停年까지 왔다는 자체가 일단은 행운이 아니겠습니까? 다만 우리가 정년을 맞는 이때에 나라 형편이 극도로 어려워지는 것이 안타깝습니다. 50년 독재와 정경유착이 금이 가고 깨어지는 소리가 나더니 마침내 터지고 마는군요. 며칠 앞둔 18일의 大選으로 결정될 새 정부가, 또 뛰어난 우리의 국민 역량이 그것을 감당할 수 있을 것이지만 그래도 걱정입니다.

　仁宰兄! 사람은 추억이 있기에 인생이 있다고 해요. 그래서 추억을 더듬으며 형의 정년을 축하한 것입니다. 그리고 형이나 내나 불의에 물든 바 티 묻은 돈 일원도 주머니에 넣은 바 없는 교단의 맑은 추억이 정년하고 나면 보람찬 추억이 될 것입니다. 그러나 이제는 긴장을 풉시다. 형은 술 한 잔을 마셔도 조심조심하며 마셨습니다. 이제는 마음을 풀고 털털한 막걸리 거뿍거뿍 마시고, 숨겨놓은 풍정도 마음껏 토해내십시오. 술 주정도 좀 하십시오. 치악산을 벗삼아 만년의 보람과 낭만도 키우면서 말입니다. 부디 건강하십시오.

1997년 12월 10일

《三愛의 보람》

至人無己의 길

陶溪 金胄顯형! 기어코 물러납니까? 陶溪가 敎育監의 자리를 물러난다는 소리를 듣고 과연 陶溪답다고 생각했습니다. 그 동안 경상북도 교육에 이바지한 공적에 대한 칭송이 자자한데, 보통 사람이면 다시 또 한 번의 임기를 맡으려고 할 터인데, 또 그렇게 권고하는 사람도 많다고 들었는데 형은 기어코 그만둔다고 하니 역시 陶溪다운 멋진 고집입니다. 형의 선조이신 寶白선생의 유지를 잇는다는 생각도 했습니다. 寶白堂 金係行선생께서는 三司의 요직을 두루 역임하고 大司諫에 올랐으나 연산군의 패도를 직간하다가 언로가 막히자 낙남하여 선비의 길을 열었지 않습니까? 史學徒인 형이 그 유훈을 실천하는 것입니다.

陶溪는 寶白堂 종손으로서 안동지방에서도 명가로 이름난 默溪 宗宅에서 태어나고 자랐습니다. 默溪는 마을 앞을 흐르는 낙동강 상류인 반변천 따라 높고 낮은 산들이 春夏秋冬의 아름다움을 다투고 있는 명승의 고장입니다. 거기의 서기 가득한 陶溪의 고택은

山南 名堂으로 팔도에 이름나 있습니다. 그러한 名祖大家에서 선비의 자질을 닦아온 陶溪이므로 宦路의 진퇴가 분명한 것이 아닌가 합니다.

　그 동안 陶溪는 중등교육에 몸바쳐 도내 각 학교에서 각급 교직을 역임하고 安東教育長과 道教委의 學務局長을 거쳐 경상북도 교육감으로 교육행정을 총괄해왔습니다. 경북 교육이 우리 나라 교육을 선도한다고 들었는데 그렇다면 형이 우리 나라 교육을 선도했다는 이야기가 아니겠습니까? 퇴임하는 형에게 교육 동지들은 桂冠을 올릴 것입니다. 형의 여러 업적 가운데 전통문화에 기초한 현대사회의 발전을 지향한 교육을 추진했다는 평가를 듣고 나는 손뼉을 쳤습니다. 특히 근래에 세계화의 물결을 타고 현대를 우리의 전통에 뿌리 심는 것이 아니라 서양의 전통에 접목시키려는 반문화적 발상을 하는 교육자가 허다한 판국에 형의 교육철학이야말로 후세에 길이 칭송받을 기록으로 남을 것입니다. 그리고 무엇을 가르칠 것인가에 고민하지 않고 어떻게 가르칠 것인가만을 생각하는 많은 교직자에게 길잡이가 될 것입니다. 그리고 스펜서의 사회진화론을 교육방법으로 생각하지 않고 인간사회의 본질로 믿는 비인도적 실용주의자에게는 각성제가 될 것입니다. 그러한 인도주의를 망각한 사람들이 오늘날 WTO라든가 OECD 같은 것을 만들어 반인류적인 무한경쟁이라는 말을 거침없이 토해내고 있는 것입니다. 그래놓고도 복지사회니 장애자를 도와야 한다느니, 한입으로 역설을 떠들어댑니다. 얼마나 위선으로 가득찬 오늘입니까?

　陶溪가 교육감으로 재임하던 어느 날, 우리는 인생과 교단에 관하여 이야기를 나눈 일이 있었지요. 사람이 세상에 태어나서 남의 신세를 지고 사는 마이너스 인생이 있는가 하면, 남에게 신세를 베푸는 플러스 인생이 있는데 그 플러스 인생이 축적되어 사회가 발전하고 문명이 성장하는 것이라고 주고받은 이야기를 기억합니까? 그래서 사회생활의 가장 큰 덕목은 봉사라고 하지 않았습니까? 거기서 교육자의 인생은 웬만하면 플러스 인생이 되지만, 본질적으로 봉사하는 직업이고 남에게 베푸는 직업인 교직이라도, 거꾸로 남에게 폐나 해를 끼치면 다른 직업보다 몇 배나 더 사회 발전에 해독을 끼친다고 말했지요. 그래서 저잣거리의 부정상품은 돈으로 배상하면 그만이지만, 교단의 부정은 인생으로 배상해야 한다고 우리는 말을 맞추었습니다. 그래서 교원은 백골이 評價받는다고 했습니다. 그런데 형은 그 봉사집단을 총괄하고 교육봉사의 철학을 재단하고 현장을 지휘해왔습니다. 그러니까 형이야말로 봉사에 봉사를 쌓은 인생을 누렸습니다. 얼마나 보람찬 인생입니까?

陶溪! 형과 나의 인연은 1953년 4월 내가 경북대학교 사범대학 사학과에 입학한 때부터 맺어졌습니다. 형은 나의 2년 선배였습니다. 20만 평의 캠퍼스 여기저기에 흩어져 있던 강의실을 오가며 젊음을 불태우던 시절이었습니다. 콧노래 실어주던 봄의 진달래와 낭만스런 가을의 코스모스는 누구에게나 잊을 수 없는 추억으로 남아 있습니다. 신록의 계절이면 싱그럽게 넘실대던 보리밭 풍경이 詩想을 담기에 충분했고요.

陶溪! 나도 정년퇴임했으니 우리가 학생 때부터 나눈 교분을 되새기면서 형의 퇴임을 축하해볼까 합니다. 우리의 대학생 시절, 그때 볼펜은 아직 나오기 전이었고, 만년필도 만들 줄 모르던 나라 형편이어서 잉크병을 들고 다녔지요. 쏟아지지 말라고 솜을 넣어서 말입니다. 그 잉크펜으로 부지런히 노트를 정리하였습니다. 나는 그때의 노트를 지금도 들여다볼 때가 있어요. 내가 대학 교단에 있으면서 그때 교수들께서 무척 고생하셨다는 것을 느낄 때가 많아요. 당시는 요사이처럼 120학점 보다 60학점이나 많은 180학점이 졸업 학점이었으므로 교수 인력이 크게 모자랐습니다. 그러므로 모든 교수가 여러 과목을 담당하고 강의하자니 오죽이나 고생하셨겠습니까? 이수 학점이 많았기 때문에 학생들은 소속 대학 외에 타 대학까지 전공에 구애받지 않고 수강했지 않았습니까? 그때 폭넓게 수강한 것이 나에게는 큰 도움이 되었던 것 같아요.

 입학할 당시에 학회장은 4학년인 李秀烈 선배였는데 며칠 안 가서 3학년인 형이 회장에 선출되었지 않았습니까? 그리고 이듬해에는 뜻밖에도 2학년인 내가 회장에 선출되어 나는 무척 놀랐습니다. 형이 그렇게 만든 것으로 알고 있어요. 그와 같이 陶溪는 가끔 사람을 놀라게 했어요. 나는 도리가 없어 맡기는 맡아 즉각 졸업생 환송회를 주선하고 이듬해에는 신입생 환영회까지 마치고 회장을 그만두었습니다. 졸업생 환송회는 陶溪에 대한 환송회이기도 했습니다. 그때 내가 사회를 보다가 실수를 하니까 형이 고쳐주곤 했지요. 기억합니까? 그리고 그 환송회의 자리에서 우리가 허교한 것으로 기억합니다. 그 후 우리는 정말 남다른 교분을 나누었어요. 형이 살림하던 곳이 동인동이었지요? 방천 가까운 곳인 것 같아요. 인자하신 자당께서 나에게 世誼를 말씀하시던 것을 기억합니다. 陶溪의 內從인 용구 형이나 李氏 圭顯 형과 나눈 남다른 우정도 기억합니다. 圭顯 형과는 안동에 가면 종종 만나서 옛 이야기를 나눈답니다.

陶溪는 재학시와 졸업 후에 영남고등학교에서 교편을 잡았어요. 그리고 거기에는 시간강사의 자리가 많다고 하면서 나에게 귀띔을 해주었어요. 그래서 朱德根 교장 선생과 친분이 두터운 집안 어른(조준영)에게 부탁하여 나도 겨우 한 시간의 강의를 얻어 출강한 적이 있었지요. 그러나 나는 겨우 두 학기 나가고 말았는데 그때 형이 출제한 3학년 시험지를 우연히 보았습니다. 프랑스혁명 당시의 사상구조를 쓰라는 것이었어요. 나는 내가 시험을 보아도 못 쓸 것 같아 부끄럽게 생각한 것을 이 글을 쓰면서 그때의 自愧感에 젖어봅니다. 나는 그때 사상구조라는 말도 이해할 수 없을 정도였으니까요.

　나는 졸업하고 자유당 정권의 탄압을 받아 취직을 못했습니다. 신원조회가 안 되어 일반 직장도 얻을 수가 없었습니다. 무작한 정치가 판을 치던 때였지요. 도리 없이 강원도 교사를 지원하여 江陵과 春川에서 생활했습니다. 1965년부터는 대학으로 자리를 바꾸었어요. 그리고 서울로 옮겨 원고지에 매달려 있다가 작년 8월에 정년퇴임했습니다. 그러느라고 우리는 자주 만날 수 없었지만 그래도 연하장을 주고받을 때면 한 구절이라도 뜻 있는 이야기를 실어 보냈지 않았습니까? 내가 강원도로 간 것을 알고 형이 인간到處 有靑山이니, 河海不擇細流니, 하는 글귀를 적어 보냈습니다. 내가 동문회 모임이라고 한 번 참석했는데, 1979년으로 기억합니다. 그때 李秀烈 선배와 셋이 어느 집에서 뒷풀이하던 일도, 나의 四從叔 大泳氏나 外從妹兄 權寧大氏와 새벽까지 앉아 술과 사람과 세상을 이야기하던 기억도, 나의 일기장에서 남다른 추억으로 남아 있습니다. 세월이 흘러 1995년 2월 15일에 내가 모교에서 문학박사 명예학위를 받던 때, 형은 교육위원회 회의중인데도 쫓아와 축하해주었습니다. 좌중이 모두 두 사람이 저렇게 가까운 줄은 몰랐다고 하더군요.

　陶溪! 정말 물러나야 합니까? 고집의 멋이 정말 아름답군요. 그동안 철학도 심었고 그 만큼 봉사도 했으니 물러난들 여한이야 있겠습니까? 至人無己 神人無功 聖人無名이라 합디다. 老子의 말로 기억합니다. 그렇다면 깨끗하게 물러나 술이나 마십시다. 내가 安東에 설립된 한국국학진흥원장을 맡았을때 형은 무척 기뻐했습니다. 그런데 초대 원장이다가 보니 몇백억 원의 집을 지어야 하고 돈을 관리해야 하고……. 나 같이 원고지에 묻혀 있던 사람하고는 너무나 맞지 않았습니다. 그래서 老慾이 발동하기 전에 물러나는 것이 옳다고 생각되어 1997년 8월 31일 나의 교직 정년 날에 맞추어 사임하고 말았습니다. 마지막을 깨끗이 사는 흉내라도 내고 싶었던 것입니다. 그러니까 나는 완전 자유인이 되었어요. 이제는 명산을 주유하며 옛 친구나 찾아다닐까 합니다. 가거든 薄酒山菜일망정 없다 말고 내세요. 여태까지 조심하느라고 술 주정도 시원하게 못 해봤지 않습니까? 거나하게 취해서 보헤미안의 주정이나 하면서 지내지 않으렵니까? 山水를 벗삼아 흥도 돋우면서 말입니다. 默溪에 가 계시면 놀러갈께요. 건강에 조심 또 조심하고요. 寶白堂 종택의 무궁한 영광을 기원합니다. 1997년 除夕에

《風化와 首善의 길-陶溪 金胄顯先生文集》1998년 8월 16일)

《안동의 독립운동사》
— 축간사

    안동은 역사적으로 많은 이야깃거리를 안고 있는 고장이다. 고려 왕조의 건국에 이바지한 이래 어느 지방에 못지 않게 역사의 주목을 받아온 안동이다. 안동이란 지명을 갖게 된 이유가 바로 그러한 역사를 대변해주는 것이다. 조선시대에는 '안동문화' 라고 하는 문화권을 형성할 정도로 정치적으로 문화적으로 더욱 화려한 역사가 전개되어 문향(文鄕)의 위치를 굳히며 세계의 이목까지 모으는 고장이 되었다.

    그에 따라 인물이 많이 배출되었고 역사적 사건이 다양하게 전개될 수밖에 없었다. 뿐만 아니라 안동인이 국가 운명을 좌우한 경우도 적지 않았다. 이러한 고장이 안동이어서 누구나 안동을 글로 나타내기를 어려워했다. 그러므로 안동에는 조선 중기에 《永嘉誌》가 나온 이래 전통시대에는 읍지(향토지)가 편찬되지 못하였다. 조심스러웠기 때문이다. 옛날에는 역사를 도덕적 기준에서 편찬했기 때문에 누구나 조심스러울 수밖에 없었다.

그런데 오늘날의 역사는 진실을 기준하여 편찬한다. 그렇더라도 복잡 다단한 안동 역사의 진실을 규명한다는 것은 여간 어려운 일이 아니다. 특히 근현대 독립운동사에 대한 연구는 어려운 과제를 많이 안고 있다. 우리 나라에서 가장 많은 독립운동자를 배출한 곳이 안동이다. 때문에 독립운동의 각양각색 사건에 안동인이 관련되지 않은 것이 없을 정도로《안동의 독립운동사》는 복잡하다. 더구나 안동은 보수와 진보가 병존한다. 그의 영향인지는 몰라도 안동인에게는 보혁(保革)이 공존하는 경우가 많아 사람의 실체를 밝혀내기도 쉽지 않다.

그렇게 어려운 과제를 이번에 안동대학교 사학과의 김희곤 교수가 거뜬히 해결하였다. 얼마나 반가운 일인가. 김 교수는 중앙학계에도 널리 알려진 중견 학자이다. 한국근대사와 독립운동사를 전공하여 주옥 같은 논저를 발표하여 존경을 받는 학자이다. 그 김 교수에 의하여《안동의 독립운동사》가 조명되었다는 것이 안동을 위해서는 물론, 우리 독립운동사 연구를 위하여 얼마나 다행인지 알수 없다.

다른 고장 같으면 벌써 나왔을 성질의《안동의 독립운동사》가 이제 나온다는 것이 늦은 감이 없지 않다. 그러나 책의 목차를 보아도 알 수 있지만 옛날에는 미처 몰랐던 것을 발굴한 것도 많고 또 서술할 수 없었던 내용들도 밝힌 것이 많은 것 같아 오히려 지금이 적절한 시기가 아닌가 한다. 때마침 20세기를 마감하고 있는 이 때에《안동의 독립운동사》를 일단 정리한다는 것이 여간 반가운 일이 아니다. 책의 마지막을 보면 제6장에서 안동지방 독립운동의 특성을 정리하고 이어 제7장에서 21세기를 전망하면서 독립운동의 계승 방안과 극복할 과제를 제시하여 역사가 산 역사로 살아나게 서술했다. 그에 걸맞는 내용일 것으로 믿는다. 이러한 책이 나오게 되었다는 것은 안동을 위하여 다 함께 축하할 일이다.

독립운동이란 인간의 양심과 사회 정의를 바로 세우자는 것이 본질이요 근본 목적이다. 세상 양심이 희석되어가고 정의가 실종되어가는 오늘날, 이 책이 양심을 찾고 정의를 바로 세워 나라와 안동의 품위 있는 발전에 크게 기여할 것을 생각하면 하루 빨리 인쇄 책자가 나올 것을 기다리게 한다. 어려운 책을 저술한 김희곤 교수의 노고와 무엇보다 이러한 사업을 기획한 안동시 정동호 시장을 비롯한 관계자 여러분에게 역사학도의 한 사람으로 감사의 말씀을 드린다. 감사합니다.

《안동의 독립운동사》 1999년 11월 1일》

《완도군 항일운동사》
— 축간사

　10년 전에 《所安抗日運動史料集》(1990)을 李均永 교수로부터 받고 완도군 소안도에 한 번 가겠다고 생각하고 아직도 가보지 못하였습니다. 그런데 이번에 朴贊勝 교수로부터 《완도군항일운동사》를 받고 답사해보지 못한 것을 후회하였습니다. 완도군이 정말 놀라운 고장이라는 것을 새삼 느꼈습니다. 완도(체도), 소안도, 보길도, 조약도, 고금도 등의 완도군 2백여 개의 섬이 남해 남단의 외로운 섬들이 아니라 민족의 섬이라는 것을 깨우치게 하는 책입니다. 《완도군항일운동사》의 출간을 축하합니다.
　제가 완도 방면에 대하여 관심을 갖게 된 것은 아마도 '완도 김' 때문이 아니었던가 합니다. 이어 張保皐의 淸海鎭 역사와 尹善道의 〈漁父四時詞〉를 통해서 웅장하고 낭만적인 고장으로 기억되기도 했습니다. 그 후 독립운동사를 공부하고 특히 新幹會에 대하여 관심을 가지고 있던 가운데 宋乃浩라는 분을 알게 되면서 志士風의 고장이라는 생각을 갖기도 했습니다. 그런데 《소안항일운동사료집》과 《완도군항일운동사》를 보면서 그러한 영웅적 인물도 인물이지만 영웅적 인물이 인물되게 만들어주고 운동전선에서 활약한 무명의 지사들이 무수하다는 것을 새롭게 깨달았습니다. 다시 한 번 《완도군항일운동사》의 출간을 축하합니다.

이런 책이 출간되지 않았다면 저 같은 학자도 완도군의 실체를 바로 이해할 수 없었을 터인데 하물며 일반인이야 말할 나위가 있겠습니까? 《완도군항일운동사》를 보면서 거기에는 故 김진택 선생의 공로가 컸다는 것을 알았습니다. 경의를 표합니다

그리고 李均永, 朴贊勝 교수의 노고에 감사하면서 두 가지 이야기를 하겠습니다. 먼저 완도지방 독립운동사를 학문적으로 조명한 완도 군민의 안목에 감탄하였다는 말씀을 드립니다. 흔히 지방사를 족보 꾸미듯이 자화자찬한 방식으로 묘사한 사례가 많은데 그것은 대단히 위험합니다. 그러한 욕심이 있더라도 학문적 검증을 필요로 하는 것입니다. 그것을 이균영, 박찬승 교수에게 의뢰한 것으로 압니다. 두 분은 우리 학계에서 중견 학자로 크게 촉망받는 분입니다. 이 교수는 아깝게 고인이 되었습니다만 앞으로 박 교수에 의해서 완도군의 근현대사는 더욱 무게 있는 역사로 한국 근현대사 속에 자리잡을 것을 확신합니다.

또 하나의 이야기는 우리의 근현대사는 중앙이 아니라 지방사를 통해서 역사의 양심이 밝혀져야 한다는 것입니다. 일본 식민지시기 중앙의 역사는 조선총독부의 역사입니다. 그때 민족의 양심은 지방에서 일으키고 지켜왔습니다. 서울에서 민족을 이야기했다고 해도 그것은 총독부 관리와 明月館에 앉아 대단히 고답적인 혹은 민족을 빙자하여 자신의 출세를 도모한 말장난에 불과하였습니다. 그것보다는 완도군 곳곳에서 전개한 3·1운동과 土地

係爭事件, 倍達靑年會, 곳곳의 勞農大會 消費組合, 다양했던 靑年會활동, 살자회, 신우회, 대성회, 守義爲親契, 一心團, 전남운동협의회와 약산협의회 등, 그리고 여러 곳에 설치되어 있던 民立學校에 겨레의 양심이 소재했던 것입니다. 거기에서 겨레의 양심이 살찌고 성장했던 것입니다. 겨레의 양심이란 말할 것 없이 정의의 길이요 인도주의의 길이었습니다. 어떠한 독립운동도 정의와 인도를 실현하려는 민족적 노력을 말하는 것입니다. 인도주의를 달성하는 방편은 《완도군항일운동사》에서 여러 가지 방법론으로 나타났듯이 다양했습니다. 거기에서 우리는 다양한 사건 속에 잠재되어 있는 본질을 소중하게 키워가야 합니다. 본질이 다름아닌 인도주의인 것입니다.

해방 후 이승만 독재나 군사독재 기간도 중앙과 지방의 관계인 한에서는 크게 다르지 않았습니다. 민주화운동은 지방에서 시작되고 또 지방에서 줄기차게 지속되었으며 지방에서 크게 분출되었지 않았습니까? 때문에 앞에서 우리의 근현대사는 지방사를 통해서 역사의 양심을 찾아야 한다고 말했습니다.

그런 뜻에서 《완도군항일운동사》의 출간을 축하하는 것입니다. 완도인의 항일민족운동사를 통해서 민족의 양심을 찾을 수 있기 때문입니다. 그러므로 지방사 발굴은 혹간의 폐단으로 나타나고 있는 단순한 지방 경쟁의 측면에서가 아니라, 앞으로 이 겨레가 살아갈 양심을 개발하는 작업인 것입니다. 앞으로 완도 지방을 관광하면서 그러한 양심의 명소를 많이 만날 수 있게 되기를 기대하며 축사를 줄입니다. 관계자 모든 분들의 앞날에 영광이 있기를 빕니다.

《완도저널》 2000년 7월 29일

《조선의용군의 밀입북과 6·25전쟁》
― 축간사

 이 책의 저자 金中生 동지는 독립운동의 지도자 일송 김동삼 선생의 손자이다. 일송 김동삼 선생은 구한말 협동학교 교원으로 재직하다가 1910년 대한제국이 망하자 서간도로 망명하여 경학사·신흥학교·백서농장·한족회·서로군정서·통의부·국민대표회·정의부·혁신의회 등의 독립운동 단체를 일으켜 독립운동을 전개한 민족지도자이다. 1930년을 전후해서는 민족유일당운동에 이어 삼부통합운동을 전개하다가 하얼빈에서 일경에 체포되고 말았다. 1937년에 서대문 감옥에서 옥사하였는데 그의 시신은 만해 한용운 선생이 인수하여 성북동 심우장에 빈소를 설치하고 이름 없는 사회장을 치르었다.
 저자는 그의 손자로서 할아버지의 독립운동 정신을 가훈으로 삼아 살아온 중국 조선족 동포였는데 1989년에 영주 귀국하였다. 해방 후에 잠시 조선의용군에 복무한 바 있으며 또 한때는 할아버지의 독립운동 동지이며 집안 아저씨인 월송 김형식(1948년 남북

연석회의 임시의장) 선생을 찾아 북한으로 갔다가 인민군에 종군한 경력도 있다. 6·25전쟁이 끝난 뒤 만주로 돌아가 검정시험으로 대학 입학 자격을 취득하여 송화강 하류의 佳木斯사범학원을 졸업하고 만주에서 중등학교 역사 교원으로 종사하다가 독립운동자 유가족의 자격으로 영주 귀국하였다.

그러한 김중생 동지가 《조선의용군의 밀입북과 6·25전쟁》이라는 누구나 긴장하지 않고는 읽지 못할 책을 저술하였다. 저자 자신이 해방 당시에 북만주 하얼빈 동북쪽 聚源昶(지금 巨源)에 살다가 조선의용군에 이어 북한 인민군의 경력도 가지고 있으므로 자신의 수기를 썼느냐 하고 물었더니 거기에 한정하지 않았다고 한다. 만주에서 조선족 학자들이 저술한 책이나 남한에서 발행된 책이나 모두 해방 후 조선의용군의 확대 결성 과정과 그의 국공전쟁에서 활동한 내막과 북한으로 들어가 인민군으로 개편되어 6·25전쟁에 참전한 실상이 정확하게 서술된 책이 없어서 자신이 새롭게 정리하였다고 한다. 그제야 본인은 저자가 역사 교사로 종사한 것을 새삼 깨달았다. 역사 교사로 복무했으므로 이런 문제에 관심을 가질 수 있었던 것이 아닌가 한다. 저자는 역사 연구자답게 이 책을 저술하기 위하여 중국과 남북한의 관계 문헌을 섭렵한 것은 물론, 조선의용군이 해방 후에 활약하던 중국 각처를 다시 답사하였다. 그리고 많은 관계 인사의 증언을 청취하였다. 그리하여 이 책을 완성하였다.

조선의용군은 1938년에 武漢에서 조선민족전선연맹의 당군으로 결성한 조선의용대가 1942년에 太行山中에서 개편한 조선독립동맹의 당군이었다. 1944년에는 延安으로 이동했다가 해방을 맞자 동북으로 진군하였다. 그때 병력은 8백 명 정도였다. 그들이 활동하던 武漢·重慶·洛陽·太行山·延安, 그리고 동북지방인 만주 각처는 추천자인 본인도 1991년부터 1992년에 걸쳐 답사한 바 있지만 지금은 '역사의 미아(迷兒)'가 되어버린 그들의 역사를 바로 이해한다는 것은 우리의 독립운동사 연구의 긴요한 문제이다. 그런데 이 책에는 그 문제에 대하여는 간략히 정리하고 해방 후 조선의용군의 확대 개편부터 상세히 살피고 있다. 해방 후 확대 개편하여 중국의 국공전쟁에 참전하고 이어 북한으로 들어갔는데 그때는 6만 명을 넘었다고 한다. 6·25전쟁 당시 인민군 5사단(사단장 김창덕·이덕산)·6사단(사단장 방호산)·12사단(사단장 전우·도고부)·4사단 18연대(연대장 장교덕)·603기계화연대·철도병 1개연대·17기계화사단 일부의 병력으로 참전하였는데 추가 병력까지 합치면 10만 명에 가깝다고 한다. 전쟁이 끝난 후 그들의 지도급 인사 즉, 김두봉·김무정을 비롯한 이른바 연안파가 숙청되는 가운데 정치적으로는 거의 실종되고 말았다. 그리하여 역사 기록에서도 사라진 것이다. 그러니까 '역사의 미아'가 되었다는 것이다. 그 '역사의 미아'의 행방을 추적한 것이 이 책이다.

축하를 드린다. 본인이 독립운동사에 대하여 연구했고 또 조선의용군의 활동지를 찾아 1992년에 기행문을 발표한 바가 있어 《독립군의 길따라 대륙을 가다》 본인에게 추천을 의뢰한 것으로 알고 있지만, 본인은 목차만 보았다. 내용을 읽지 않은 것은 추천자의 의사와 같지 않을 곳이 있을 것이기 때문에 출간 후에 조용히 읽을 예정이다. 맞지 않은 곳을 추천자의 마음에 맞게 고치면 저술의 특징이 희석될 것이기 때문이다. 그러나 목차만 보아도 저술의 무게를 알 수 있고 학계와 일반 독자의 교양에 크게 기여할 것으로 믿는다. 또 저자의 인격을 알고 있으며 그의 학문적 진실성에 대하여도 알고 있으므로 주저하지 않고 추천하는 바이다. 그의 신뢰성은 귀국하자마자 저자의 어머니 이해동 여사의 《만주 생활 77년》을 발표할 때 아들인 저자가 교열을 보았던 것으로 이미 알려진 바이다. 《만주 생활 77년》이 독서계에 큰 바람을 일으켰던 것과 같이 《조선의용군의 밀입북과 6·25전쟁》도 독서계에 새로운 주목을 받을 것을 의심치 않는다.

《조선의용군의 밀입북과 6·25전쟁》 2000년 4월 19일》

정년기념 논총을 받고
― 答 辭

　오늘 이 자리에 오신 원로학자 여러분, 교단의 선배와 동료 교수 여러분, 친인척 어른 여러분에게 먼저 송구스럽다는 말씀을 올립니다. 그리고 논문집 편찬을 주관하신 李萬烈 선생님과 편찬위원 여러분에게 무엇이라 감사의 인사를 드려야 할지 모르겠습니다. 그리고 논문을 집필하신 학자 여러분에게 무한한 감사의 말씀을 드립니다. 특히 논문집 序頭에 축하와 격려의 말씀을 주신 李康勳, 任昌淳, 高柄翊, 朴秉濠 선생과 金澤鎭 査丈 어른과 東澤 교수에게 깊은 감사를 드립니다. 오늘 축사를 해주신 尹炳奭, 朴秉濠, 玄勝一 박사의 우정에 대하여 뜨거운 정감을 느끼며 감사의 말씀을 드립니다.
　저는 대학을 졸업할 때만 해도 육신과 정신이 병들어 있었습니다. 그래서 모교인 경북대학교에서 韓國敎育史를 전공하여 모교에 남으라는 은사님들의 지도도 마다하고, 강원도 중등교사를 지원하여 江陵農高와 春川女子中學校 등에 봉직하면서 멋진 바다와

산을 벗하며 술과 더불어 파격 생활을 보냈던 것입니다. 그런 저가 春川教育大學과 인연을 맺은 것은 1965년이었습니다.

아무 준비 없이 대학교수가 되어 가장 난감했던 것은 대학이 많지 않던 지방이었으므로 江原道나 《江原日報》, 혹은 지방사회에서 선사시대의 고인돌부터 3.1운동에 이르기까지 자문을 요구해 오면 밤새워 조사하여 무엇인가를 대답해야 했던 일이었습니다. 그러므로 그때 강원도에 관한 저의 글들을 보고 웃을 때가 많을 것입니다. 용서하시기 바랍니다. 그러한 가운데 한편, 지방사적인 기초 위에서 역사를 보려는 안목이 키워졌던 것은 저의 연구 경력에서 다행스러운 일면이었다고 자위하기도 합니다.

그럴 때인 1967~1968년에 春川에 洪以燮 선생께서 오셨습니다. 《韓國教會史의 擁衛》를 쓰신 朱在用 신부님을 만나러 오신 것이지요. 洪 선생님은 자주 또 장기간씩 춘천에 머무셔서 자주 뵙게 되었는데 때마침 저는 《安重根義士 裁判記錄上의 人物 金斗星考》란 논문을 준비하고 있기도 해서 洪 선생님이 저를 기억하시는 기회가 되었고, 저도 근대사에 깊은 관심을 갖게 되는 계기가 되었습니다. 그 후 한국근대사 또는 독립운동사에 관하여 원고지와 싸워왔습니다. 洪以燮, 李康勳 선생님의 배려로 독립운동사편찬위원회에 관여할 때는 물론, 許善道 선생님의 배려로 國民大學에 온 후에도 시간 나는 대로 원고지와 싸워왔습니다. 그러나 이론을 세울 수가 없었습니다. 특히 독립운동사를 공부하면서 국가주의와 민족주의, 국제주의와 세계주의를 투영시켜 이론을 세워야 할 필요가 있을 때는 원고지를 몇 번이나 찢어야 했습니다. 그래서 민족지성의 심층부를 추구할 겸, 역사이론을 탐색하기 위하여 10여년 전부터 史學史를 공부하기 시작했습니다. 저가 쓴 독립운동사에 관한 논문은 지식산업사에서 《韓國民族主義와 獨立運動史研究》 1(成立), 2(發展), 3(成長)으로 출간되었습니다. 史學史는 창작과비평사에서 《한국의 역사가와 역사학》을 편집 간행한 외에, 그 동안의 논문을 풀어서 개설한 《現代韓國史學史》를 내려고 나남출판사와 계약을 맺어놓고 있습니다.

그러다가 보니 해방 후의 현대 한국사학에 대하여 관심을 갖지 않을 수 없게 되었고, 그러자니 현대사에 대하여도 몇 편의 글을 쓰게 되었습니다. 역사 환경에 대한 이해는 사학사 연구의 전제조건이므로 당연한 수순이라 하겠습니다. 그런데 사학사 연구에서 가장 벅찬 일은 역사방법론의 분류 정리였습니다. 그래서 제 나름으로 唯心論史學, 文化史學, 社會經濟史學, 唯物論史學, 文化社會史學, 實證史學 등의 관계를 이리 맞추고 저리 맞추어보고 있습니다만, 여간 어렵고 조심스럽지가 않습니다. 고민 끝에 저는 정년 후에 선학 어른들이 허락하신다면 韓國史學史研究會 같은 모임을 탄생시켜 고충을 해결하는 방법을 강구해볼까, 생각하고 있습니다.

이 자리에서 또 하나 밝혀야 할 이야기가 있습니다. 저는 지난해 3월 7일 安東에 설립되는 韓國國學振興院의 원장으로 선임되어 그 동안 비상임으로 일해왔습니다. 처음에는 연구기관으로 알고 취임했는데 정작 해야 할 일은 건설업무였습니다. 그리하여 건물 내용과 기구 조직에 대하여 기본 틀을 마련하고, 부지 내의 3백여 기의 묘소를 거의 이장하고 설계하는 작업까지는 일단 마쳤습니다. 이제는 토목 건축에 착수할 단계에 이르렀습니다. 그러므로 앞으로 2~3년 간은 수백억 원의 자금을 관리하며, 토목과 건축업자를 추슬러가며 얼마나 공사를 훌륭하게 수행하느냐가 문제입니다. 그렇다면 교단과 원고만 지켜온 제가 원장의 자리를 더 이상 지킨다는 것은 백 번 생각해도 만부당합니다. 때문에 저는 8월 31일자로 사임하였습니다. 당초 저를 원장으로 선임해주신 이사 여러분에게 죄송할 따름입니다.

이렇게 해서 저는 9월 1일부터 白手乾達이 되었습니다. 이런 저에게 논문집을 내려주시는 것은 교육자로서, 대학교수로서, 역사학자로서, 이름을 더럽히지 않는 晩節을 지키라는 엄중한 경고로 알고, 선배와 후배 그리고 제자들의 명예를 지키는 데 정성을 다하겠습니다. 더구나 기념 논총의 편집 실무를 담당했던 朴宗基 교수의 말씀이, 모두 새로 발표하는 논문들로 편집했다는 점을 강조했습니다. 또 60세 이하의 학자로 한정하고, 국내 학자로 한정하고, 사학사와 민족운동사 논문으로 한정했는데도 예정 편수가 넘었다니 필자 여러분 정말 고맙습니다. 저도 평소에 강조하던 인류양심과 사회정의, 그리고 전통시대의 민본사상이 근현대의 인권주의로 발전해가는 인간적, 사회적, 민족적 에너지의 추적과 그의 발전을 규명하는 작업에 남은 힘을 다하겠습니다.

후학이나 제자들에게 남길 말이 있다면, 당대에 대한 비판의식과 안목이 있어야 역사의 진실을 볼 수 있고, 역사의 진실을 보아야 미래의 길이 보인다는 평범한 진리를 먼저 지적해둡니다. 다음에 오늘날 사회진화론적 기능주의에 빠져 있는 세계 조류와 한국 지도층의 위험한 사고에 현혹당하지 말라는 것입니다. 더구나 잦은 선거 속에서 正道나 正論보다는 세속적인 인기 영합이 우선하는 풍토가 조성되면서 사회정의가 무너지고 있지 않습니까? 또 기능주의적 사고를 악용하여 식민지 산업화와 군사정권 근대화를 이야기하는 사람까지 나오고 있지 않습니까? 또 기능주의의 사회진화론적 만연으로 말미암아 지구상의 흙과 물과 공기가 썩어가고 결국, 인류 멸망의 위기를 맞고 있지 않습니까? 오늘날 우리는 中生人類의 만가를 부르고 있습니다. WTO 체제를 강요하고 있는 선진국들은 별나라로 달아날 궁리를 하고 있습니다. 별나라에 사람이 살 수 있을는지 모르지만 살 수 있다고 해도, 아마도 그 전에 지구는 오염되어 쓰레기로 덮이고 말 것입니다. 그리하여 빙하시대의 古生人類가 얼음 속에 묻혔던 것처럼, 現生人類는 지구를 덮는 오물에 묻혀 더럽게 멸망하고 말 것입니다. 그래서 현생인류는 중생인류로 전락한다고 말했습니다.

 이것을 구원할 방도는 세계인의 多國籍 國際人體制밖에 없다고 저는 생각합니다. 지구상의 사람마다 두세 개 나라의 시민권을 행사하는 체제입니다. 그것을 이루자면 먼저 국가주의적 민족주의가 아니라 인권주의적 민족주의가 성장해야 합니다. 그래야 국가주의적 블록 체제가 아니고, 국가주의적 제국주의가 아니고, 인본주의적 평화를 지향한 세계 질서가 형성될 동력을 생산할 수 있다고 믿습니다. 구체적인 이론은 사회과학의 몫이라고 생각합니다만, 중요한 것은 그러한 휴머니즘과 인권사상의 확산이므로 거기에 기여하는 역사학의 역할을 잊지 않는 것입니다. 다행스러운 것은 우리가 식민지시기와 독재정치의 압제 속에서 독립운동과 민주화운동을 통하여 인권사상을 성장시켜, 오늘날 아래로부터 민주화가 달성되고 있다는 현실입니다. 이것이 바로 인권주의적 민족주의의 발전 현상이 아니겠습니까? 이러한 인권사상을 성실하게 발전시켜 나가면 우리의 지상과제인 통일도 바람직한 방법으로 달성할 수 있다고 생각합니다. 여러분들은 여러분들의 힘으로 통일이 바람직한 방법으로 달성되는 영광스러운 새 世代가 되기를 간절히 바랍니다.

  오늘 귀중한 선물을 내려주시는 학계와 동학 여러분, 金杜珍, 鄭萬祚 교수를 비롯한 국민대학교 국사학과의 동료 교수 여러분, 그리고 별로 준 것은 없는데도 정성을 보내준 제자 여러분에게 다시 한 번 감사의 말씀을 드립니다. 특히 서울대학교 대학원에서 10년 간 인연을 맺었던 젊은 학자 여러분, 이번에 많은 분들이 자기 일처럼 참여해주셨다는 이야기를 들었습니다. 고맙습니다. 그리고 그 동안 보잘것없는 저의 글을 책으로 출판해주셨던, 지식산업사, 한길사, 창작과비평사, 교문사, 그리고 이번에 출판을 맡아주신 나남출판사에 대하여 교단을 떠나며 진심으로 감사의 인사를 드립니다.

  끝으로 40년 간 교단에 매달려 있느라고 사생활에는 탄솔할 때가 많았습니다. 오랜 기간 묵묵히 도와준 아내에게 감사하고, 요사이 어지러운 세상을 보면서 자식들이 남의 손가락질을 받지 않으며 순순히 자라준 것, 대견스럽고 고맙다는 생각이 들어 그 말을 자식 손자들에게 남겨두고 싶습니다.

  다시 한 번 여러분이 저에게 당부하고 싶은 말씀이 무엇이라는 것을 기억하고 명심하면서 감사를 드립니다. 감사합니다.

1997년 9월 5일

성곡 학술상을 수상하고
— 수상자 인사

　성곡문화재단의 학술상을 받게 된 것을 영광으로 생각합니다. 洪升熹 이사장님을 비롯한 관계자 여러분과 李賢宰 선생님을 비롯한 심사위원 여러분에게 감사의 말씀을 드립니다.
　저는 지금부터 30년 전의 이야기 하나를 소개할까 합니다. 제가 독립운동사편찬위원회에 관여하고 있을 때의 이야기입니다. 그때 南漢山城 泉海亭에서 편찬위원회의가 자주 열렸습니다. 천해정은 鷺山의 별장이었습니다. 편찬위원 가운데 술을 하시던 어른은 東濱 金庠基 선생이셨고, 성품이 가장 괄괄하시던 어른은 洪以燮 선생이셨습니다. 거기에 두 어른의 독립운동사에 대한 열성이 남달랐으므로 편찬위원회 회의가 열리면 발언 회수가 많았고 중요한 발언은 두 어른이 가장 많이 하셨습니다. 저는 洪以燮 선생의 천거로 편찬위원회에서 일하게 되었습니다다간, 金庠基 선생님과는 술자리를 같이할 때가, 술시중이라고 해야지요, 술시중을 들 때가 가끔 있었습니다. 그때 동빈 선생이 나더러 독립운동사를 해도 우리는 빛을 보지 못하지만 조 교수는 나중에 빛을 볼 날이 올것이라고 말씀하신 것을 오늘 새삼스럽게 회상합니다. 그때 洪以燮 선생께서는 독립운동사가 빛을 볼 날이 오기는 와야 하는데 春來 不似春이라고 한탄하셨습니다. 막내였던 저에게 용기와 주의를 환기시켜 준 말씀으로 기억하고 있습니다. 그때 동빈 선생의 연세가 지금 저의 나이와 꼭 같았던 것으로 기억합니다. 30년 전의 일이었습니다.

오늘 30년 전의 일을 뜻 있게 회상하게 만들어주신 성곡재단에 거듭 감사하다는 말씀을 드립니다. 상을 주신다는 것은 공부를 독려하는 뜻이기도 한데 힘이 자라는 데까지 여력을 바치겠습니다. 그리고 성곡문화재단의 명예를 손상하지 않는 학자로서 명실을 다하겠습니다. 근래에는 저가 韓國史學史에 관심을 쏟고 있습니다. 그래서 지난 3월에는 韓國史學史學會를 창립하였습니다. 많은 지도와 지원을 바라면서 인사에 대신합니다. 감사합니다.

1999년 7월 14일

V

님을 기리는 마음

河邨 金時雨兄의 小祥을 맞아

　維歲次 1999년 己卯 4월 1일 河邨 金時雨兄 中祥 전야에 漢陽 趙東杰이 영전에 술잔을 올리고 兄을 그리는 말씀을 드립니다. 兄, 맑은 영혼은 홍진에 덮인 이승과는 인연이 멀지만 저승에서는 가장 윗자리 중앙에 앉는다고 들었습니다. 저승 윗자리에 앉아서 굽어보고 계실 兄에게 아직 홍진의 때를 씻지 못한 後生이 형이 그립다고 한들 各天에 앉아 무슨 이야기부터 해야 합니까. 安東에 오면 남 먼저 찾던 형을 멀리한 후생이 무슨 사연을 펴랍니까. 三更에도 문을 두들겨 무례하게 술을 마시던 후생이 이제 예를 갖춘들 믿어주시겠습니까. 그래도 형은 언제나 밝고 환한 안색으로 맞아주었습니다. 그러느라고 한결같이 無名을 고집하다가 떠나신 형이 아닙니까. 그러나 형이 남겨 놓은 발자욱은 너무 큽니다. 6·25동란 후에 남들이 선망하던 교단을 뒤로 하고 일제하의 시련으로 잡초가 우거진 내앞 오백년 종가의 영예를 만회하고 명예를 내외에 선양한 兄이었습니다. 그래서 서울의 識者들도 형을 통해서 傳統傳家의 현대적 의미를 깨닫는다고들 했습니다. 兄의 소탈한 성품 앞에 모두들 무릎을 꿇었습니다. 兄의 유창하지 않은 화술에는 문학이 넘쳤고 兄의 무기 무형의 담론을 듣노라면 哲學을 느끼게 했습니다. 그래서 누구나 헤어지면 다시 만나고 싶어 했습니다.

　河邨, 저와는 어떻게 만났지요. 흔히 말하는 世誼로 만난 것도 아니요 戚誼로 만난 것도 아니었습니다. 구름을 잡을 듯한 하얀 마음의 소년시절, 꿈을 씹는 가운데 만났습니다. 그래서 장성해서도 내앞과 주실 사이의 격식을 찾지 않았고 지킬 것이 있어도 우리는 모르는 척 했습니다. 그러나 길흉보 간에 소식을 들으면 멀리서 혼자 즐거워 했고 혼자 술잔을 기울이며 슬퍼했던, 그리고 그 술잔 앞에 서로의 그림자를 대좌시키고 즐거워하고 슬퍼했던 우리였습니다. 그래서 이 자리에 오기 전에 우리가 56년 전에 처음 만났던 서울 소격동 159번지를 찾아가 고사를 회고해보았습니다. 나를 무척 아껴주시던 柳信夏 형과 李鍾九 형의 모습이 함께 떠오르더군요. 나는 그때 小學校를 다녔고 형들은 中學校에 다녔습니다. 兄은 景福中學校 입학시험에서 '山'에 대한 작문을 멋있게 썼노라고 늘 자랑하였지요. 고향의 낙동강 강물 위로 피어오르는 안개가 허리를 감싸고 있는 앞산을 생각하며 멋있게 썼노라고 자랑했습니다. 그래서 오늘 빈소에 들어서기 전에 물 건너 용의 머리를 틀고 있는 앞산을 바라보며 형을 다시 한 번 생각했습니다. 정말 산천은 의구한데 인걸은 간데 없다는 詩想을 머리에 담으면서 말입니다. 소격동도 또 팔판동도 그처럼 변하지 않았습니다.

　하촌, 근자에 우리가 소격동 골목에 가서 옛 이야기 나누며 술

타령한 것이 두 번이었던가요. 한 번은 형이 回甲을 맞은 1986년인가 봅니다. 맞았어요. 우리가 만난 지 44년되던 4월 4일이었어요. 仁寺洞 通文館에서 史籍을 뒤지다가 우연찮게도 날짜의 의미가 특별할 것 같다고 해서 소격동으로 올라갔지 않습니까. 그날은 兄이 평소와 다르게 어깨동무를 하고 세레나데를 목청 높여 불렀어요. 특히 그날에 나눈 이야기를 오늘 되새기며 영전에 술잔을 새로 올립니다.

兄이 대학을 졸업하고 서울에서 교편을 잡자 6·25동란이 일어났어요. 그래서 安東의 사범학교로 옮겼습니다. 6·25동란만 일어나지 않았어도 兄은 서울에서 대학 교단으로 옮겼을 것입니다. 安東에 내려온 후라고 해도 兄의 처지가 아니었다면 역시 얼마 후에는 대학으로 옮겼을 것입니다. 그런데 대학이 아니라 宗家 사랑방으로 옮겼습니다. 이야기가 거기에 미쳤을 때 형은 형의 특유한 사투리로 나의 말문을 막았습니다. 후생이 굳이 대학을 들먹였던 것은 형의 文苑品第가 시작되면 좌중을 놀라게 하지 않았습니까. 그리고 형은 술이 거나하면 "籠の鳥" 독백을 가끔 했기 때문이었습니다. 그때 나는 내앞 마을과 종가에 대한 兄의 깊은 이야기를 듣고 어느 시인의 "世事에 시달려도 煩惱는 별빛이라"는 구절을 읊었더니 형이 詩經에 더 멋있는 구절이 있다면서 나도 알아들을 수 없는 漢詩 몇 구절을 일본 말로 읊었습니다. 兄, 기억합니까.

5백년 保宗 諸節이 얼마나 넓고 어려운지를 나는 형의 생애를 통하여 알게 되었습니다. 영민한 것은 금물이라고 했던가요. 언젠가 서울의 학술조사반이 방문하여 朝野古事의 文籍을 보다가 戊申亂 때 사랑채를 뜯던 사화를 놓고 이야기를 주고 받는데 젊은 교수가 영어로 선대 사적을 헐뜯는 이야기를 중얼거렸다지요. 형을 村老로 알았던 것이지요. 兄이 호통을 쳐서 보내고 싶었으나 영어를 모르는 척하고 말았다는 것이 아닙니까. 黃喜 정승의 이야기가 따로 있겠습니까. 功名에 취하고 名利에 눈이 멀어버린 俗人의 무리가 어찌 형의 깊은 뜻을 아오리까.

  兄은 형의 祖考 晚畹公 공훈심사 때도 여느 문중이나 종가와는 달리, 一言半句의 당부도 하지 않았습니다. 協東學校 紀蹟碑 건립 때도 한가지였습니다. 그렇게 믿어주었고, 그렇게 믿어주는 兄의 높은 마음에 보답코저 兄의 일만은 정성을 쏟지 않을 수가 없었습니다. 그런데 미안한 이야기가 있습니다. 兄의 回甲 壽筵 때의 일입니다. 회갑연을 2년 물러서 夫婦 수연이 함께 있었습니다. 그때 그러니까 1988년 여름 어느날 芝禮 南井께서 전하는 연락을 받고 당일로 뛰어내려와 두서없이 祝辭를 하고 돌아간 그때를 기억합니까. 그때 兄의 만류에도 불구하고 그날로 돌아가버린, 兄의 돈독한 情에 견주어 정성을 다하지 못한, 그때를 이제 사과합니다. 그날 회로에 時濚 형과 형의 사돈이신 朴宗吉 형과 兄의 이야기를 나누다 말고 宗孫 人品에 이야기가 미쳤을 때, 宗孫의 인격은 애협하지 않아야 하고 아집이 없어야 한다고 말을 모았는데 누구를 지칭한 것이겠습니까. 세 사람은 兄을 생각하여 축배를 높이 들었습니다. 그래서 兄은 애협도 바라고 때론 고집도 바라는 세인들의 기대를 저버릴 때가 많았습니다. 그것이 범상한 것 같으면서도 道人이어야 갖출 수 있는 忍苦의 길이었으나 형에게는 예사로왔습니다. 그런 兄이기에 후생은 항상 우러러 뵈었습니다.

  또 한 가지 미안한 일이 있습니다. 兄의 만년에 더구나 身色이 已削일제 형이 후생에게 당부할 말이 있어 기다리고 있다는 것을 알면서도 자주 찾아 뵙지 못한 것이 여간 미안하지 않았습니다.

宗婦께서도 섭섭하게 생각하셨을 것입니다. 여간 죄스럽지가 않습니다. 용서하십시오. 그러나 抱念은 열릴 것으로 믿습니다.

 하촌 형, 기교가 없는 저승이 얼마나 편안합니까. 俗人의 화제에서 벗어난 저승이 얼마나 편안합니까. 그런데 兄, 후생이 서울에서 듣건대 귀문처럼 門談이 화애로운 경우가 없을 정도라고 합니다. 어떤 사람은 내앞은 노인이 살아 있는 마을이라고 합니다. 단순한 표현 같지만 얼마나 따뜻하고 우러러 뵙는 말입니까. 거기에는 틀림없이 兄의 탈속한 德宇 그늘이 드리워져 있다고 믿습니다. 後承 諸孫들까지 출중하니 그 또한 얼마나 기쁩니까. 그러나 兄, 자녀들을 너무 옛날 範節에 맞추어 생각하지 마세요. 세상은 더욱 급변할 것입니다. 변화에 맞는 規範을 생각할 때가 된 것으로 압니다. 그것이 93년 전에 내앞 어른들께서 舊殼을 깨고 協東學校를 세웠던 遺志 遺德이 아니겠습니까.

 하촌 형, 말 없는 촛불도 이밤 따라 하염없이 눈물을 흘리고 있습니다. 兄이 거닐던 뒤뜰에는 兄의 그림자조차 찾아볼 수 없이 落葉만 뒹굴고 있습니다. 언제나 대문에 들어서면 따뜻하게 손을 잡던 그 체온을 정말 잊어야 한단 말입니까. 이제 安東에 오면 누구를 찾아야 합니까. 아아 인간이란 이렇게도 유한한 存在입니까. 차라리 形而上의 철학 없이 살아가는 저 미물이 더 부럽지 않다고 누가 아니 말하겠습니까. 後生도 남은 인생을 兄처럼 無色 無形으로 살다가 兄을 따라 가렵니다. 기다려 주옵소서. 痛哉 痛哉 尙饗
1999년 4월 1일

독립전선에서 산화한 金佐鎭 將軍

　김좌진 장군은 1889년 11월 24일(음) 충남 홍성군 고도면 상촌리에서 태어났다. 집안은 안동 김씨 문중이었으며 김옥균이 그의 사종숙(11촌)이었다. 호를 白冶라 한 김좌진의 가정은 부유한 편이었고 안동 김씨라고 해도 세도 김씨 문중은 아니었다.
　어려서는 서당에 다니며 한학을 배웠다. 1905년에 한성무관학교를 졸업하고 고향으로 내려와 때마침 홍성 일대 곳곳에 설치되고 있던 文明學校의 하나로서 1907년에 湖明學校를 설립하였다. 1908년에는 홍성에 대한협회 지회와 기호흥학회 지회를 설립하였다. 대한제국이 멸망한 후인 1911년에 군자금 관계로 감금되어 1913년에 석방되었다. 이 때부터 독립운동의 길에 들어선 것이다.
　1916년에 대한광복회에 가입하여 부사령으로 만주에 파견되었다. 만주에 들어가 대종교에 입교하고 대한정의단에 가입하였다. 1919년 3.1운동이 일어날 때 吉林에서 발표된 대한독립선언서(세칭 무오독립선언서)에 39인 서명자의 하나로 가담했으며 그해 北路

軍政署 사령관에 취임하여 청산리전투를 지휘하였다. 청산리전투 후에 密山에서 결성한 대한독립군단 부총재에 선임되어 러시아로 들어갔다. 러시아에서 혁명의 소용돌이 속에 자유시(스보보드니) 참변을 만나 다시 만주로 돌아왔다.

1925년에 북동만주에서 新民府를 설립하고 그의 군사부위원장을 맡았다. 1928년에는 參議府, 正義府와 함께 삼부통합을 추진하다가 뜻을 이루지 못하고 혁신의회에 이어 1929년에 한족총연합회를 조직하고 주석에 취임하였다. 이 무렵 김좌진은 그의 재종(6촌) 是也 金宗鎭의 영향을 받아 무정부주의에 호감을 갖게 되었다. 그러다가 1930년 1월 24일(음력 1929. 12. 25) 寧安縣 山市驛 앞 자택에서 朴尙實에게 암살당하였다.

이와 같이 보면 김좌진의 삶은 25년 간의 민족운동의 생애였다고 할 수 있다.

구한말의 민족운동

구한말 충청남도 홍성(홍주)지방에는 격변이 몰아치고 있었다. 일찍이 천주교가 폭넓게 전파되어 그들에 대한 처형이 홍성을 중심으로 한 內浦七邑 일대를 피바다로 만들었고 1868년의 南延君 묘소 도굴 사건도 근방에서 있었던 일이었다. 1894년 동학농민전쟁 때 격전의 고장이었으며 1895년 을미사변 후 金福漢, 李偰 등을 중심으로 하여 전기 의병이 일어났다. 1905년 을사조약의 소동을 계기로 閔宗植을 중심으로 한 중기 의병이 일어나 일본군과 대격전을 벌인 고장이기도 했다.

이러한 격변 속에서 김좌진이 성장기를 보냈다. 그러므로 그는 성장기에 민족 문제에 대해 고민하며 자랄 수 있었다. 그가 군관

학교를 졸업하고 홍성에 내려갔을 때는 중기 의병의 홍주성 전투가 끝난 뒤였다. 그때 김좌진은 고향에 호명학교를 설립하고 계몽운동에 뛰어들었다. 그 무렵 홍성지방에는 군수가 재촉하는 문명학교 설립이 각 면과 주요 마을에서 추진되고 있었으므로 호명학교 설립은 쉽게 이루어졌다고 봐야 한다. 그 후 대한협회와 기호흥학회 지회를 설립하여 계몽운동을 본격적으로 추진했는데 여기에서 계몽운동 또는 계몽주의에 대하여 한 가지 이해해둘 것은 중앙과 지방이 같지 않았다는 점이다. 1904년에 국민교육회를 설립하면서 시작되어 1906년에 대한자강회에 이르러 발전한 중앙의 계몽운동은 지식인의 자강운동이었다. 1907년 7월 헤이그 밀사사건이 일어나고 그에 대한 책임으로 광무황제(고종)가 퇴위당하고 융희황제(순종)가 즉위하면서 정미조약에 이어 군대가 해산당하는 망국 사태가 연출될 때 계몽운동은 강경론자의 좌파와 온건론자의 우파로 분화되어갔다. 그때 좌파의 대표조직이 新民會였고 우파의 대표가 大韓協會였다. 계몽주의 좌파가 공화주의를 표방하면서 보다 더 강력한 항일운동을 모색하고 지하운동단체로 존재한데 비하여 계몽주의 우파는 종전의 방식대로 입헌군주론과 온건적인 운동을 전개하다가 1909년부터는 개량주의 또는 친일파로 전락해간 사람이 많았다.

  그와 같은 중앙의 동태로 보면 대한협회에 속했던 김좌진이 계몽주의 우파라고 할 수 있는데 그러나 지방의 대한협회 지회의 경우는 중앙과 일치하는 것이 아니었다. 중앙의 무력한 변화에 대하여 불복한 안동지회(이상용)처럼 홍성지회도 강력하게 반발하고 있었던 것이다. 그것을 보면 대한협회라고 해도 계몽주의 우파로 일괄해서 규정할 것이 아니라 지회의 구체적인 행동 양식과 성격에 따라 분간해서 보아야 할 것이다. 이와 같이 김좌진은 지방에서 대한협회와 기호흥학회의 일원이면서 중앙의 변질과는 다른 계몽주의 좌파에 속한 민족주의를 추구하고 있었다고 이해되어야 한다. 때문에 1910년 대한제국이 멸망하자 김좌진은 독립군 기지 개척을 위하여 군자금 모집을 서둘렀던 것이다.

대한광복회와의 관계

김좌진은 1916년에 대한광복회 부사령에 취임하였다. 대한광복회는 1913년 풍기에서 蔡基中의 주도로 결성된 광복단이 1915년 대구에 결성되어 있던 조선국권회복단의 朴尙鎭과 합류하여 그를 총사령으로 추대하면서 만든 독립혁명단체였다. 비밀, 폭동, 암살, 혁명을 행동지침으로 1백여 곳의 혁명기지 건설을 추진하면서 국내에서 가장 큰 규모의 독립운동 단체로 성장하였다. 그리고 만주에 부사령을 파견하여 독립군 기지를 개척할 때 김좌진이 그 부사령을 맡았던 것이다. 그 후 광복회는 친일 부호를 처단하다가 발각되어 국내 조직은 파괴되었지만 만주에서는 김좌진을 중심으로 독립군의 결속이 추진되었다. 그 세력을 기초로 1919년에 북로군정서를 설립할 수 있었던 것이다.

북로군정서와 청산리전투

김좌진은 만주에서 대종교에 입교하고 대한정의단에 들어가 활동하던 중 3·1운동을 맞았다. 그때 대한독립선언서 발표에 가담하면서 군정서를 설치하였다. 3·1운동 후 간주에서 여러 개의 독립군 조직이 탄생할 때 마침 상해에 수립된 대한민국임시정부가 서간도에 서로군정서, 북간도에 북로군정서를 설치함에, 김좌진의 군정서가 북로군정서로 개편되어 그가 사령관에 취임하였다. 이와 같이 독립군의 조직과 활동이 활발하게 전개되자 일본군은 훈춘사건을 일으켜 이른바 간도 출병이라는 만주 침공을 감행하였다.

일본군의 만주 침공은 1920년 6월부터 시작되었는데 그때 홍범도가 이끈 독립군의 봉오동 전투가 있었고 이어 10월 21일부터 10여 일에 걸쳐 청사에 빛나는 청산리전투가 벌어졌다. 청산리전투는 수천 명의 일본 침략군을 맞아 북간도 白雲坪 청산리에서 북로군정서군이 싸워 격퇴한 대승첩에서 비롯되었다. 그 후 홍범도가 이끄는 대한독립군, 최진동의 군무도독부 군대와 합동작전으로 삼도구와 이도구 일대에서 일본군과 싸워 크게 이긴 10여 일 간의 전투를 모두 아울러 청산리전투라고 한다. 청산리전투의 소식은 임시정부에서 간행하던 《독립신문》에 보도되어 김좌진의 명성은 국내외에 널리 퍼져 그때부터 그는 영웅적인 존재로 부각되었다. 조선총독부 기관지였던 《매일신보》에서도 크게 보도하였다.

청산리전투를 끝낸 뒤 3개 사단에 이르는 일본군의 반격에 밀려 대개의 독립군단이 러시아 지방으로 후퇴하게 되었다. 후퇴하기에 앞서 밀산에 모인 10개 독립군단이 대한독립군단을 결성할 때 徐一 총재에 이어 김좌진이 부총재를 맡아 러시아로 넘어갔다. 그때 러시아에서는 볼셰비키혁명이 일어나 볼셰비키의 적군과 반혁명의 백군이 대립하여 국내 전쟁이 한창이었다. 국내 전쟁은 독립군단이 넘어간 연해주나 흑룡주에서도 격렬하게 전개되고 있어 독립군은 러시아 국경을 넘자마자 큰 시련을 겪어야 했다. 그 시련이 극도에 이른 것이 1921년 6월의 자유시참변이었다. 자유시참변에서 수많은 독립군이 희생되었지만 그것을 본 많은 독립군이 다시 만주로 돌아왔으니 김좌진도 만주로 되돌아왔다.

신민부의 건립과 활동

청산리전투를 마친 뒤 만주에는 일본군의 광란이 도처에 미치어 헤아릴 수 없는 많은 동포가 무참하게 학살당하였다. 독가스까지 살포하면서 한국인을 집단적으로 학살하였다. 이를 간도참변 또는 庚申慘變이라 한다. 만주의 간도참변과 러시아의 자유시참변으로 독립군의 질서가 무너져 동포 사회는 크게 혼란하게 되었다. 그리하여 광범하게 정비 작업이 추진되는 가운데 여러 독립군 부대가 명멸하더니 1923년부터 남만주에 참의부, 중만주에 정의부, 북만주에 신민부가 결성되었다. 신민부는 1925년에 결성되었는데 거기에서 김좌진이 군무부와 성동사관학교를 맡아 일하다가 중앙집행위원장을 맡았다. 만주의 독립운동을 참의부, 정의부, 신민부가 담당하고 있던 때를 3부 시대라고 하지만 이 때는 단순하게 군사 활동뿐만 아니라 동포 사회를 통할하는 민정활동도 펴고 있었다 그러므로 3부는 모두 군정과 민정의 이원 조직을 갖추고 있었다. 김좌진이 언제나 군정조직을 책임지고 있었던 것은 물론이었다.

군정 활동에는 국내 공작대의 파견과 현지 친일 주구배에 대한 숙청 활동이 있었다. 그리고 김좌진이 무정부주의자로 전환하면서는 공산주의와의 대립이 심화되어 그들과 대립, 경쟁하는 가운데 웃지 못할 비극도 연출된 경우가 있었다. 공산주의 운동에 가장 큰 방해가 되는 것이 무정부주의의 확산이었기 때문이고, 신민부가 있던 북동만주는 소련과 인접하여 연해주에 있던 코민테른 극동비서부가 파견한 공작대가 항상 넘어오고 있어 그에 대한 대비가 있어야 했기 때문이다. 그 위에 당시는 조선공산당 만주총국이 결성되어 신민부 지역인 중동선 일대에는 그의 화요파 조직이 근거를 확장하고 있어 화요파의 교조주의 팽창에 대처할 필요도 있었다. 그러나 청산리전투 후 김좌진의 용명이 널리 알려져 있었으므로 그 권위에 의해 신민부의 조직이 유지되고 있었고, 또 그가 무정부주의를 수용한 후에는 젊은이들이 모여들어 신민부가 새롭게 발전하고 있었다. 바로 그것이 알력을 심화시킨 원인이 되기도 했다. 그러나 그 알력 가운데 김좌진 자신이 희생될 줄은 예상하지 못했다.

3부 통합운동과 한족총연합회

만주에서 독립군이 3부 체제를 갖추고 있던 1920년대 후반 민족유일당 운동이 일어났다. 유일당 운동은 국내에서 신간회가 결성되어 성공했을 뿐 해외에서는 모두 실패하였다. 유일당 운동은 어디보다 먼저 만주에서 일어났는데 1926년에 김동삼, 안창호가 일으켰다. 그런데 곧 3부 통합운동으로 나타나 1년 여에 걸쳐 회의를 거듭했으나 그것도 성공하지 못하고 결국 국민부와 혁신의회로 분립하더니 혁신의회는 한족총연합회 또는 한족자치연합회로 재조직되었다. '자치'라는 용어가 말하듯이 한족자치연합회는 무정부주의를 지향하고 있었다. 거기에서 김좌진이 책임을 맡아 김종진 등의 젊은 무정부주의자가 모여들었고 그를 전후하여 중국 관내의 이회영, 신채호, 유자명, 유림 등의 무정부주의 인물들도 만주로 모여 독립운동의 의미 있는 자치촌락 건설을 추진하기 시작하였다. 그런데 이회영, 신채호는 이동 중 잡혀 여순감옥에 갇히고(거기에서 옥사함), 그 외의 인사들은 만주에 왔다가 김종진, 김좌진이 차례로 암살당하자 관내로 다시 돌아갔다. 이와 같이 김좌진은 한족자치연합회를 설립하고 한인의 자치촌락 건설을 위하여 노력하다가 희생되고 말았다. 어찌 애석한 일이 아니겠는가. 어찌 동족간에 그래야 했던가. 가증스러운 것은 김좌진이 친일파로 전향했기 때문에 암살했다는 것이다. 엉뚱하기 짝이 없는 모략이었다.

김좌진의 최후

김좌진은 영안현 산시역 마을에서 무정부주의자가 연합하여 만든 정미소를 운영하며 한인의 자치촌락 건설 운동에 주력하고 있던 1930년 1월 24일(양)에 공산주의자로 알려진 박상실(본명 公道珍)에 의해 암살당하고 말았다. 박상실은 한때 공산주의자였다가 변절한 김봉환의 조정에 속아 김좌진을 암살했다는 소문이 있었다. 김봉환은 변절한 후 일경의 밀정 노릇을 했다. 어떻든 그 무렵에 일제 주구배의 활동이 강화되어 역전의 동지인 김동삼, 남자현이 체포되고 구한말 의병전쟁 이래 용장으로 이름난 金圭植 역시 암살당한 불행이 잇달았는데 관내에서 온 무정부주의자도 모두 돌아가 북만주 일대의 독립운동은 큰 타격을 입게 되었다. 아울러 한족자치연합회도 사실상 막이 내린 형상이 되고 말았다.

그런데 김좌진의 최후에 대하여 여러 가지 이야기가 설왕설래하고 있다. 그가 일본과 내통했기 때문에 조선공산당 화요파 계열에서 암살했다는 설이 있어 세상을 놀라게 하였다. 그것은 연변대학교의 김동화 교수가 1991년 서울에서 간행한 《中國朝鮮族獨立運動史》에 소개하여 널리 알려지게 된 것인데 필자는 김 교수와 그 사실의 근거 자료를 놓고 함께 추적해보았다. 그 결과 그 증언이 객관성이 없다는 결론을 얻었다. 그리하여 김 교수는 그렇게 말하는 사람이 있을 뿐 사실은 아니라고 생각한다는 말을 공개하였으므로 일단락된 셈이다. 그러나 학계에 파문을 던진 것은 사실이므로 필자는 하얼빈에 갔을 때 그곳 동포학자인 김우종 교수를 만나 그 문제를 논의한 바 있었다. 그때 김 교수의 말이 그 문제로 며칠 전에 海林에서 김좌진 연구 학술회의를 개최하였는데 거기에서 김좌진의 변절 사실은 무근한 것이라는 결론을 얻었다고 했다. 변절했다고 증언한 사람의 다른 증언도 신빙성이 없는 것이 많다고 했다. 필자가 하얼빈에서 김 교수와 만난 것은 1993년 8월 26일의 일이었다. 그 후 연변대학의 박창욱 교수도 그 문제를 《역사비평》 1994년 봄호에 비슷하게 밝힘으로써 의심이 풀어졌다. 한때 학계를 놀라게 했던 것을 생각하면 늦으나마 바로 잡힌 것은 큰 다행이 아닐 수 없다.

　김좌진이 만주에 있다는 것이 일본에게는 항상 위협이 되었으므로 일본은 갖은 모략을 서슴지 않았다. 1923년에 《대판매일신문》에서 김좌진이 자수했다는 기사로 흑색선전을 한 적도 있었다. 그때도 독립운동계가 모두 놀랐다 그러나 곧 모략이라는 것을 알게 되어 안심하였다. 이와 같이 김좌진의 명성이 높은 만큼 그에 대한 음해도 끊이지 않았다. 그가 작고할 때 국내 공작대로 파견되어 두만강까지 왔던 李康勳옹이 그때를 회상하여 백야 선생은 무장이었음에도 어울리지 않을 정도로 관대하고 후덕한 인품이어서 젊은이들이 항상 모여들었다고 했다. 그러기에 그날 박상실이 온 것도 경계하지 않고 맞다가 변을 당했다고 회상하였다.

김좌진의 독립노선

김좌진은 무관학교를 졸업하고 민족운동에 투신했다. 그 때에 의병전쟁도 일고 있었는데 그는 계몽운동에 헌신했다. 그것은 당시에 홍성군에 문명학교 설립이 각 면 각 리 단위로 활발하게 전개되고 있었기 때문이기도 하였겠지만 의병전쟁에 대한 반성적 태도로 이해할 수도 있을 것이다. 전기 의병으로 봉기했던 안동 유림이 중기 의병 때에는 계몽주의로 전환한 경우와 같은 것이다. 그러나 안동 유림도 그랬지만 김좌진이 대한협회 노선에 저항할 정도로 계몽주의 좌파였으므로 대한제국이 멸망한 후 만주로 들어가 독립군 기지를 개척하였다.

만주에서 독립군을 이끄는 동안 김좌진은 강력한 민족주의의 길을 고수하였다. 대종교에 입교한 사실이나 청산리전투 뒤에 러시아로 넘어갔다가 곧 만주로 돌아온 것을 보아도 그의 민족주의의 길은 변함이 없었다. 그러한 김좌진이 1920년대 후반에 무정부주의로 노선을 수정하게 되었다. 이것은 큰 변화였다. 그러한 변화의 직접적 원인은 그의 재종(6촌) 김종진의 영향이 컸다고 그 때 무정부주의로 함께 전환한 이강훈이 증언하고 있다. 그런데 무정부주의를 수용한 많은 경우를 보면, 한국이 일본의 침략을 받았으므로 처음에는 일본을 미워하다가, 다음에 일본 제국주의를 규탄하게 되고, 다시 일본뿐 아니라 모든 제국주의를 비판하게 되고, 그러한 비판의식은 결국 권력사회를 거부하는 논리로 발전하여 무정부주의를 수용하게 되는 사고의 순서를 밟고 있었다. 그러므로 무정부주의가 공산주의와 손을 잡고 있다가 무정부주의의 자치론에 따른 권력 부정논리 때문에 서로 대립하게 되었던 것이다. 자치촌락론이 이상에 불과한 것이 되고 말지라도 당장에는 공산주의보다 우월한 도덕적 호소력을 가지고 있었다. 그리고 무정부주의는 공산주의의 프롤레타리아 독재론을 위험시하였다. 그래서 러시아혁명 직후부터 서로 대립하였다. 아시아 무정부주의가 공산주의와의 동맹 관계를 끊고 대립하게 된 것은 1923년부터였다. 그리하여 무정부주의 운동은 민족주의 운동과 공동 노선을 개척하게 되었다. 한국의 이회영, 신채호, 유림, 이강훈, 이을규, 이정규, 백정기 등이 모두 그랬다.

그러한 노선 변화를 모색하던 김좌진이 애석하게 암살당하고 말았다. 독립 노선이란 독립 후에 어떤 나라를 건설하느냐를 전제한 구상이기도 하지만, 그보다도 당장에 독립을 쟁취하자면 어떤 방법이 효과적이냐를 고민하고 결정하는 독립운동 노선인 것이다. 따라서 식민지하에서는 어떠한 이념이라도 민족주의를 상위 개념으로 한 노선일 때 민족사회에 뿌리를 내릴 수 있는 것이다. 공산주의와 무정부주의의 경우에도 같다. 독립운동을 전개하는 주체는 민족이다. 나라를 잃은 민족은 나라를 찾아 독립을 회복하는, 세계인에 대한 책임과 의무를 가지고 있는 것이다. 세계는 세계인이 되기를 바라면서도 그에 앞서 성실한 민족이 되기를 바란다. 독립운동 당시에 그와 같이 이해한 경우도 있지만 그렇지 못한 경우도 있었기 때문에 김좌진이 암살되었던 것이다. 민족적 반성이 요구되는 역사의 단면이라 하겠다.

《교양강좌》경산대학교, 1998년

《백범추모록》을 편찬하고

1
　　오호 여기 발 구르며 우는 소리
　　지금 저기 아우성 치며 우는 소리
　　하늘도 울고 땅도 울고
　　이 겨레 이 강산이 미친 듯 우는 소리를
　　임이여 듣습니까, 임이여 듣습니까

　백범 김구 선생 국민장위원회에서 위촉해서 이은상이 작사한 조가(弔歌)의 제1절이다. 평생을 독립운동에 몸 바쳤고, 1945년 해방을 전후해서는 통일운동에 혼신의 힘을 쏟았던 백범 김구 선생이 1949년 6월 26일 서거하였다. 그것도 동포의 흉탄에 맞아 급서하였다. 그 흉탄은 정치적 음모로 만들어진 것이다. 이제는 그 정치적 음모가 백일하에 드러났지만 그때는 공포정치 속에서 누구도 음모설을 입에 담을 수가 없었다.

그때의 정치 음모와 공포정치로 이승만 독재정치가 확립되었다. 1949년 6월에는 국회 내에 남로당 프락치가 있다고 하는 이른바 '국회프락치사건'이 터진 가운데 친일파를 처단하는 반민족행위자처벌법에 의해 설립된 반민족행위조사특별위원회가 경찰의 습격을 받아 풍비박산된 '반민특위사건'이 일어났다. 바로 그에 이어 '백범 암살사건'이 일어났던 것이다. 이승만의 자유당 공포정치가 극에 달한 1949년 6월이었다.

그리하여 백범 계열 인사는 백범과 관계된 흔적을 없애야 살아갈 수 있는 비극이 연출되었다. 군대 내에서는 광복군에 있었던 이력을 삭제하는 웃지 못할 사태가 발생하였다. 백범의 경교장에서는 백범과 인연을 맺었던 인사들의 신변 안전을 위하여 한국독립당 당원 명부까지 모든 문서를 소각하는, 역사가 전율할 광경이 전개되었다. 이런 공포정치가 역사에서 언제 또 있었던가?

이 책은 백범 서거 사실과 장례, 장례식 때 국민의 표정을 전해 주는 각 지방의 애도식과 조사, 만장, 조시, 혈서 등과 그 후의 추도 문류를 모아 편집한 것이다. 이것을 통하여 백범의 독립운동과 통일의지가 어떻게 탄압받고 또 이어왔는지를 알 수 있는 것은 물론, 조사와 추도사 등을 통하여 당대의 역사의식을 살필 수 있어 역사 자료로 중요한 의미를 가지고 있다. 특히 서거 후 자유당 치하 10년 간, 추도식도 거행하지 못한 것이 무엇을 의미하는 것인가와 더불어 시대 성격을 이해하는 데 크게 도움이 될 것이다.

2

서거 장면과 사실은 신문 자료를 통하여 이해하는 것이 가장 정확하다고 판단되어 당시 경향의 신문을 조사 수집하여 가장 정확하고 자세하게 보도한 것을 소개해둔다. 그 가운데 《自由新聞》 《朝鮮日報》《서울신문》《京鄕新聞》이 대표적이었는데 신문 외에도 잡지의 특집 기사가 있었다. 잡지로는 《新太陽》의 보도가 비교적 정확하고 자세하므로 전면을 영인하여 제2편에 소개하였다. 신문 자료는 현장감을 살리는 의미에서 당시의 지면과 사진을 그대로 영인 수록하기도 했지만, 그 외에는 해독의 편의를 위하여 활자로 정서해서 소개해둔다. 신문 보도는 위의 4개 신문의 것이 정확하고 자세하지만 그 외의 신문에서도 특수한 보도가 있으면 보충자료로 소개하였다. 가령 조시의 게재나, 암살범 '안두희'의 이름을 굳이 밝히지 않거나 달리 표기하고 있는 것 같은 경우를 말한다. 신문은 국립도서관, 종로도서관, 국사편찬위원회, 백범기념관 등에 소장된 것을 조사하였으며 현장감을 중시하여 '호외(號外)'를 찾았으나 보관한 것이 없어서 뜻을 이루지 못하였다.

지방 신문은 지방의 동정을 이해하는 자료가 된다는 의미에서 중복되더라도 모두 게재하려고 노력하였다. 지방의 동정에 대한 기사는 같은 것이 몇 가지 신문에 보도되었다고 해도 당해 지방지의 기사를 수록하는 것을 원칙으로 했다. 지방에서는 부산, 광주, 목포, 대구, 대전, 인천, 춘천, 개성 등지에서 비교적 큰 규모의 애도식이 거행되었던 것으로 전하는데 그 외의 중소도시에서도 거행되었으나 보도되지 않은 것으로 안다.

다음으로 장례는 국민장으로 거행되어 '국민장례위원회'를 결성하여 치산까지 끝내었는데 국민장위원회는 당시의 명사를 총망라했으므로 실무를 담당한 것은 아니었다. 실무는 '국민장위원회 상무위원회'(회장 조소앙)가 담당하였고, 상무위원이 백범의 측근자였다. 다행히 상무위원회 회의록이 보존되어 있고 거기에는 장례를 준비한 회의 내용과 끝마친 경과 보고도 원문대로 보존되어 있으므로 장례 과정은 그 회의록을 통하여 이해하도록 편집하였다. 그런데 회의록에는 시민의 표정은 수록되어 있지 않다. 그러므로 그것은 역시 신문 보도를 통해 파악할 수밖에 없지 않을까 생각되어 거리에서 통곡하는 모습이나 혈서를 써서 분노하는 시민 등, 다양하게 보도된 신문 자료를 별도로 소개해두었다.

제1편에 소개된 이와 같은 문류들을 보면, 백범의 인격과 민족지도자적 위치가 어떻다는 것을 알 수 있을 것이다. 李海文이 '큰 산 무개인 듯 깊이 모를 사랑, 넓은 바다가치 한없는 가슴속'(〈鳴 白凡先生〉《독립신문》 1949년 6월 29일자)이라고 읊은 데서 백범의 인품이 집약되어 있고, '뒷날에 뉘 있어 스스로 나라를 사랑했다 이를 양이면, 스스로의 가슴에 조용히 손을 얹고, 이제 백범 가신 이의 생애에다 물어보지 않고는, 스스로 아무나 나라를 사랑했다 생각하지 말아라'(〈噫 白凡先生〉《경향신문》, 1949년 7월 6일자)는 백범의 역사적 위치를 박두진이 시로써 나타내고 있다. 그러므로 김기림이 '눈물을 아껴둬 무엇하랴, 젊은 가슴마다 기념탑 또 하나 묷어지는 소리, 옳은 꿈 사랑하는 이어던 멈춰서, 가슴 쏟아 여기 통곡하자'(〈哭 白凡先生〉《국도신문》, 1949년 6월 30일자)고 몸 부림쳤던 것이다. 그리고 '아 이제 여기 남을 것은 차운 산 한쪼각 돌에 새긴 '대한민국임시정부 주석 백범 김구'가 아니라 삼천만 겨레의 가슴 깊이 대대로 이어갈 비바람에도 낡지 않을 마음의 비명입니다'(〈마음의 비명—金九先生의 靈轝를 보냄〉 조지훈전집1)라고 백범의 뜻을 이어갈 민족적 각오를 조지훈이 노래하고 있었다.

백범을 암살한 정권 밑에서 누구나 구체적인 말로 표현할 수 없었다고 하더라도 위의 자료들이 전해주는 의미가 무엇인지를 독자들은 충분히 이해할 수 있을 것이다. 그리고 당시 국민의 민족의지가 무엇이고, 정치의식이 어디에 있는지도 포착될 것이다. 얼마나 분단정부를 거부하고 통일을 염원하고 있었던가를 이해하면서 그러한 민족의지와 정치의식을 바로 백범이 대변하고 있었다는 사실을 파악할 수 있을 것이다. 거기에 백범이 민족사를 대변한 지도자라는 근거가 있고, 그래서 백범 자료집을 간행하는 의미가 있는 것이다.

제2편에는 조사, 만장, 조시, 그리고 신문 사설과 백범을 회고하는 글 같은 것을 편집해두었다. 제1편에서 서거와 장례식에 관한 기사를 숨가쁘게 읽고 난 후에 숨을 돌려 백범을 조용히 그리고 비판적으로 회고할 수 있도록 제2편을 편집한 것이다. 국민장위원회 상무위원회의 '경과 보고'에 의하면 조사 490, 조전 224(국외 5), 만사 만장 59, 혈서 23통이었다고 한다. 그런데 지금 보관하고 있는 조사의 원문은 金松亭 씨의 조사 1통뿐이다. 그 외의 것은 모두 불태워 없앴다고 한다. 백범의 아들 김신 장군의 증언에 의하면(1999년 2월 24일) 백범이 자유롭게 여행도 할 수 없을 정도로 측근자에 대한 경찰의 감시가 삼엄하였다고 한다. 그러나 백범 생존시에는 노골적으로 탄압을 가할 수 없었는데 백범 서거 후에는 측근자는 물론, 한국독립당 당원도 경찰의 요시찰인으로 감시를 받아 생활의 자유를 누릴 수가 없게 되었다. 공포 분위기가 가족에까지 좁혀져 왔다. 그러므로 백범가에서는 측근자를 보호할 방도를 강구하지 않을 수 없었다. 그리하여 측근자의 흔적을 남기지 않기 위하여 조사·조전·혈서 등을 모두 불태웠다고 한다. 그때 한국독립당 당원 명부도 소각했다고 한다. 소각 장소는 경교장 지하실로 지하실 보일러 연탄 아궁이에 넣어 태웠는데 그

님을 기리는 마음 259

해 이른 가을의 일이었다고 기억을 더듬었다. 소각 장소에는 자신과 金祐銓 동지가 있었다고 했다. 김우전 씨는 광복군 제3지대 출신이다. 역시 3지대 출신자인 金國柱 장군의 증언에 의하면 백범이 서거한 후에 군대에 있던 광복군 출신자는 인사카드에서 광복군 경력을 삭제하는 웃지 못할 사태가 벌어졌다고 했다.

백범이 암살당하던 1949년 여름 정국을 상상해보라. 독재정부는 반민특위사건을 일으켜 독립운동자의 기세가 추락하던 가운데 독립운동의 영수인 백범 암살에 성공했으니 독재정부와 친일파의 기세는 욱일충천하고 있었다. 그 기세로 백범 측근자와 한독 당원을 탄압했던 것이다. 그러므로 문화재와도 같던 문류를 모두 소각한 것이다. 백범 서거에 울고 문류를 불태울 때 울고 거듭 울었다.

그러니까 귀중한 조사와 만사를 여기에 모두 소개하지 못한다. 간접적으로 남아 있는 조사와 조시 등에서 공통적으로 표현된 내용은 백범의 소박한 인간미, 포용적 아량, 민족적 존경, 독립운동의 일생, 남북협상, 그리고 인도의 마하트마 간디처럼 동족의 손에 암살당한 비분을 묘사하고 있다. 그 비분을 참지 못한 23통의 혈서도 있었다고 하는데 그 애국 청년들의 혈서도 소개하지 못한다. 소개하지 못하는 자체가 한국현대사의 진면목인 것이다.

3

제3편은 제11주기 추도식에 관한 문류이다. 1950년 6월 25일에 남북전쟁이 발발하여 그 이튿날의 제1주기 추도식은 거행하지 못하였다. 6·25전쟁은 백범이 예견한 것이었으므로 추도식이 거행되었다면 남다른 의미를 가질 수 있었다. 그런 탓이었는지 혹은 전쟁 와중이어서 그랬던지 효창공원은 경찰이 둘러싸고 추도객의

접근을 막았다. 그리하여 추도식은 무산되고 말았다. 남북협상에 앞서 분단정부가 수립될 경우에 남북의 전쟁을 예견한 백범의 〈삼천만 동포에게 읍고함〉(1948년 2월 10일)이 새삼스러울 뿐이다.

예견한 대로 전쟁이 일어나 1주기 추도식이 무산되고 말았다. 문제는 1주기 추도식이 무산된 것에 있는 것이 아니라 그 다음에 있다. 즉, 그로부터 10주기까지 추도식을 거행할 수 없었다는 점이다. 이승만 독재하에서 김구의 이름을 거론하는 것조차 당국의 주목을 받고 탄압을 받던 살벌한 정국 속에서 백범의 추도식 거행을 발의할 수도 없었다. 효창공원은 공병대가 백범 묘소 바로 앞을 깎아 축구장을 만들었다. 이것을 보고 心山 金昌淑이 1956년에 다음과 같이 〈효창원을 통곡함〉(痛哭 孝昌園 二絶)을 읊었다.

> 효창원에 쓰라린 바람 일고 처절한 비가 내리네
> 통곡하며 부르노라 일곱 선열의 영혼을
> 땅 속에 묻힌 말라버린 유골이 일찍이 무슨 죄가 있어
> 네 멋대로 하느냐
> 공병대의 괭이로 파 뒤집는단 말이냐.
> 酸風凄雨孝昌園. 痛哭招招七烈魂.
> 地中枯骨曾奚罪. 任汝 工兵钁下飜

> 저 멀리 남산의 탑동 공원을 바라보니
> 하늘을 찌르는 동상이 남의 넋을 빼앗는구나
> 독재의 공과 덕이 지금은 이렇듯 높은 것 같지만
> 두고 보아라

님을 기리는 마음 261

뽕나무 밭이 어느 일순간에 벽해로 뒤집힐 것을.
瞻波南山塔洞園. 揷天銅像奪人魂.
獨裁功德今如許. 請看 滄桑一瞬飜

  백범 묘소가 있는 효창원이 공병대에 의해서 파헤쳐지고 있는 것을 한탄하며 멀리 남산에 서 있는 이승만의 동상을 바라보고 읊은 것이다. 거기에서 '어느 일순간에' 세상이 뒤집혀질 것을 노래하고 있다. 그 일순간이 바로 4·19혁명이다. 그리하여 1960년 4·19혁명으로 이승만 정권이 무너지고 비로소 추도식을 거행할 수 있었으니 그것이 제11주기 추도식인 것이다.
  이와 같이 11주기 추도식은 역사적으로 특별한 의미를 가지고 있으므로 관계 자료를 별도로 편철하였다. 거기에는 추도식 자료와 그때 국민들의 반향을 전해주는 몇 가지 문류를 함께 소개해두었다. 추도식 관계 문서는 중앙과 지방의 것이 있는데 지방의 것은 별도로 보관되어 있는 것이 없어서 신문 보도로 생략했다. 10년 간 다물고 있던 민족의 입이 열리는 목소리인 것이다. 자유가 얼마나 소중한가도 함께 느끼게 해줄 것이다. 11주기 추도식의 추도문은 아깝게도 보관되어 있지 않다. 그러나 추도식순을 보면 도인권, 홍현설, 고희동, 조경한, 김창숙, 김신, 김승학, 이광, 나재하, 곽상훈, 김학규, 장면(정당 대표), 김한중(학생 대표) 등 정당 대표와 학생 대표를 제외하면 의례상의 인물을 제외한 동지적 추도위원회가 결성되었던 것을 알수 있다. 그해에 '백범김구선생살해진상규명투쟁위원회'(위원장 김창숙)가 결성되었던 것을 보더라도 11주기는 10년 간 추도식을 올리지 못한 울분을 토해냈던 기회가 아니었던가 한다. 그러나 이듬해 5·16쿠데타로 말미암아 살해진상규명투쟁위원회는 차단되고 말았다. 군사정권이 군부의 보호를 받고 있는 안두희를 이중으로 감싸고 있었음을 보여준 사건이라 하겠다.

그러나 4·19혁명의 기간만은 희망적인 변화가 여러 측면을 통하여 일어나고 있었다. 그해 6월에 발행된 《最後의 白凡―金九선생이 가시던 날》이란 소책자가 발행되었던 것을 보아도 알 수 있다. 편저자 池憲模는 백범과 그렇게 밀접한 관계가 있던 사람이 아니다. 그런데도 이 책을 쓴 것은 이승만 독재가 심화될수록 백범이 새롭고 또 새롭게 추모되었고, 북진통일의 구호 아래 분단국가주의가 강화될수록 백범의 통일민족주의의 평화통일 이념이 우러러보였기 때문일 것이다. 저자는 백범이 암살된 것도 억울한 일인데 암살자를 '오히려 애국자화하고 그(안두희)의 급진적 출세'로 정의가 전도되고 있는 현실을 볼 수 없었던 것이다. 그래서 이 책을 간행했다는 것인데 여기에 편철하는 것은 4·19혁명기 백범의 위치를 전해준다는 뜻도 있지만, 백범의 통일 의지가 4·19혁명 후반에 반영되어 통일운동으로 발전시킨 배경이 될 것을 전망하고 있었던 것처럼 보인다. 즉 4·19혁명이 진행되던 그해 6월 26일에 백범 11주기를 맞아 백범의 남북협상이 거론되었을 것이고 그것이 혁명 후반에 크게 부상했던 통일운동의 한 구실이 될 수도 있었다는 말이다. 그때 11주기를 맞아 張壽喆의 '(……) 어언 11년이 흘러간 6월에, 더한층 사모치는 겨레의 슬픔, 더한층 그리운 거성의 모습이어, 지금 그 6월의 하늘에는, 젊은 깃발이 나붓깁니다. 제2공화국의 발랄한 깃발이, 희망에 가득차 펄럭이는데, 님 모시지 못하는 겨레의 슬픔, 그 슬픔을 새로운 결의로 바꾸어, 저희들은 가리다 님이 남기신 고귀한 뜻 받들어, 남북이 통일되는 여명의 언덕으로, 저희들은 한데 뭉쳐 나아가리니, 위대할 손 님이시어, 고이 고이 잠드시소서'(《京鄕新聞》1960년 6월 26일 자)라는 추도시에서 4·19혁명을 통일운동으로 발전시킬 뜻이 역력히 나타나 있는 것이다. 그리고 학생들이 읽기에 알맞도록 편저되어 있다는 점도 고려하여 《최후의 백범》은 원문 그대로 소개해 둔다.

4

제4편은 12주기 이후의 추도 문류를 모은 것이다. 해마다 실시된 추도식 때의 추도사들 가운데 남아 있는 것과 1969년에 편저하여 1977년에 간행한 愼斗範 편저(金裕 감수)의 《白凡追慕錄》가운데 추모 시문을 그대로 수록하였다. 《백범추모록》에는 서거와 국민장위원회의 조직과 장례에 관한 문류도 게재되어 있으나 그것은 제1·2편이나 제3편의 《최후의 백범》과 중복되기 때문에 싣지 않고 추모 시문만 수록하였다.

해마다 추도식 때의 추도(모)사를 보면 군사정권 시기에는 정권의 안전을 해치지 않는 범위에서 독립운동에 관한 이야기가 주류를 이루고, 통일에 관한 내용은 있다고 해도 백범의 뜻과는 반대되는 분단국가주의에 기저한 북진통일 방식의 어투가 많았다. 그런데 80년대 중반부터의 추도사에는 평화통일 논리가 등장하고 있다. 1985년 제36주기 추도사(이종찬)에 이르면 '6·25전쟁으로 조국의 분단은 더욱 고착되었고 선생님을 따르던 많은 애국 지사들은 어처구니 없게도 좌우 양측으로부터 배척을 받아 불온분자 아니면 회색분자로 몰리는 방황과 혼돈의 시대를 살아온 것도 엄연한 사실입니다.'라고 쓰여 있다.

그리고 이어 평화통일의 이상을 실현할 것을 다짐하고 있다. 군사 정권이 추상같던 그때에 일반인으로는 감히 발설하기 어려운 내용의 추도사이다. 그러므로 그런 과감한 추도사가 다음 해에도 이어지지는 못하였다.

군사 정권이 힘을 잃어가던 1992년 43주기에 당시 광복회장인 이강훈 회장의 추도사를 보면 '평화적인 조국통일을 완수하는 첩경도(……) 백범 선생 시해진상을 규명함으로써 새출발해야 합니다.'라고 4·19혁명 당시의 규명 활동을 재개할 뜻을 나타내고 있다. 새 시대가 열리고 있다는 뜻이기도 했다. 그리하여 이듬해 44주기에서는 시해진상규명위원회가 작년 여름에 발족했다는 것을 고유하는 추도문으로 되어 있다. 시해진상규명위원회에 관한 자료는 별도로 편집하기 때문에 여기서는 추도문만으로 줄였다. 1998년 49주기의 이수성 기념사업협회 회장의 식사는 추도사 성질의 내용이고, 민주주의가 열리고 있는 시기에 맞게 종합적 안목의 내용이므로 수록하였다. 그리고 1999년 4월 9일에는 백범의 모친 곽낙원 여사와 장남 김인 선생의 묘를 대전 국립묘지로 옮기고, 이어 4월 12일에는 부인 최준례 여사의 묘를 백범 선생 묘와 합장하였는데 합장 추도사(조동걸) 내용이 백범가(家)의 상(像)을 전해주고, 그 동안 합장을 못했던 처지를 전해주는 내용도 담겨 있으므로 여기에 수록하여 참고에 자하기로 했다.

《백범추모록》에 게재된 추모 시문들은 근 3천 수에 이르는데 재일동포도 60여 명이나 참가하고 있다. 추모 시문은 거의 한시로 되어 있고, 전국 각도와 일본으로부터 수합된 것을 보면 편저자가 수합을 기획하여 모은 것으로 보이며 거의 유림들의 한시인 것을 보면 향교 같은 유림 조직을 이용하여 수합한 듯하다. 이것을 통하여 백범의 추모가 광범위한 계층으로 확산되고 있었다는 것을 알 수 있다. 이 책이 간행된 것은 1977년인데 추모시에 간혹 연도가 표기되어 있는 것을 보면 1969년 20주기부터 수합한 듯하다. 편저자 신두범의 서문도 단기 4303년 즉, 1969년에 썼다.

5

이러한 백범에 관한 자료들을 보노라면 역사의 승리자와 패배자가 어떤 사람이라는 것을 알 수 있다. 백범의 일생은 파란만장했지만 그것이 모두 독립운동과 통일운동으로 말미암은 것이었다. 그래서 나라를 사랑한다고 말하려거든 백범에게 물어보고 말하라는 것이다. 백범에게 물어보려면 이 자료집을 보아야 할 것이다. 그렇게 묻는 사람들에게 대답이 될 수 있는 자료집이 되도록 노력했으나 만족할 대답이 못 될까 두렵다.

백범은 동족의 흉탄에 암살당하여 비참하게 운명하였다. 그러나 그의 독립운동과 통일운동이 역사에서 영광스러운 기록으로 남아 있듯이 단독정부 수립을 고집하던 반민족적 도배들의 음모에 의해 운명한 것이므로, 백범이 38선을 베고 죽을지언정 단독정부 수립에 참여할 수 없다는 말대로 38선을 베고 영광스럽게 운명한 것이다. 그리하여 백범이 닦아놓은 남북협상의 장도는 오늘날 남북통일의 대로가 되어 있는 것이다. 그것은 백범 서거 순간부터 더욱 다짐한 겨레의 의지였고, 백범 영결식장에서 조사마다, 그리고 50주기에 이르기까지 추도사마다 빠짐없이 강조하던 겨레의 지도 이념이었다.

김남주의 〈한 애국자를 생각하며〉라는 시에서는 다음과 같은 구절이 발견된다.

설 자리가 없었던 사람
위에서도 아래서도 오른쪽에서도 왼쪽에서도
설 자리가 없었던 사람
그는 어떻게 되었는가
쓰러졌다
미군에 고용된 매국노들에게
황혼에 넘어진 거목처럼
삼팔선에 허리를 걸치고 쓰러졌다
머리는 위로 하고
다리는 아래로 하고

　백범 암살에 미군 정보기관이 관여되었다는 설은 있으나 확실한 자료가 발견된 것은 아니다. 어떻든 김남주 시인은 백범의 설 자리가 없다고 한탄했으나 설 자리는 날이 갈수록 넓어진다는 것을 이 자료집을 통하여 알게 될 것으로 필자는 믿는다. 그래서 백범을 역사의 승리자라고 한 것이다. 그날이 다가오고 있다. 그날이 오면 '황혼에 넘어진 거목'은 벌떡 일어나 삼팔선 위에 '통일의 새벽을 꽃피우는 기념수'로 변할 것을 믿는다.

《백범 김구전집》제10권

최준례 여사를 추도하며

오늘 백범 선생의 부인되시는 최준례 여사 이장 안장식전에 국민대학교 교수 조동걸이 부복하고 여사를 추모하는 말씀을 올립니다. 여사께서는 ㄹㄴㄴㄴ해(4222년, 1889) ㄷ달(3월) ㅊㅈ날(19일) 서울에서 태어나셔서 대한민국 ㅂ해(6년, 1924) ㄱ달(1월) ㄱ날(1일)에 돌아가셨으니 35년의 짧은 생애를 누리셨습니다. 백범 선생과는 2·8청춘이던 1904년에 만나 결혼하셨으니 꼭 20년을 반려하셨습니다. 반려라고 했습니다만 그것이 어찌 반려이겠습니까? 그야말로 형극으로 이어진 밤낮을 같이한 독립운동의 동지였다고 말해야 옳을 것입니다. 그 동안 5남매를 낳아 慶兒 3자매는 앞세우고, 仁과 信 형제를 남기셨습니다.

결혼 20년에 신혼 시절 4년과 백범 선생이 1915년 인천 감옥에서 가출옥하여 농장에서 농감으로 일하시던 4년과 돌아가시기 직전 상해 시절 4년은 그래도 반려라고 해도 좋을 전 4년, 중 4년, 후 4년이었습니다. 흔히 백년해로라고 말하는데 겨우 10여년의 반려를 위하여 결혼하셨습니까. 장련교회 韓衛廉·君芮彬 선교사가 주선한 혼처도 기어이 마다하고 경찰에 쫓기지 않으면 연거푸 감옥이나 사는 연상의 남자를 택선하여 결혼하였단 말입니까. 그래서 북풍 휘몰아치는 엄동 설한에도 몸을 떨며 옥바라지나 해야 했던 여사의 생애가 되지 않았습니까. 바로 그것이었습니다. 감옥을 산 것도 알았고 살 것도 이미 안 여사였지만 조숙한 여사께서는 파란만장한 삶의 길이 오히려 값지다고 생각하셨습니다. 그래서 청년 백범을 부군으로 맞은 것이 아니겠습니까.

  1904년 백범 선생과 혼담이 오갈 때 두 분은 첫 만남에서 장래를 약속하였습니다. 그리하여 여사께서는 경신여학교로 진학하여 장래를 준비하였습니다. 그리고 장련, 신천, 안악으로 이사하며 부군과 더불어 구국교육에 헌신하였습니다. 1910년 안명근 사건으로 부군이신 백범 선생이 영어의 몸이 되었을 때도 여사께서는 교육에 헌신하며 옥바라지를 하였습니다. 여사께서 교육에 이바지한 업적이 얼마나 높았던가는 백범 선생이 1915년 출옥하여 여사께서 계시던 安新學校 조교로 일했다는 사실로 알 수 있습니다. 그만큼 여사의 위치가 확고했다는 것을 의미하는 것이겠습니다. 그런 아내와 사는 남자로서 백범의 꿈도 무르익은 것이 아닌가 합니다.

  1919년 3월 29일, 3·1운동이 요원의 불길처럼 전국으로 퍼져 나갈 때 백범께서는 상해 망명길에 올랐습니다. 맏아들 仁이 백날을 겨우 지난 때였습니다. 그때 여사께서 왜 부군의 먼길을 만류하지 않았습니까. 여사께서 한사코 만류하였다면 떠날 부군이 아니라는 것을 후생은 알 수 있습니다. 두 분의 혼담이 오갈 때 온 교회가 주목하고 온 마을에 화제가 분분했던 것을 보면, 窈窕淑女는 틀림없는데 君子好逑가 될 것이냐의 문제 때문이 아니었습니까. 그렇다면 여사의 부덕을 알 수 있는 것입니다. 그런 요조숙녀가 평범한 인생으로 자족한다면 부군의 먼길을 만류할 법도 했던 것입니다. 그렇게 했더라면 백범께서도 군자호구가 되기 위해서도 먼길을 단념했을지 모르는 일입니다. 실제 그런 경우를 역사에서 얼마든지 볼 수 있는 것입니다.

그러나 여사께서는 먼길을 떠나보내셨습니다. 그리고는 이듬해 1920년에 여사도 仁을 데리고 上海로 갔던 것입니다. 그리고 1922년에는 어머님 郭樂媛 여사도 상해로 모셨습니다. 그해는 경사가 겹쳤습니다. 부군이 임시정부 내무총장에 올랐는가 하면, 둘째 아들 信이 출생하였습니다. 프랑스 조계 영경방 단칸 셋방이었지만 행복이 가득한 1922년 여름이었습니다. 내무총장의 집답지 않게 가난해서 갓난아기의 옷도 입히지 못했지만 보람이 가득한 집안이었습니다. 고향에서 농감이나 하고 지내면 배불리 먹고 信이 태어난 경축 잔치도 걸판지게 열었겠지만 바보처럼 남의 나라에 망명하여 가난한 '亡國奴'라고 조롱받으며 살았지만 거기에는 뜨거운 행복과 보람이 있었습니다. 조국 광복에 몸 바치는 뜨거운 열정이 있었으므로 어떤 가난과 형극도 달게 받을 수 있었습니다.

그런데 웬 일입니까. 그 信이 死花가 될 줄을 꿈엔들 생각했겠습니까. 여사께서는 아기 백날도 되기 전에 자리에 눕고 말았습니다. 가난한 살림 때문에 폐를 다쳐 자리에 누워도 변변한 약 한 첩 못 쓰고 결국 운명하셨습니다. 그때가 1924년 1월 1일이옵니다. 홍구 폐병원에서 운명하실 적에는 여사만이 외롭게 저승을 맞아야 했습니다. 홍구에 가자면 일본 경찰이 우글대는 영국 조계와 공동 조계를 지나야 하기 때문에 임시정부 내무총장이신 부군이 갈 수가 없지를 않습니까. 독립운동이 무엇이라고 임종을 외면해야 했습니까. 그러나 여사께서는 마지막 순간에도 엄중하였습니다. 문병 온 김의한 선생 내외분을 통하여 가족 임종을 막았습니다. 그래서 아무도 없는 이국의 병실에서 홀로, 그러나 거룩하게 세상을 떠나가셨습니다.

최준례 여사, 맑은 영혼은 이승에서는 경찰에 쫓기고 가난에 묶이면서 육신의 고통을 강요당하지만 저승에서는 가장 윗자리 중앙에 앉는다고 들었습니다. 저승 중앙에 앉아 계실 최준례 여사, 오늘 이 자리에는 77년 전 여사의 사화로 태어난 信이 영전에 부복하고 불효의 용서를 빌고 있습니다. 용서하옵소서. 그러나 그 불효자가 여사의 유해를 첫 유택으로 계시던 상해 霞飛路(淮海路) 공동묘지에서 1948년에 봉환했습니다. 그리고 정릉과 금곡리를 거쳐 오늘 부군이 계시는 효창공원 여기에 모시는 것입니다. 못 잊고 눈을 감았던 그 信이옵니다. 기뻐하옵소서. 어제는 어머님과 맏이 仁의 조손분의 유해를 대전 국립묘지로 옮겨 봉안하였습니다. 사화로 아름답게 꽃 피운 신의 장한 모습이 아니옵니까. 기뻐하옵소서.

최준례 여사, 여사께서 세상을 떠나신 뒤에도 온갖 시련이 있었습니다. 여기에서 그 이야기를 어찌 다 하겠습니까. 어머님 곽낙원 여사께서는 1939년 기강에서 돌아가셨고, 맏이 인은 1945년 해방을 눈앞에 두고 작고했습니다. 곽낙원 여사와 인의 후광도 역사에 빛나고 있습니다. 그 또한 기쁜 일이 아니옵니까.

부군이신 백범 선생은 여사께서 돌아가신 후에 임시정부 국무령과 주석으로 정국을 주도하다가 1945년 해방과 더불어 환국하시었습니다. 그러나 광복된 조국은 광복이 아니었습니다. 미국과 소련이 38선으로 분단하여 점령하고 각각 자기 나라에서 훈련된 사람이 집권하도록 공작을 꾸미기 시작하였습니다. 그때 백범 선생은 38선을 베고 죽을지언정 분단정부는 세울 수 없다고 남북협상의 장도를 개척하였습니다. 그러다가 분단 집권자에 의해 암살 순국하시고 말았습니다. 1894년 동학농민 전쟁에 참전하신 이후 1949년 순국하실 때까지 65년 간의 민족운동을 동족의 총에 운명해야 하는, 그렇게 억울하게 마감하였습니다만 정말 영광스러운 생애였고 정말 영광스러운 마지막 운명이었습니다. 진정코 38선을 베고 돌아가셨습니다. 때문에 선생이 개척하신 남북협상의 대로는 영원히 청사에 빛날 것입니다. 그래서 온 겨레는 백범 선생을 겨레의 스승으로 우러러 모시는 것이고 그러한 뜻과 정성을 모아 백범 선생을 여기 효창공원에 모셨던 것입니다. 그 옆에 여사를 오늘 모시는 것입니다.

늦었다고 꾸짖지 마옵소서. 그 동안 이승만 독재정부가, 이어서 군사정권이 지배하고 있어서 생의할 방도가 없었습니다. 信은 아버님의 뜻을 따라 해방과 더불어 미국에 건너가 공군 장교의 훈련을 마치고 신생 대한민국의 공군 장성으로 혁혁한 공훈을 쌓았습니다. 그리고 한때 정부 각료로, 또 주중 대사를 역임하기도 했습니다. 그러나 信도 어떻게 할 방법이 없었습니다. 살벌한 독재정권 속에서 생의할 방도가 없었습니다. 信이 지금 78세입니다. 언젠가 어머님 옆으로 가거든 장하고 기특한 아들이었다고 칭찬해 주시옵소서.

최준례 여사, 75년 만에 부군 옆에 오신 것입니다. 맑은 두 영혼이 반기실 것으로 압니다. 후생 조동걸이 다시 향을 피우며 영령의 영면을 비옵니다. 안면하옵소서.

1999년 4월 2일

(崔遵禮 여사 移葬奉安式追悼辭)

青溟 선생과의 짧은 追憶

青溟 선생과 사석에서 처음 만난 것은 1981년 7월로 기억된다. 무덥던 어느 날 지금은 서울대학교 동양사학과로 옮긴 朴漢濟 교수가 芝谷書堂에 놀러가자고 하기에 시원한 천마산 언저리, 거기에 서당이라니 듣기만 해도 더위가 가시는 듯 반가워 따라 나섰다. 더구나 청명 선생께서 만나기를 청한다고 하니 머뭇거릴 이유가 없었다.

찌게에 넣을 돼지고기 두어 근을 사들고 마석에 내렸더니 마침 5일장이 열려 서울에서 크게 먼 곳이 아닌데도 시골 맛을 느끼게 했다. 마석 장터 뒷산에는 집안의 芝薰 형주의 산소가 있어 몇 번 왔던 곳이라 낯설지는 않았다. 박 교수가 시키는 대로 수박 한 덩어리를 더 사들고 장차에 올라탔다. 달구지나 다닐 시골길을 자동차가 기우뚱거리며 달려 거의 반나절은 되어서 지곡서당 앞에 당도하였다. 남양주군 수동면 지둔리라 했다.

맑은 골짜기 냇물을 건너 느티나무와 소나무가 듬성 듬성 서 있는 사이로 비스듬이 기운 기와집이 있었다. 남향으로 두 채가 있고 동향으로 한 채가 있었다. 그리고 동향채 끝에 정자 모양의 별채가 있었다. 거기에서 청명 선생에게 인사를 드렸다. 소문대로 단아한 선비의 인상이 머리에 남았다. 세상 이야기를 하고 바둑을 한 판 둔 후에 선생의 자제 임세권 교수와 함께 안동 녹전의 고려 벽화고분을 발굴할 때의 이야기를 나누었다. 그때 벽화의 청룡, 백호, 주작, 현무의 사신도에 관해서 장황한 설명을 들었다. 듣고 있노라니 과연 청명 선생의 해박한 식견에 감탄하지 않을 수 없었다. 위진 남북조시대를 전공한 박 교수도 거들었다.

  오후 새참 때나 됐을까. 주변 경관을 두루 살펴보고 돌아가려고 할 때 선생은 지필묵을 준비시켰다. 그리고는 '讀書頌'을 기념으로 써주셨다. 그것을 들고 나오니 서당에서 공부하던 젊은 교수들이 새롭게 인사를 청하는 것을 보고 청명 선생이 제자들로부터 얼마나 존경을 받고 있는가를 짐작하게 했다.

  물 건너 신작로에 이르러 지곡서당을 뒤돌아보니 선생께서 모시 고의적삼을 입은 채 삽짝을 나와 서 있는 것이 아닌가. 저녁 노을이 서산 위에 퍼져 있을 때였다. 그 모습을 보고 신선이 따로 없다고 느끼며 박 교수에게 말을 건넸더니 동양화 한 폭의 구도가 아니냐고 했다. 누가 아니라고 할 것인가.

  그 후 얼마간 필자는 청명 선생을 찾아뵙지 못하였다. 선생의 '독서송'을 잃어버린 것이다. 어느 표구점에 맡겼는데 잃었다는 것이다. 싸울 수도 없고 소송할 수도 없고, 어떻게 하랴. 내만 죄책감에서 사석을 피하고 말았다. 피한다고 해서 서로의 정의가 소원해졌던 것은 아니지만 깊은 이야기를 나눌 기회를 갖지 못했다는 말이다.

다시 만나 '독서송'을 잃었던 사연을 고백하며 옛 이야기를 나누었던 것은 15년이 지난 1996년이었다. 단동에 韓國國學振興院을 설립하여 선생과 필자가 이사로 취임하게 된 것이다. 그리고 선생이 필자를 원장으로 추천하여 필자가 교수 정년도 맞기 전에 한국국학진흥원장을 겸직하지 않으면 안 되었다. 맡고 보니 수백억 원의 예산으로 터를 닦고 집을 짓는 일이 앞서는지라 만나는 사람이 건축업자요 찾아오는 사람이라곤 은행원이라 돈 놀음에 묻혀 재미가 없었다. 그리하여 교수 정년과 함께 사임하고 말았다. 그러나 청명 선생께는 여간 죄송한 것이 아니었다. 선생은 "집 짓는 일은 사무처장에게 시켜 놓고 원장은 점잖게 있으면 되지 않느냐."고 했지만, 그냥 앉아 있을 수가 없었다. 그래서 필자는 사임하기 전에 유일하게 청명 선생과 수의한 것이다. "내 집도 안 지어 본 사람이 어떻게 수백억의 공공건물을 짓는다고 그 자리를 지키느냐."고 할 때 선생도 사임에 동의하셨다. 그래서 필자는 가벼운 마음으로 사표를 냈다. 그 후 선생이 몇몇 사람을 만나 필자의 이야기를 화제에 담았다는 소문을 들었다.

그런 연분이 있었으므로 선생은 필자의 정년 기념논총에 실을 축하 휘호를 주셨다. 81년의 휘호를 잃었다는 이야기를 듣고 선생은 놀란 표정을 짓더니 필자에게 정년 하시를 쓸 기회를 달라고 당부하셨다. 그때 옆에서 듣고 있던 김영하, 성병희 교수 등은 부러워하다가 말고 박수로 미리 축하해주었다. 고마운 추억이다. 그런 사연이 있는 휘호이므로 필자는 소중하게 간직하고 있다. 그런데 선생은 글귀가 1·2행 다음에 4·3행의 역순으로 읽어야 하므로 오해를 살 염려가 있다고 해서 또 하나 다시 쓰겠다고 하셨는데 필자는 사양하였다. 그리고 선생은 곧 자리에 누우셨다. 그것이 1997년 여름의 이야기이다.

 그해 늦여름에 필자가 정년퇴임하고 그 후에 두서너 번 찾아뵈었다. 이삭의 모습을 뵙고 정말 청명 같던 청명 선생의 깨끗하고 대범한 성품을 붙잡듯이 회상해보았다. 그리고 안동에서 혹은 지곡서당이나 물 건너 송어 횟집에서 깊은 밤을 이야기로 꽃 피우던 소탈한 인품을 그려보았다. 그때 그러한 그리움에 젖었던 것은 필자만의 감회가 아니었을 것이다. 그 길로 선생은 끝내 돌아가셨다. 그러나 지곡서당을 개편한 泰東古典硏究所가 날로 발전하고 있고 또 선생의 유지를 따라 제자들이 만든 청명문화재단이 통일운동에 크게 기여하고 있으므로 누가 선생께서 돌아가셨다고 말하리요.

 선생의 민주주의에 대한 신념과 통일에 대한 염원은 청사에 꺼지지 않는 불로 타오르고 있다. 후생은 1주기를 맞아 명복을 빌 따름이다.

1999년 12월 30일

《청명선생 1주기 추도문집》 2000년 4월 12일)

주실의 이야기

주실은 일월산의 정기가 쏟아져 내려오다가, 문필봉을 바라보는 장군천에 이르러 발길을 멈춘 언덕에 자리한 한양 조씨 집성촌이다. 정기가 쏟아지는 마을이라 하여 주곡리(注谷里)라 이름하고 매계(梅溪)라는 별호를 가지고 있다. 여기에 사는 주실 조씨는 선대가 한양에 세거하다가 1519년 기묘사화(己卯士禍)를 만나 일문이 팔도로 흩어질 때, 9세(世) 현감공(縣監公·琮)께서 영주로 낙남하고 그의 손자 원(源)께서는 1535년 영양 원당리로 옮겼는데 아들 경산당(景山堂·光仁)과 약산당(約山堂·光義) 형제가 청년기에 이미 도학이 남달라 1577년 영산서원(英山書院) 창립 원로 16인에 선발되고 이어 해동이로(海東二老)라는 칭호를 들으면서 안정을 찾기 시작하였다. 1592년 임진왜란과 그에 이은 정유재란에서는 약산당께서 수하의 수월(水月·儉)·사월(沙月·任) 연담(蓮潭·健)·호은(壺隱·佺) 사종 형제를 거느리고 의병을 일으켜 곽망우당(郭忘憂堂)의 화왕산성 전투에 참전하므로써

용사제현(龍蛇諸賢)에 이르고, 수월·사월 형제는 정묘호란과 병자호란 때도 대공을 세워 사월공은 통정대부(通政大夫)에서 정2품 자헌대부(資憲大夫)에 승자되니, 열 집에도 못 미친 가문이 경반의 명예를 회복하였다.

주실은 호은공이 1629년 인조 7년부터 진사에 오른 아들 석우공(石宇公·廷珩)과 함께 개척한 마을이다. 주실에 입향한 후에도 한양으로 돌아갈 뜻을 버리지 않고 있었으나 석우공의 손자 16세(世) 호봉(壺峰·德純)·옥천(玉川·德鄰) 형제와 임호(霖湖·德厚)·임악(霖岳·德久) 형제 사종반이 1677년부터 연년 대소과에 급제하는 경사가 이어지면서 주실에 만년 대기를 닦은 것이다. 그 후 붕당 와중에서 시련을 겪기도 했으나 여러 어른이 문명을 떨쳐 문한의 고장으로 성장해갔다. 주실에 정착한 1629년부터 1894년 과거제 폐지까지 265년 간에 옥천공 수난의 영향도 있어 홍패 넉 장, 백패 아홉 장에 불과했으나 그 외에도 문집과 유고를 남긴 어른이 63인에 이르러 벼슬길 이상의 선비의 영광을 누렸다.

霖叟(頌) 草堂(喜堂) 孤山(禔) 靜修齋(遵道) 月下(運道) 磨巖(進道) 晩谷(述道) 松韻(行道) 拙川(性道) 稼翁(居善) 梅塢(居信) 愚溪(明復) 注溪(恒復) 心齋(彦儒) 鶴坡(星復) 冶軒(彦休) 松塢(根復) 拙窩(端復) 古隱(居南) 木澗(淵復) 默窩(彦綱) 癡軒(秉周) 蘆山(彦國) 竹塿(彦育) 大樸寮(秉奎) 翠澗(彦俊) 痴菴(彦彙) 蓉隱(.秉魯) 蓉山(秉淵) 霖岡(秉性) 楠原(秉華) 菊塢(秉重) 竹下(秉薰) 日下(思容) 魯溪(皐容) 冶塢(寓容) 太昊(彦吉) 冶山(秉林) 南洲(承基) 龜巖(秉碩) 鷹巖(耆容) 蘭皐(命基) 南山(永基) 翠巖(蓍容) 小皐(鎭容) 晩竹(寅容) 石農(秉禧) 梅墅(獻基) 등께서 남긴 문집·유고와 많은 분들의 글월이 전해온다. 그래서 시인 묵객의 발

길이 끊이지 않았는데 특히 주목할 것은 조선 후기 실학자 채제공(蔡濟恭)·이가환(李家煥)·정약용(丁若鏞)과 교류하면서 개혁의 불길을 지펴 제례에서 단설의 실시, 관례와 혼례의 통합 등 생활 개혁을 단행했던 것이다. 이와 같은 조선 후기부터의 개혁의 추진은 이후 주실의 개혁 전통을 세우는 단서가 되었다. 그때 유학을 새롭게 익히던 곳이 월록서당(月麓書堂)이다. 호은정사(壺隱精舍), 만곡정사(晚谷精舍)와 침천정(枕泉亭), 학파정(鶴坡亭)도 그러한 뜻을 잇던 곳이다. 혹은 사미정(四未亭)과 임산서당(霖山書堂)에 가서 공부하기도 하고 임강계(霖岡稧) 같은 이동계를 만들어 개혁의 뜻을《매계수창(梅溪酬唱)》에 담아 오기도 했다.

구한말의 변혁기를 맞아서는 남주(南洲·承基)께서 임진·병자 양란 때의 선대 유지를 이어 의병을 일으키니 마을이 온통 의병의 고장이 되었다가, 1899년 석농(石農·秉禧)께서 서울의 개화·개혁운동에 동참하고 아울러 창용(昌容)·술용(述容)·종기(鍾基)·인석(寅錫)·두석(斗錫) 등의 청년과 함께 1904년부터 국민교육회와 대한자강회에서 활약하게 되니 주실은 개화 마을로 일변하기 시작하였다. 여기에 이르러 주실은 개혁의 고장이란 별칭을 듣게 되었다. 국민교육회 간사였던 창용(昌容)께서는 1908년부터 해외로 나가 연해주·북간도 등지에서 신한촌 건설의 선봉적 행적을 남겼다. 1910년 대한제국이 멸망하자 범용(範容)·만기(萬基)·유기(裕基, 일명 載基)께서는 서간도로 망명, 독립군 기지 개척에 앞장서 독립운동사를 빛냈다.

마을 안에서는 영진의숙(英進義塾), 배영학당(培英學堂), 동진학교(東進學校)를 세워 노동야학과 여자야학을 일으켜 민족교육에 이바지하였다. 삼불차(三不借)로 이름난 호은 종택에 설치되어 있던 영진의숙은 유수한 어린이를 모아 가르치던 곳으로 인석(寅錫)·근영(根泳) 부자께서 저술한 당시의 교재인 《초경독본(初徑讀本)》이 오늘에 전하고, 석기(碩基)께서 정성을 쏟아 월록서당에 세웠던 배영학당은 노동야학으로서 1927년에 조선농민사로부터 전국 모범 야학으로 포상을 받았다. 이집 저집 돌아가며 간판을 걸었던 동진학교는 딸네와 새댁네가 모여 가사를 짓고 읊으며 무궁화 열세 송이로 13도를 수놓기도 하며 안방에 새 바람을 일으켰는데 명교(明敎), 애영(愛泳), 현필(賢弼), 김종진(金鍾振) 여사 등이 앞장을 섰다. 이것이 모두 마을 혁신의 요람이 되었다.

한편 1920년대에 노동공제회, 신간회, 청년동맹 등을 결성하여 민족운동에서 산골 마을답지 않은 큰 발자국을 남기기도 했다. 특히 신간회 활동에서는 영양지회의 회장(寅錫)과 총무(俊泳)를 맡았던 외에 일본에서 동경지회장(憲泳)과 경도지회 총무(龍基)를, 또 중앙의 검사위원(현영)을 맡아 활약하는 남다른 열성을 보였다. 이에 동민들도 신간회에 가입하니 주실을 신간회 마을이라 일컫기도 했다. 신간회 활동을 통해 1928년부터 양력 과세로 전환한 것은 그때로서는 보기 드문 용단이었는데 지금도 주실은 양력 과세를 자랑으로 삼고 있다. 그러느라고 정초에 풍악을 울리며 지신을 밟고 성황당 동제를 올리던 홍겨운 민속이 위축된 아쉬움을 남기기도 했다.

1930년대에는 헌영(憲泳)께서 일월산 초목을 조사 실험하여 현대 한의학을 개척하였는데 실험을 돕기 위하여 앞뒷산을 오르내리던 초동들의 일화가 노변담화로 내려온다. 그렇게 시작한 현대 한의학이 오늘날 남북한에서 함께 민족의학의 금자탑으로 빛나고 있으니 이 또한 주실의 광영이다. 다음에는 농무회와 꽃탑회의 활동을 손꼽는다. 농무회는 혁명적 농민조합 단체였고 꽃탑회는 계몽운동 단체였다. 농무회를 통하여 세상 안목을 넓히는 한편, 회보까지 발행하던 꽃탑회 활동을 통하여 새 안목을 글에 담았다. 동진(東振·世林), 동탁(東卓·芝薰) 형제가 문단에 올라 10대(代)에 불후의 시문을 남긴 것이 이때였다. 이와 같이 주옥같은 문필과 학문을 남기고 민족운동을 전개하는 가운데 더욱 놀라웠던 것은 일본이 강요하던 창씨개명(創氏改名)에 저항하여 성과 이름을 지켜온 사실이다. 아마도 온 마을이 창씨개명을 거부한 것은 우리 나라에서 주실뿐이리라. 그래서 주실을 개혁의 고장, 신간회의 고장에 이어 민족운동, 민족문화의 고장이라 일컫는 것이다. 오늘날 주실에서 국학자가 많이 배출된 것이 우연이 아님을 알 수 있다.

해방될 때 주실은 70호 가량, 350명 정도의 인구가 살던 작은 마을이었다. 산전을 일궈 농사를 짓고 밥 대신 죽을 먹으며 자식 교육을 강조한 것이 마을의 또 하나의 전통이었다. 그 전통의 분위기에 힘입어 고학으로 공부하여 입명한 이도 적지 않다. 그 작은 마을에서 해방을 맞자 어른들은 서울과 대구로 나가 정치인으로 새 조국 건설에 이바지하고, 젊은이들은 은화청년회(隱花靑年會)를, 어린이들은 주실소년회(少年會)를 결성하여 격조 높은 연극과 음악회와 운동회와 토론회를 열었던 활기 찬 모습은 높은 향학열이 아니고는 얻을 수 없는 결실이었다.

'매방산 기개를 가슴에 품고 매계의 정기를 일신에 모아…….'
라던 청년회의 노래가 젊은 포부와 야망을 불타게 했는가 하면,

농부가로 편곡되어 노을진 들녘에 울려퍼질 때면 풍요로운 마을을 한결 흥겹게 했다. '하나 둘, 하나 둘' 안개 낀 새벽을 헤치며 마을을 달리는 소년회의 조기회 행렬은 아버지 어머니들의 아침 일손을 마냥 즐겁게 했고, 매방산에 올라 해돋이 맞으며 애국가와 용진가를 부를 때면 주실의 꿈을 더욱 더 부풀게 했다.

이러한 주실의 이야기가 어찌 주실 안에서만 머물 것인가. 마을과 마을로 퍼져 나갔고 혹은 딸네의 혼인길 따라 번져서 외손들의 앞길을 활짝 열기도 했다. 그리하여 경향에서 찾아오는 명사가 연중 줄을 이었다. 정초에 지신굿 놀이가 펼쳐지면 학술조사하러 왔던 학자들도 징소리에 맞춰 어깨춤을 추었고, 한여름 풀굿놀이 때 아낙네의 허리춤이 덩실대면 길손도 북소리 장단에 맞춰 엉덩춤을 추었다. 아지랑이가 들녘에 피어오르면 뒷동산에서 화전놀이가 시작되었는데 노랫가락이 산울림을 탈 때가 되면 치마폭을 감아쥔 새댁네와 딸네의 엇물림 꽃춤이 봄하늘을 수놓았다. 설맞이놀이는 주실이 창안한 장작윷 축제로 결판지게 거행되었다. 해마다 그때면 문객들이 모여들어 곱사춤과 술주정으로 송구영신의 흥을 한결 돋우었다. 사랑방의 팔목과 안방의 채윷놀이와 뒷방의 가투놀이는 오신 손님 대접 삼아 회가(回家) 축제로 열렸는데 집집에서 터져나오는 웃음꽃이 겨울 밤을 녹였다.

그렇게 뜨겁던 주실의 모습이 이제는 옛 이야기 속으로 묻혀가고 있다. 그러나 그것은 모두 주실의 얼이 되고 살이 되었다. 그 토양 위에서 자란 소년회 어린이들이 어느덧 70 고령에 이르렀지만 너나없이 '바르게 행동하고 밝게 살자' 던 구호가 풍진에 오염되지 않도록 북돋워준 주실의 교훈을 잊지 않고 있다. 6·25동란을 전후해서는 조국의 운명처럼 모진 고난을 겪었고 마을은 폐허로 전락하는 듯했으나 그래도 좌절하지 않았다. 신세대 젊은이들이 황폐한 골목의 긴 수풀 거친 길을 다시 닦으며 '아! 주실아 새 사조 받아서 새 역사 새 천지를 이루어가자'고 주실의 노래를 다시 만들어 부르면서 마을을 새롭게 가꾸었다. 이때에 만든 새 향약(鄕約)이 오늘에 이르고 있다.

주실이 개화 마을로 변신하기 시작한 1899년부터 꼭 1백년의 세월이 흐른 지금, 역사는 20세기를 마감하고 있다. 20세기의 역사가 파도칠 때마다 파도에 휘말린 우여곡절이 있었다고 해도 중요한 것은 주실을 지키고 살찌워왔다는 사실이다. 그 지성이 감천하여 오늘날 알찬 열매로 영글고 있다. 새로 이사해온 여러 성씨의 정다운 이웃들과 함께 더욱 착하고 아름다운 마을로 다듬어져 가고 있다.

밖에 나가서 세상에 이름을 떨친 이도 주실을 사랑하기에 인색하지 않다. 수십 명의 문인, 학자를 비롯하여 교육자와 의사와 판검사와 사성장군, 그리고 수령방백(守令方伯)을 비롯한 관공리와 기업가와 은행가와 목사와 승려에 이르기까지 여러 분야에서 활동하는 명사가 수없이 많다. 과연 작야강변(昨夜江邊)에 춘수생(春水生)하니 몽충거함(艨衝巨艦)도 일모경(一毛輕)이라는 말이 헛소리가 아니다. 마을 안에서 사는 이나 밖에 나가 사는 이나 모두 어린 시절 주실에서 얻은 기운으로 세상을 바르고 훌륭하게 살아가고 있다. 그래서 한양에 살던 향수를 누르고 370년 전 호은공(壺隱公)께서 개척한 주실을 못 잊어 오늘도 내일도 '주실에 살어리랏다'를 읊조리는 것이 아니더냐. 이제 주실은 세계로 도약할 차례이다. 세상은 바야흐로 21세기를 맞고 있다. 주실아! 주실의 문을 더욱 넓게 열자. 그리고 세계로 도약하자.
1999년 기묘(己卯) 이른 봄에

《주실 마을》, 주실마을회

VI

책을 엮을 때마다 외친 소리

《태백의 역사》
― 序文

太白이란 강원도의 별명인데 별명에는 關東이란 말도 있다. 강원도를 太白이라고 하는 것은 본도의 중앙부에 太白山脈이 남북으로 뻗어 있기 때문이고, 關東이라 하는 것은 옛날, 우리 나라의 北關이었던 鐵嶺 동편에 강원도가 위치하고 있기 때문이다. 그런데 이 책에서는 근래에 많이 쓰이는 별명인 太白을 사용하여 강원도의 역사를 《太白의 歷史》라고 이름하였다.

원래 이 책은 1969년 9월부터 이듬해 3월까지 《江原日報》에 연재한 〈太白의 證言〉을 《江原文化叢書》의 간행을 위하여 다듬은 것이다. 막상 강원 향토사를 일관할 수 있게끔 만들려고 하니 〈太白의 證言〉을 정리한 것으로는 미흡하여 새로 집필하지 않으면 안 되었다.

그러다가 보니 원체 단기간에 이룬 것이어서 실과 허가 섞였을지도 모른다. 그러나 필자는 1965년 이래 太白의 산과 고을을 헤매며 모아놓은 사료를 가지고 있었으므로 서툴게나마 간추려 꾸밀 수 있었고, 또 역사는 전설이나 설화와 달리 진실을 추구하는 학문이기에 진실을 찾느라고 노력하였다.

  그 결과 여기서는 조선왕조 말 즉, 1910년 대한제국 종말까지의 史實을 수록하였다. 그 이유는 일제하의 사료가 너무 방대하여 이 책에 모두 모을 수 없었기 때문이니 일제하의 역사는 차후에 모아 출간하기로 약속한다.

  오늘날 한국사학계에서는 일제하 식민지 사관에서 탈피한 정사 서술, 대중사적 유념, 향토사 발전 등의 과제를 안고 있다. 그 중 처음의 것은 학자와 교사의 양식 내지 사관의 문제라 할 수 있지만, 여타의 양자는 하나로 볼 수 있는 것이다. 그것은 대중사적 성격을 파악하자면 향토사적 구명을 전제하고 있기 때문이다. 따라서 오늘날 한국사학계의 중요한 과제인 대중사적 유념이라는 것은 전국적인 향토사 발굴로서 진전을 가져올 것으로 생각한다.

  이렇게 보면 금번 강원일보사에서 《江原文化叢書》를 간행하는 것은 우리 문화사상 높이 평가되어야 할 것이다. 그런데 그와 같이 훌륭한 일의 한 자리를 본인이 맡게 되어 동도 전배에게 송구스럽기 그지없다. 그러나 문제 제기로 자위하면서 앞으로 많은 질정과 지도가 있기를 바란다.

  끝으로 江原日報社 여러분에게 거듭 감사하면서 원고 정리에 수고해준 春川敎育大學의 安文姬 外 여러 학생들에게 사의를 표한다. 그리고 필자가 답사할 때마다 경비를 도와주신 春川 碩土洞의 尹福炫 氏와 자료 수집에 협조해주신 수많은 시골 어른들에게 이 기회를 빌어 깊이 감사의 말씀을 올리는 바이다.

1973년 2월 일 春川 草堂에서 著者

《태백항일사》
— 序言

 금번 강원일보사에서 《江原文化叢書》를 일단 매듭지으면서 일제하의 강원도사를 위촉하기에 이 글을 다듬었다.
 수년 전 이 총서가 처음으로 간행될 때 제1권 《太白의 歷史》를 집필한 것이 인연이 되어 그의 후편이라 할 수 있는 이 글을 맡게 되었는데 이 《太白抗日史》는 일제하 강원도민의 민족사인 것이다. 따라서 일제의 식민통치라는 객체적 상황을 민족적으로 극복하는 도민의 투쟁과 시련을 부각시키는 데 주력하였다. 바꾸어 말하면 강원도민의 독립운동사로 엮었다.
 그런데 독립운동사뿐만 아니라 한국사 연구에는 아직도 많은 과제를 남겨놓고 있다. 한국사에 대한 연구를 본격화하고 그것을 담당했던 진단학회가 설립된 지도 40여년, 광복부터는 30여년이 지났으나 학술 연구의 처지에서 보면 제한점도 많았고 또 짧은 동안이기는 했지만, 그 방법론이나 혹은 사학사 등 묵직한 과제와 더불어 한국사의 대중사적 개발 문제는 특히 근대사 연구에서 명제로 남아 있는 것이다. 그 위에 일제의 식민사관이 민족 향방을 그늘지게 하는 듯 사필을 울린 경우가 많으니 이 또한 사학의 과제인 것이다.

　이와 같은 과제의 일단을 해결하는 작업이 지방사연구를 통한 대중사적 개발일 것이고, 한국사의 주체는 한국인이라는 극히 평범한 원리에서 일제하의 강원도사가 일제침략사가 아닌 그 침략사에 항거한 민족사로서의 항일사를 개발하는 일일 것이다. 그리하여 이 책을 《太白(江原道)抗日史》라고 이름한 것이다.

　그러나 자료나 시간의 제한, 그리고 필자의 능력이 미치지 못하여 뜻과 같지 못한 곳이 많다. 필자는 그 동안 독립운동사에 관한 연구를 진행하면서 江原道 향토사적 자료는 따로 모아왔기에 그것을 중심으로 다듬어보았지만, 미진한 곳이 한두 가지가 아니다. 그러나 강원도 향토사 개발이라는 측면에서 다소나마 뜻 있는 작업일 것이라는 점에서 자위하면서 용단을 내려 엮는 바이니 제선배 동료의 질정을 바랄 뿐이다.

　수년 간 《江原文化叢書》를 간행하면서 鄕土 문화개발에 선봉적 역할을 수행해온 江原日報社 관계 제위에게 거듭 경의를 표하면서 본인의 연구를 위하여 자료를 보내주시고 조언해주신 도민 여러분에게 사의를 표하는 바이다. 끝으로 원고 정리를 도와준 春川敎大 심상학 군 외 여러 학생의 노고에 감사한다.

1977년 4월 일 春川 草堂에서 著者

《일제하 한국농민운동사》
— 머리말

　근래 일제하의 역사 연구가 자못 활발하게 추진되고 있다. 그러나 民衆史的 분야의 많은 과제 때문에 종합적 진단이 어려워 概說書조차 나오기가 힘든 형편에 있다. 이러한 점을 고려하여 일제시대 민중운동의 주류에 浮上되어 있는 농민운동을 그 동안 이 분야의 연구 성과를 수용하면서 독립운동사적 시각에서 정리해봤는데 의욕만 앞섰을 뿐 해설의 정도에도 미치지 못한 것 같다. 더구나 연구 성과의 수용이나 기초 이론의 접근이 부족하여 책으로 내 놓기가 조심스러울 뿐이다.

　일반적으로 농민운동이라고 하면 근대적 농민의식의 성장 과정부터 이야기되어야 하는 것으로 알고, 한국의 경우에는 三政의 문란을 전후하여 일어난 각처의 民亂부터 규명돼야 할 것이다. 그러나 여기에서는 봉건적 수탈체제를 극복하려는 농민운동이 아니라 일본 제국주의의 침략과 수탈체제에 항거한 농민운동을 대상으로 한 것이므로 독립운동사적 의미가 있는 동학농민혁명부터 다루게 되었다.

　동학농민혁명은 당초 봉건체제에 대한 항쟁으로 나타났으나 그 봉건체제가 일본 제국주의에 의하여 엄폐되어가는 것을 의식한 뒤부터는 일제에 대한 항쟁으로 일변하였는데, 이와 같이 일본 제국주의와 봉건체제의 內在的 연관은 그 후 특히 토지조사사업을 통하여 구조적으로 정착하여 일제하에서 식민성 봉건체제를 수립하였으니 일제하 농민운동은 자연 이중성격을 띨 수밖에 없게 되었다. 일제시대에 한국인은 8할 이상이 농민이었고, 또 그의 8할이 소작농민이었다. 그러한 모순구조가 고착한 것은 일제의 수탈체제가 식민성 지주의 수취체제로 나타나 있었기 때문이다. 따라서 구한국 당시의 항일운동은 식민성 소작농민으로의 전락에 대한 항거였고, 일제하에서는 식민성 소작농민으로부터 탈출하려는 항쟁이었다. 그러므로 일제하 농민운동은 일제 수탈체제에 항쟁하는 기본 조류 위에서, 일제 지주에 대한 소작쟁의가 대종을 이루고 있었다. 일제 지주란 일본인 지주는 말할 것 없지만, 일제 권력에 존재 기반을 두고 있던 한국인의 식민성 지주도 포함된다. 이와 같은 것을 살펴보는 것이 일제하의 농민운동사일 것이다.

　그리고 그 외에도 천도교 朝鮮農民社처럼 농민 조직에 의하여 자기발전을 꾀한 갖가지 운동이 있었으니 주목해야 할 것이며, 또 농민운동의 외곽적 위치에 있기는 하나 각종 계몽주의적 농민운동이나 농촌운동도 농민운동과의 관계 위에서 간과해서는 안 될 문제가 있다.

　여기서 눈을 돌려 日帝 농업정책의 표현 방식과 基調를 보면 다음과 같이 요약할 수 있다.

　　① 구한국 당시 : 토지 점탈과 錢慌 등을 통한 경제 질서의 파괴

② 1910년대 : 토지조사사업을 통한 식민지 통치 권력의 기초 확립

③ 1920년대 : 두 차례의 産米增殖計劃을 통한 地主的 收益追求

④ 1930년대 : 농촌진흥계획을 통한 농촌 및 농민의 植民的 조직화

⑤ 1940년대 : 제3차 산미증식계획과 國家總動員體制에 의한 戰時的 수탈

일제는 1876년 강화도조약 이후 중상주의적 침략으로 한국의 농촌경제 조직을 파괴하고 금융공황 즉, 錢荒을 조작하여 경제 질서를 혼란에 빠뜨리면서 토지를 점탈하여 식민 농업의 기초를 수립하고 있었다. 그리고는 1910년에 주권마저 빼앗아갔던 것이다.

1910년대 일제의 식민농업 정책의 특질은 토지조사사업에서 찾아야 한다. 토지조사사업은 식민통치 체제의 기본 공작이었고 그를 통하여 광대한 토지를 점탈하여 소위 국유지를 확대해갔다. 그리하여 東洋拓殖株式會社나 不二興業株式會社 등에 불하하여 한국 농민을 그들의 소작인으로 예속시켜갔으며 또한 농촌 구조를 식민적 지주와 소작인으로 양분시켜 놓았다. 그리고 한국의 농산물은 소작농민을 착취한 기아 수출을 통하여 일본인의 식량으로 제공되었다.

이러한 식민적 착취에 항거하여 폭발한 것이 3·1운동이었고, 또 1920년 이후 민중운동의 큰 줄기를 이루었던 소작쟁의였다. 농민운동은 농민의 주체적 운동인 동시에 농민의 조직적인 운동이다. 한국 농민운동사에서 조직성을 보인 전형적 운동이 1920년 이후의 소작쟁의였다. 그러므로 농민 의식의 결정적 성장을 보여준 3·1운동 이전의 농민운동을 제1장에 묶고, 농민운동의 조직

적 발전 과정을 보여준 1920년대의 운동을 제2장으로 묶었다.

1920년대 일제의 식민 농업의 기조는 産米增殖計劃에 있었다. 토지조사사업을 통하여 농토를 확보한 일제가 소작농민의 노동력을 착취하여 식민적 지주의 수익을 올리려고 한 것이 산미증식계획의 실체인 것이다. 제1차 계획은 1920년에 15년 계획으로 시작되었는데 그들 자신이 말하듯이 착취 정도가 너무 과중하여 실패하고 말았다. 그리하여 6년 만에 파탄되고, 1926년에 제2차 계획을 추진하기에 이르렀다. 제2차 계획은 명목상 1934년에 끝난 것이지만, 1932년 소위 농촌진흥계획 및 自力更生運動을 표방할 때 사실상 파탄된 것이었다. 일제는 산미증식계획의 파탄을 미봉하기 위하여 농촌·산촌·어촌의 진흥계획이란 것을 내세웠던 것이다.

일제의 산미증식계획은 소작농민의 노동 착취로 달성하려는 것이었으므로 1920년대가 깊어가면서 소작쟁의는 더욱 극심하게 일어날 수밖에 없었다. 따라서 앞으로 다루게 되는 岩泰島와 北栗과 龍川의 경우에서와 같이 일제 수탈의 잔인함과 한국 농민의 줄기찬 항쟁을 볼 수 있을 것이다. 1920년대의 독립운동은 국내외를 막론하고 민족 총력을 경주한 항쟁이었다. 그러므로 수많은 단체의 활동을 보게 되었는데 농민운동의 경우에도 朝鮮勞農總同盟이나 朝鮮農民社를 비롯하여 여러 단체가 결성되어 이합집산하면서 활약하였다. 또 사상적으로도 국제 조류의 영향을 받아 자유주의, 자유사회주의, 공산주의, 무정부주의 등의 그늘이 각 농민 단체나 농민운동에 뻗쳐 있었다. 일제는 이러한 사상적 분화를 이용, 분열정책을 구사하였고 1930년대에 들어서서는 민족·공산의 양대 진영의 분열 속에서 각기 독자적 항일 독립운동이 전개되었다. 이것이 제2장의 요점이다.

　1930년을 전후하여 독립운동의 민중화가 더욱 촉진되었다. 그것은 1920년대의 독립운동이 국제적 기대를 감안한 것이었는데 그러나 베르사유 체제의 국제적 안정 기조 때문에 국제적 지원은 한국인의 일방적 기대로 끝나고 말았으므로 독립운동이 지향할 길은 민중화의 방향뿐이었기 때문이다. 그것은 1931년 일제가 만주전쟁을 도발하고 전시 식민체제로 이행해가면서 독립운동 내지 민족운동을 더 한층 탄압하는 속에서 취하게 된 민족의 탈출구이기도 했다. 그리하여 소작쟁의가 다양하게 전개됐고, 농민야학도 더욱 활발해졌으며, 귀농운동이 전국에 퍼져갔다. 협동조합 운동도 새롭게 발전해갔다. 한편 사회주의 농민운동은 지하로 잠적하여 항쟁하였다.

　일제는 이러한 한국 농민의 완강한 저항을 차단하기에 부심한 나머지 때마침 저희들의 산미증식계획도 파탄되자 이것 저것을 고려하여 농촌진흥정책을 고안하고, 흡사 한국 농민의 복지향상을 도모하는 척하면서 小作調停令과 朝鮮農地令을 발포하여 소작 농민을 더욱 구속해놓고, 마을마다 部落振興會를 결성하여 한국의 농민 조직을 해체시켜갔다. 그리하여 1930년대 후반기에 이르면 민족 진영의 농민 단체도 모두 잠적하지 않으면 안 되었다. 이와 같은 1930년대의 상황을 제3장으로 묶어 서술했다.

　일제는 1937년에 중일전쟁을 도발하고 전시체제를 강화하였다. 한국인의 모든 민족운동을 봉쇄하고 한국인의 이름조차 일본식으로 고치는 소위 創氏改名을 강요하면서 일본에 충성할 것을 강제하였다. 1938년 중일전쟁 1주년을 맞아서 國民精神總動員朝鮮聯盟을 결성하여 그것을 식민적 정신 교란의 기틀로 삼아 1932년

이래의 농촌진흥회 조직과 쌍벽을 만들어 한국인의 숨길과 손발을 묶어갔다. 그에 앞서 중일전쟁이 그들의 예상과 달리 장기화하자 1938년 5월에 국가총동원법을 발포하여 사람과 물자를 총동원시키고 있었다. 빼앗을 대로 빼앗아가도 대륙전쟁을 감당할 수 없는 일제였다. 그러니까 일제는 1940년에 농촌진흥회와 국민정신 총동원연맹을 일원화하여 國民總力朝鮮聯盟을 결성하고, 물자가 풍부한 동남아시아를 침략하기 위하여 1941년에 태평양전쟁을 도발하였다. 그러나 전쟁 도발 반년 만에 연합군의 반격에 밀려 한때 점령했던 동남아를 버리고 패전의 고배를 들어야 했다.

반면 한국인은 일찍이 겪어보지 못했던 식량난을 겪어야 했다. 일제는 징용·징병에서 여자정신대에 이르기까지, 식량의 공출에서 동상·밥그릇·숟가락의 공출에 이르기까지, 또 말풀·칡넝쿨에서 솔가지의 공출에 이르기까지 무엇 하나 빼앗아가지 않은 것이 없었다. 아들과 딸을 빼앗긴 늙은 농부가 허기진 상태에서 또 하나의 공출을 위하여 산비탈에서 칡넝쿨을 걷고 있는 모습이 종전기 한국 농민의 형상이었다.

그러나 역사는 단절되지 않는 법이다. 전쟁의 격동기를 맞아 해외 독립운동은 더욱 활기를 띠었고, 그에 따라 국내에서는 지하항쟁이 전개되고 있었다. 농민은 징용 현장에서 싸웠으며, 징병·징발에 항거하여 망명의 길에 올랐고, 혹은 현장에서 도망쳐 연합군과 손잡기도 했다. 여자정신대에 항거하여 죽음을 택하기도 했다. 더 나아가 일제 경찰에 묶여가 매를 맞고 감옥에 들어가는 길을 택하기도 했다. 혹은 일제의 눈을 속이며 理想農村을 만들어 지하조직을 길러가기도 하며 가능한 모든 방법을 동원하여 항쟁하는데 사력을 다하였다. 그리하여 8·15광복을 맞았던 것이다.

이와 같은 종전기의 수난과 항쟁을 제4장에 묶어두었다.

　일제하의 농민운동은 일제와 그의 식민농업 구조에 대한 항쟁이었다. 비록 일반적 근대 농민운동사에서 찾아볼 수 있는 소작쟁의나 협동조합 운동이라고 하더라도 그것은 일반적 지주에 대항한 소작쟁의가 아니라 식민성 지주에 대한 항쟁이었다. 그러므로 농민 스스로의 힘이 모자라면 도시인도 학생도 농촌으로 가서 겨레의 예지를 모아 항쟁했다. 이것을 농민운동사의 관점에서 보아 계몽주의적 한계성이라고도 한다. 그러나 일제의 식민통치에 항거하는 데에는 식민지하의 모든 피해 계층의 이해가 일단 일치됐으므로 구태여 농촌 문제는 농민에게만 맡겨야 한다는 논리가 적용될 필요는 없었던 것이다. 농민 문제는 곧 당면한 민족 문제였기 때문이다. 이와 같은 항쟁 과정에서 농민의 민족적 역량이 성장해갔고, 아울러 민족의 민중적 역량이 신장된 것이다.

　이상의 이야기를 펴고 모아 책으로 엮어 봤는데 자료의 한계와 필자의 능력이 모자라 앞으로 보충 정정되어야 할 점이 적지 않을 것으로 안다. 많은 분들이 고쳐주기를 바라는 마음뿐이다. 또한 일제하의 한국사는 모든 동포사회를 공간적 대상으로 해야 되므로 만주에서 전개한 농민운동처럼 해외 동포사회의 농민운동에 대하여도 엮어 넣어야 당연한 일이겠으나 자료의 한계 때문에 부분적으로 가능한 것도 모두 뺄 수밖에 없었음을 밝혀둔다.

　끝으로 출판을 주선해주신 한길사의 金彦鎬 선생님에게 謝意를 표하고, 이 기회를 빌어 故 洪以燮 선생님의 명복을 빈다.

1979년 1월 저자

《한말 의병전쟁》
— 머리말

한국 근대 민족운동은 그 서두(序頭)에서 일본 제국주의의 침략을 받아 그에 대한 독립운동으로 전개되었다. 일제 침략에 대한 민족항쟁은 동학농민의 혁명전쟁과 의병전쟁으로 비롯되었는데 그것은 모두 1894년부터 있었던 일이다. 그 후 20년 간의 의병전쟁은 1894~1896년의 전기 의병전쟁과 1904~1907년 7월의 중기 의병전쟁, 1907년 8월~1909년 10월의 후기 의병전쟁, 1909년 11~1915년의 전환기 의병전쟁으로 나누어볼 수 있다. 그리고 각 시기마다 내용상의 특징에 따라 다시 두 단계로 세분할 수 있다. 의병전쟁의 시기 구분은 종래에도 이와 비슷하게 4시기로 구분해 왔는데 이 글이 종래와 다른 점은 전기·중기·후기·전환기라는 이름을 사용한 것 외에 전기의 의병전쟁을 1894년부터, 중기를 1904년으로 고친 것과 말기 의병을 1915년까지 늘린 것, 그리고 4시기를 8단계로 세분한 것인데, 그것은 근래의 연구 성과에 따른 것이다.

의병전쟁이 일어나고 있을 때 한편에서 계몽운동도 전개되었는데 그 두 가지가 모두 대한제국이 일제의 침략을 받아 멸망의 위기에 봉착하고 있을 때 그에 대한 구국운동으로 전개된 민족운동이었다. 때문에 의병전쟁과 계몽운동은 한갈 구국운동의 차원에서 이해하면서 서로의 관계에도 주의해서 살필 필요가 있는 것이다.

　그런데 구국운동으로서의 한말 의병전쟁은 끝내 뜻과 같지는 못하였다. 그러나 이길 것을 계산하고 일어난 의병도 아니요, 대한제국으로부터 훈장을 받을 의병도 아니고 자손의 부귀영화를 보장받는 의병도 아니었다. 깊은 산속에서 눈비를 맞으며 며칠을 굶으면서도 오로지 의로운 길을 위하여 몸바쳤을 뿐이다. 그것이 의병 정신이었다. 의병 전선에서 수많은 사람이 죽고, 마을들은 잿더미가 되었으나 그 물량적 손실보다 소중한 것은 한국 민족의 저항정신을 역사에 남겨준 그 의병 정신이다. 그럼으로써 의병전쟁은 일제하 독립운동의 정신적 기반이 되었으며 그 정신이 대중적으로 확산되면서 독립운동을 발전시켜갔다.

　이 글에서 주의한 것이 있다면 의병전쟁이 발전함에 따라 나타나는 이념이나 성격의 변화와 민족운동으로서의 민중적 확대 과정이다. 의병이란 용어는 당초에 반봉건 운동으로 일어난 동학농민군도 사용하였고, 또 동학농민군을 진압하던 유군 민병(儒軍民兵)도 의병과 비슷한 용어인 의려(義旅)라는 이름을 사용했다. 그런데 여기서 의병이라고 하면 그것들이 아니라 오로지 일제의 침략에 대항하여 봉기한 민병(民兵)을 말한다. 처음에는 유생이 주도하여 봉기했는데 그 후에 점차 민중적으로 확대되어갔다. 민중적으로 확대되면서 의병전쟁은 한국인의 자유 전쟁으로 자리잡혀

갔다. 처음의 의병전쟁도 근왕적(勤王的)이고 척사적(斥邪的)이었다고 해도 대외적으로 보면, 국가적 국민적 자유운동이었다. 그러나 그것은 봉건적 한계를 가지고 있었다. 그런데 의병전쟁이 발전하면서 그 한계를 점점 탈피해갔다. 그리하여 의병전쟁은 민족적 자유 전쟁으로 전개되어갔다. 이 글에서 그러한 변화에 대하여도 유의하였다.

그리고 의병전쟁의 4시기와 그를 다시 세분한 8단계의 내용을 밝혀두는데 그것을 미리 밝혀두는 것은 이 책의 목차가 일제의 침략 상황까지 고려하여 종합적으로 구성하다가 보니 의병 변천만을 이해하는데 다소의 혼란이 있을 염려가 있기 때문이다.(중략)

끝으로 이 글의 날짜는 양력으로 표시하는 것을 원칙으로 했다. 그것은 1896년(丙申)부터 우리 나라가 양력을 사용했기 때문이다. 그러나 1894년(甲午)과 1895년은 음력을 사용했으므로 그해의 것은 이 글에서도 역시 음력을 사용하였다. 그런데 1896년부터 공문서는 양력을 사용했지만 개인 일기들은 음력으로 표기되어 있어 환산하는 데 주의할 것을 당부해둔다.

1989년 5월 일

《한국근대사의 시련과 반성》
— 책머리에

   1980년대를 보내면서, 역사가 숨가쁘게 달리는 소리를 들으면서, 지난날 여기저기에 발표했던 글을 모아보았다. 어떤 것은 진부한 것이고 어린 것도 있지만, 그때의 自畵像을 보는 것 같아 그런대로 모아 책으로 엮었다. 〈敎員勞組有感〉이나 〈3·1운동 70週年行事의 餘談〉 등 새로 쓴 글을 추가했다가 빼버렸다. 이왕 다른 문헌에 발표한 것으로만 묶은 것이다.
   여기의 글들은 모두 우리의 근대사에 관한 것이다. 근대라는 것은 자유주의의 원리가 정치 운영에 반영된 國民主權體制, 경제에 적용된 資本主義, 국제 관계에 투영된 民族主義(對自的)가 부상하는 것 등에서 비롯되었다. 그 중에서 정치 운영의 변화는 집권자의 자기 보호 성향 때문에 뒤늦게 따라오지만 사회 경제의 변화는 앞질러가면서 정치체제의 변화를 촉구하는 속성을 가지고 있다. 그 변화의 촉구와 마찰 현상은 역사 조건에 따라 혁명으로 표현되기도 하고 개량의 모습을 나타내기도 하면서 역사를 발전시켜갔던 것이다. 그런 가운데 당초에 생각하지 못했던 자유주의의 모순이 심각하게 발생하였다. 夜警國家로 말미암아 국민주권 체제는 허상만 남게 되었고, 빈부의 격차로 자본주의는 도덕성을 상실해 갔고, 제국주의의 국제질서로 민족주의는 존립할 뿌리가 흔들렸던 것 등이 그것이다.

우리의 근대사는 자유주의 실현의 문턱에서 그 모순의 물결에 밀려 희생이 강요되었던 시련의 역사이다. 즉, 제국주의의 침략과 수탈의 기록으로 점철되어 있는 것이다. 때문에 우리들은 그 모순과 싸워야 했으니 우리의 근대사는 곧 독립운동사가 될 수밖에 없었다. 따라서 이 책은 독립운동사와 관련된 글로 엮어져 있다.

필자가 독립운동사를 본격적으로 공부한 것은 1969년에 독립운동사편찬위원회가 발족되어 그 상임위원을 위촉받아 10년 간 일한 때부터였다. 그때 필자는 주로 洪以燮 선생의 가르침을 받는 일을 했지만, 그 외에도 많은 원로학자와 선배들의 지도를 받았다. 물론 당시의 학문 풍토와 수준에는 한계가 많았으나 독립운동사에 관한 권위가 서 있지 않던 때였으므로 자료 해석과 해답을 찾아 함께 토론하고 고민하던 분위기 속에서 막내둥이 자리에 있던 필자로서 배움이 적지 않았다. 특히 1973년 《독립군전투사》를 쓸 때, 지금 같으면, 滿洲 지방을 답사하고 썼겠지만, 그럴 수가 없어 구름을 잡듯이 썼다가 삭제당하고 불려가는 등 그 소동 속에서 몇몇 어른들의 지도는 먼날까지 기억해두고 싶다.

역사가 정말 숨가쁘게 달리고 있는 오늘, 이 땅의 南과 北에서는 그것을 느끼지 못하거나 느끼더라도 바로 보지 못하고 있는 것 같다. 얄타 체제가 무너지는 소리가 들리지 않는 모양이다. 아직도 左右 兩極論에 앉아서 회색분자를 욕하던 머리에 반성하는 기미가 나타나지 않는다. 東歐의 형제들이 극단 논리를 극복해가는 모습을 보면서 우리는 우리대로의 극단 논리를 반성해야 하는 것이다. 즉 우리의 자본주의의 모순과 비리를 불식하는 일에 박차를 가해야 하는 것이다. 그리하여 한때 욕하던 그 회색분자의 양심을 되살리는 지혜와 용기를 찾아야 하는 것이다. 1956년 10월 부다페스트 역전 광장에서 '임레-나지'가 "우리는 개인들에 의해서 착취받는 사회도 원하지 않고, 국가라는 유령에 의해서 수탈당하는 사회도 거부한다."고 외치던 말이 그 당시의 신문에 소개된 것을 기억한다. 필자는 그해 봄에 있었던 대통령 선거로 온국민이 허탈에 빠져 있을 때 들려온 그 말을 생생하게 기억한다. 그 말을 다시 외우면서 서툰 글들을 모아 이 책을 엮었다.

이 서툰 글들을 가지고 책으로 만들어준 지식산업사의 金京熙 사장을 비롯한 여러 관계자에게 감사의 말씀을 드린다.

1989년 12월 趙東杰

《한국 민족주의의 성립과 독립운동사연구》
― 책머리에

역사를 공부한다는 것이 정말 어려운 것 같다. 같은 자료를 놓고 아침에 생각해보면 이렇고 저녁에 생각해보면 저렇다. 가끔 아침에는 자본주의자가 되었다가 저녁에는 사회주의자가 되었다가 하는 방황스런 내 자신을 발견한다. 그것을 사상의 방황으로 볼 것인가 지성의 고민으로 보아야 하는가, 여기에 이르면 해답도 찾기 어려울 것 같다.

아무튼 필자는 역사 해석의 기준 설정에 고민하면서도 기왕에 제기된 이론으로 보면 어떤 기준도 세우지 못하고 지금까지 공부해온 것 같다. 기준이 있다면 人道나 人間性뿐이라고 하는 것이 그 동안의 고백이다. 그 외에 글을 쓸 때 가슴에 안고 있는 것이 있었다면 우리의 民族主義가 어떻게 성립하고 성장해갔던가 하는 것이었지만, 필자가 아는 민족주의란 것도 人道의 추구 논리 이외의 것이 아니라고 믿고 있기 때문에 결국 人間을 떠난 별난 생각은 없었다고 하겠다. 자본주의나 사회민주주의나 공산주의라는 것도 따지고 보면 人道 실현의 방략 방책에서 나온 것이므로 그 자체가 人道를 떠난 것일 수는 없고, 또 불변의 틀을 가지고 있을 수도 없는 것이다. 어느 이데올로기든지 역사상의 역할 가치는 값 있는 것이었지만, 역사 조건에 따라 얼마든지 수정하면서 人道 실현에 접근하려는 노력이 있어야 하는 것이다. 따라서 어느 사상이냐가 문제되는 것이 아니라 그 사상의 극단적 명분이나 정통성에서 떠나지 않으려는 고집이 문제가 된다고 하겠다.

필자는 無政府主義를 좋아한다. 사람들이 그것을 실현할 수 있을 정도로 훌륭한 존재가 되기만 한다면 지금까지 제시된 이데올로기 가운데서는 무정부주의가 가장 좋다고 생각한다. 그러나 사람이라는 존재가 그것을 실현할 수 있을 정도가 되는 것 같지 않다. 때문에 그 논리는 현실성·과학성이 없다. 하지만 그 理想에 접근하려는 인간 의지는 중요하다고 생각한다.

이러한 필자 나름의 생각을 되새기면서 우리 근대사에서 의병운동부터 3·1운동까지의 문제에 대하여 기왕에 발표한 논문들을 모아 책으로 엮어보았다. 내용의 중복을 될 수 있는 대로 피하기 위하여 선별하여 엮고 보니 1970년에 발표한 〈3·1運動의 地方史的 性格〉이 제일 먼저 쓴 것이 됐고, 1989년의 〈義兵戰爭과 3·1運動의 關係〉가 끝의 것이 되었다. 그러고 보니 이 책의 글은 우리의 민족주의가 성립, 성장해가는 문제에 대한 것이라고 할 수 있다. 그리고 그 민족주의는 日帝의 침략과 식민통치의 모순 속에서 성장해갔으므로 자연 독립운동의 궤도를 걸을 수밖에 없었다. 그러므로 이 책의 이름을 《韓國民族主義의 성립과 獨立運動史研究》라고 했다.

논문들이 이 冊名을 충족시킬 만한 것이 못 된다. 그리고 문장도 거칠다. 다음에 간행할 3·1운동 이후의 《韓國民族主義의 발전과 獨立運動史硏究》를 엮을 때는 유의해보기로 한다.

  끝으로 그 동안의 先學 여러분에게 고개 숙이고, 별로 팔리지도 않을 책을 출간해주신 지식산업사의 金京熙 사장과 관계자에게 감사를 드린다.

1989년 12월 趙東杰

《한국 민족주의의 발전과 독립운동사연구》
— 책머리에

　3년 전에 《韓國民族主義의 성립과 獨立運動史硏究》를 내놓은 바 있다. 3·1운동까지의 근대사 문제에 관한 글을 묶은 것이었다. 그때 3·1운동 후의 것을 곧 간행하겠다고 약속했다. 그런데 3년이 지나버렸다. 이렇게 늦은 것은 필자 나름의 핑계는 있지만 게으름 탓이었다.

　3년 전에는 역사가 달리고 있는 느낌이었다. 그런데 지금은 역사가 곤두박질하고 있는 것 같다. 도덕성에 상관 없이 어떤 공직이나 대권에도 도전하는 해괴한 일이 연출되고 있다. 재산등록 사태로 三府는 죄악의 전당인 양 검게 물들었고 入試 부정사태로 교육계는 엉망이 되어버렸다. 원래 사립학교란 교과 과정상의 사립이어야 하는데 돈의 사립이고 보면 어떻게 수습하더라도 돈의 부정은 계속 일어나게 마련이다. 그러니까 이제는 私學을 공영으로 전환시켜갈 때가 된 것이다. 아무리 부정을 척결해도 역사 발전을 위한 철학을 세워 제도적 장치를 하지 않으면 大院君의 개혁처럼 물거품이 되고 마는 것이다. 국제적으로도 세상은 말이 아니다. 우루과이라운드라고 해서 사람은 국적으로 묶어놓고 물자는 자유 왕래해야 한다는 제국주의의 새 모양이 강요되고 있다. 그런가 하면 민족과 종족을 구별하지 못한 소란이 끝날 날 없이 지구를 더럽히고 있다. 대표적인 경우가 유고슬라비아 사태이다. 그 근본 원인이 1918년의 베르사유 강화회의 처리 결과에 있다는 것을 아는 사람은 드무니 치유가 될 턱이 없다.

이러한 개인과 사회, 국가와 민족이 각기의 이익 추구로 말미암아 앞날의 역사가 불투명한 오늘이다. 이럴 때 사람은 무엇을 생각해야 할 것인가. 난지도의 쓰레기 소동은 어떻게 해결하고 핵쓰레기들은 어떻게 해야 할 것인가. 평양의 핵은 문제가 되고 일본이나 중국의 핵은 괜찮단 말인가. 언젠가는 지구상의 인류가 쓰레기에 묻혀 멸종할 날이 올 위험은 없는가?

사회진화론이 새로 고개드는 가운데 공산주의 세계는 중국과 소련 방식의 두 유형으로 변질되고 있다. 공산주의의 종주국인 소련은 해체되고 스탈린이 편리하게 요리하던 공산당은 없애버렸다. 그래서 자본주의는 외로워졌다. 너희들은 가난할 자유와 굶어죽을 자유도 있지 않느냐고 화살을 쏘던 상대라도 있던 때는 자본주의가 괴롭기는 해도 외롭지는 않았다. 그리고 비리를 고치려고 노력도 했다. 그러나 이제는 우루과이라운드나 PKO법을 악용하는 신제국주의가 나와도 경고할 이론을 상실하고 말았다. 세계 개조를 위한 새 이론은 어떤 것이 될까. 인류의 발전을 추진할 진정한 민족주의는 새로운 패권주의 앞에 힘을 잃어가고 있다.

이런 생각을 하면서 책을 엮었다. 지난번에는 '民族主義의 성립'에 관한 것이었는데 이번에는 '民族主義의 발전'에 대한 글로 엮었다. 민족과 민족의식은 전통시대에 형성되지만 민족운동과 민족주의는 근대의 산물이다. 그래서 지난번에 의병전쟁부터 3·1운동까지를 다룬 글들을 통하여 우리 민족주의의 성립을 이해하려고 했다. 이번에는 그 후속작업으로 3·1운동 후의 역사에 대하여 살펴보면서 거기에서 민족주의가 발전하고 있는 양상을 추적해 《韓國民族主義의 발전과 獨立運動史硏究》라 했다.

책머리에서 민족이나 민족주의에 대한 筆者의 평범한 생각을 밝힐 필요가 있을 것 같아 그에 관한 몇 편의 글을 모아 〈序說〉을 설치했다. 그리고 제1편에서는 우리의 민족주의나 독립운동의 객관적 조건을 이해하기 위하여 〈日帝强占期의 統治基調〉에 관한 글을 모았다. 세 편의 글로써 일본 제국주의의 성격을 파악하기에는 부족하겠지만 그래도 서양 제국주의와 다른 일제 식민통치의 특성을 이해하는 데 도움이 되었으면 하는 바람이다. 제2편에서는 〈民族知性과 民族運動論〉이라는 이름 아래 3·1운동 후 민족운동의 방향 설정에 관한 것으로 묶었다. 거기에서 학생운동에 관하여 특별히 주목한 것은 다른 이익집단이나 계층의 요구에 비하여 학생운동이 독립운동이나 민족주의의 성격을 좀더 순수하게 반영하고 있다는 이유 때문이었다. 제3편 〈民族主義의 발전〉은 민족운동이 전개되면서 나타난 여러 양상과 그 양상이 함유한 이념을 이해할 수 있는 글이라고 생각한 것을 모았다. 새로운 사실과 의견을 제시한 것도 있지만 篇名에 좇을 만한 것이 못 된다. 특히 民族史學에 관해서는 先學과 다른 주장이 적지 않아 마음이 편하지 않다.

내용도 뜻과 같지 못하다. 책으로 엮기 위하여 이미 발표한 글을 모아보니 70년대 이전의 것 가운데에는 이제는 낡은 이야기가 많아 빼버린 것도 있다. 여기에 실은 것도 불만스러운 점이 적지 않다. 그러나 현재의 연구에서 검토되어야 할 문제는 〈追記〉나 〈補註〉로 추가 설명을 붙여 내놓기로 했다. 다만 근대사 연구에서 작은 구석이나마 메우는 역할을 할 수 있다면 그 이상의 영광이 없겠다. 많은 가르침과 충고를 바라는 바이다.

　이 책을 간행해주신 지식산업사의 金京熙 사장님을 비롯한 관계자 여러분에게 감사를 드린다. 그리고 교정과 색인을 맡아서 수고한 簾仁浩·金道亨·趙宰坤 군에게도 감사한다.

1993년 3월 趙東杰

《독립군의 길따라 대륙을 가다》
— 책을 내면서

  역사는 과거 속에 누워 있는 것이 아니라 현재에 살아 있다고 생각하면서 역사를 공부해왔다. 그런 생각을 가지고 문헌을 고증하고 선학들의 논저를 분석하면서 역사에 관한 글을 써왔다. 그러나 막상 과거의 역사를 현재에 살려낸다는 것이 쉬운 일은 아니어서 죽은 공부, 죽은 글을 쓰며 역사는 과거의 것이라고 자위 아닌 자위를 해왔던 것도 사실이다. 이러한 반성은 역사의 유적을 찾았을 때 더욱 절실하게 느끼는데, 그것은 필자만의 푸념이 아닐 것이다.

  필자는 독립운동사를 공부하면서 기회 있을 때마다 역사의 현장을 찾아가 공부한 것을 확인하고, 또 공부할 것을 찾아내어 그것을 신문이나 잡지에 발표해왔다. 유적을 답사할 때 느낀 것을 느낀 대로 전하려고 했지만 재주가 모자라 느낀 것만큼 글을 엮지 못한 것이 솔직한 고백이다. 구한말 의병전쟁의 옛터를 찾아 산과 들을 수없이 헤맸고, 다섯 번의 중국 여행을 통하여 우리 역사의 고장인 남북만주를 여행하면서 고대사와 현대사의 숨결 속에 취해도 보았다.

한국광복군과 조선의용군의 격전지였던 중국의 광활한 벌판을 달리며 짚신을 신고 걸어가는, 그리고 싸우다가 쓰러진 우리 젊은 이들의 옛모습을 잡고 역사의 양심을 되새겨보는 충격을 안아보기도 했다. 연해주와 시베리아를 거쳐 모스크바에 이르기까지, 그리고 중앙아시아의 사막 지대를 답사하면서 그곳 동포들과 만나 사람과 국가, 국가와 민족, 민족과 인류를 토론한 적도 있었다. 이러한 독립군의 벌판, 대륙을 답사하면서 역사는 왜 공부하는가, 사람은 무엇을 향해 살아가고 있는가, 인류의 자유와 평화는 과연 달성할 수 있을 것인가 하는 의문에 잠긴 적도 있었다.

이러저러한 이야기를 섞어가면서 쓰고 발표했던 기행문으로 이 책을 엮었다. 유적 답사는 문헌 자료로 추적할 수 없는 역사의 사실을 찾아내고, 지리환경을 검토 확인하여 역사 해석의 공간을 넓히자는 데에 목적이 있지만, 독립전쟁의 유적 답사는 그 현장에 섰을 때 역사를 생동감 있고 새롭게 느껴볼 수 있다는 점이 큰 소득이라고 해야 할 것이다. 그리고 답사할 당시의 유적 현황을 기록으로 남겨둔다는 것도 중요한 의미를 갖는 것이다. 이러한 관점에서 기행문을 썼으나 신문에 게재할 당시 편집 사정 등의 제한으로 뜻과 같지 않았던 것이 적지 않았다. 그런데도 책으로 엮어두는 것이 좋겠다는 권유에 따라 부족함을 무릅쓰고, 일반 기행문은 제외하고 독립군 관계의 것만으로 책을 엮었다. 다만 마지막에 일본에서의 강연문은 기행문은 아니지만 이 책의 맺음말의 성격을 가진 것이어서 함께 수록하였다.

흩어진 글을 모으던 올 여름은 39℃를 오르내린 무덥던 날씨였다. 그러나 7월 25일의 남북정상회담을 눈앞에 둔 7월 초순은 민족적 환희의 열기로 무더위도 잊고 지냈다. 그런데 7월 8일 김일성의 사망으로 정상회담이 무산되자 온겨레는 그만 허탈감에 빠지고 말았다. 그런가 했더니 7월 10일부터는 남북정상회담의 민족적 환희의 기분은 완전히 사라지고, 때 아닌 주사파 논쟁이 일어나 전국을 휩쓸었다. 학생도 교수도 언론인도 정치인에게도 주사파가 있다는 것이다. 8월에 들어서 주사파 논쟁은 더욱 기승을 부렸다. 국사학계에도 있다는 투서가 학계와 교육계를 더럽히고 있었다. 그 소리는 국내뿐만 아니라 일본과 로스앤젤레스에서도 일어나 9월 초까지 국내외 동포를 긴장시켰다. 그것을 악용한 무리까지 나타났다.

이러한 상황 속에서 여기저기에 흩어진 글들을 모아 이 책을 엮느라고 짜증도 누르고, 무더위도 잊을 수 있었다. 기행문을 연재했던 신문사와 답사 여행을 지원해준 인사와 단체, 그리고 답사 때 함께 참여하거나 안내해준 국내외의 무수한 길동무들에게 감사를 드린다. 끝으로 글답지 않은 글을 책으로 출판해준 지식산업사 김경희 사장님과 직원 여러분에게 감사의 뜻을 전한다.

1994년 12월 12일 조동걸

《한국 근대사의 서가》
— 책을 내면서

　역사 평론이나 시론을 쓸 기회가 있으면 필자는 근대화와 민주화의 문제, 인간성과 도덕성의 문제, 민족주의와 세계주의의 문제들에 많은 관심을 가지고 글을 써왔다. 그러한 평론류의 글을 모아 이 책을 엮었다. 1989년에도 그와 같은《한국근대사의 시련과 반성》(지식산업사)을 내놓은 바가 있었는데 이 책은 그 후편이라고 할 수 있다. 그러한 필자의 평론들을 읽고 학생들이 질문하는 문제 가운데 가장 많은 것이 필자가 근대화와 민주화를 같은 범주의 것으로 이해하고 있는 문제였다. 그러한 질문은 근대화를 산업화로 한정한 오도된 상식에서 기인하고 있었다. 오도된 상식이란 "누구는 잘 살고 누구는 못 산다."라고 말할 때, 재력(財力)을 기준으로 하여 말하는 상식을 가리킨다. 사람이 사는 데 어느 정도의 재산이 있어야 하는 것은 피할 수 없지만, 그렇다고 잘 산다는 것이 부자여야 하는 것은 아니다. 그보다 더 중요한 것이 인간답게 사는 것이고 그런 사람이 행복한 사람인 것이다. 그와 같이 근대화에는 산업화가 포함되어 있지만 그보다 더 중요한 것이 민주화이다. 민주화의 역량으로 산업화를 추진하거나 적어도 민주화와 병행된 산업화 또는 경제개발이어야 근대화가 성공할 수 있다. 그렇지 않고 민주화를 억압하면서 경제개발을 추진한 것을 근대화라는 미명으로 포장하면 포장이 찢어질 때는 근대화가 산산조각이 나서 근대화가 더 늦어지는 결과를 초래한다. 산산조각이 날 때 단세포 사고일수록 착각하기 쉬운 것은 근대화의 미명으로 포장된 겉치레를 동경하는 것이다.

한국의 경우에는 근대화를 추진하던 둔턱에서 나라를 일본에 빼앗겨 일단 근대화가 봉쇄당하였다. 식민통치 기간에도 민족운동을 통하여 민주정치 이론을 발전시키고, 자유 평등사상을 확산시키며, 한글을 보급하는 등 민족문화를 수호·성장시키면서 근대화에 기여한 것이 적지 않았지만, 식민체제로 민주정치나 자유 평등의 사상, 한글 보급을 모두 차단당하여 즉, 근대화의 이념을 실천하는 제도와 생활이 차단되어 근대화는 원천적으로 봉쇄당하고 있었다.

혹간의 경우에 식민지시기에 길도 닦고 학교도 세워 근대화에 기여했다고 말하는 수가 있다. 제국주의 옹호론 또는 식민지 근대화론이라고도 하는 것인데 그것은 일제의 수탈이 가혹하여 너무 가난한 나머지 식민지 수탈의 부산물 또는 수탈의 찌꺼기만 보아도 대견스럽게 보인 환각 또는 착각에서 나온 말이다. 아니면 강도나 사창굴의 포주 방식의 논리이다. 영국이나 프랑스 식민지라면 그들의 민주주의를 보면서 배울 것이라도 있었을는지 모르지만, 일본의 군국주의적 식민지하에서는 수탈의 찌꺼기도 인체와 생활에 해로운 것으로 가득 차 식민지 조선인은 골병이 들었다.

그러한 나머지 해방이 되어도 건강을 회복하기가 여간 어려웠던 것이 아니다.

해방 후에는 국토의 분단과 미·소의 점령, 그 산물이기도 한 6·25전쟁, 군사정권의 독재정치로 말미암아 근대화를 추진한다고 했어도 그 길이 잘못 닦였다. 오늘날 잘못 닦인 길을 바로잡는 일에 국력이 여간 소모되는 것이 아니다. 차라리 원시림이나 손을 대지 않은 초원이라면 새 길을 만들기가 쉽겠지만, 잘못 닦은 길을 고치자니 더 어려운 것이다. 고치다가 힘들고 지친 나머지 옛길을 동경하여 식민지 근대화론이나 군사정권 근대화론을 말하는가 하면, 경제 우상론에 빠져 민주화와 근대화는 별개의 것이라고 말하기도 한다. 그렇다면 식민지시기의 3·1운동과 독재에 항거한 4·19혁명은 근대화를 역행했단 말인가? 또 1960년대의 6·3항쟁과 3선개헌반대투쟁, 70년대의 유신반대투쟁과 부마(釜馬)항쟁, 80년대의 광주민주화운동과 6월항쟁 등, 일련의 민주화운동은 근대화의 반역아들이란 말인가?

경제나 돈이 중요하지 않다는 말이 아니다. 경제나 돈을 기준으로 말한다면 산업화란 말이 적절하다. 산업화의 측면에서 말한다고 해도 독재정치가 산업이나 경제를 발전시키는 것이 아니라 민주 역량이 경제발전의 동력이 된다는 것을 잊어서는 안 된다. 그것은 세계에서 어떤 독재와 전체주의 국가의 경제보다 민주주의 국가의 경제가 발전했고 발전하고 있다는 사실이 증명하고 있다. 뿐만 아니라 독재나 전체주의는 인간성을 외면한 탓으로 말미암아 도덕 감각을 마비시켰다. 인간의 도덕 감각을 마비시키면 기능주의가 판을 치는 세상이 된다. 도덕을 결여한 기능주의는 거짓말, 강도, 강간, 사기가 판치는 세상을 만들고 만다. 세계에서 독재정치나 전체주의를 오래 끌던 나라는 막상 민주화가 되었다고 해도 예외 없이 도덕이 타락하여 그것을 바로잡는 데 온갖 고생을 하고 있는 것이다. 식민지시기와 독재정치의 기간이 오래된 우리도 예외가 아니다.

오늘날 무한경쟁이라는 말을 거침없이 구사한다. 그것은 제국주의 시대의 사회진화론이 다시 세계 질서를 지배하는 인류 멸망의 조종(弔鐘)과도 같은 소리이다. 무한경쟁으로 말미암아 흙과 물과 공기가 날로 오염되어 지구는 쓰레기 덩어리로 변해가고 있다. 그래서 필자는 우리가 '현생인류(現生人類)'가 아니라 '중생인류(中生人類)'의 운명에 놓여 있다고 말하고 있다. 그러한 '중생인류'의 위기를 극복하는 방안으로 필자는 '다국적(多國籍) 국제인체제'를 제창하고 있다. 이상론에 불과할는지 모르지만, 이상(理想)이 바로 서야 올바른 사회과학의 개발을 기대할 수 있다고 보면, 이상에 불과할지도 모를 '다국적 국제인체제론'에 필자는 희망을 걸고 있다. 그것은 지역간의 블록체제와는 다른 것이다. 그래야 환경오염도 막고, 무한경쟁도 막고, 무모한 민족주의의 경쟁이 국수주의 전쟁으로 전락하는 위험도 막고, 굶주림에서 허덕이는 난민을 구제할 방도도 나오는 것이다.

이 글을 쓰고 있는 1997년 7월 1일 새벽에 홍콩[香港]이 150년 만에 원래의 주인 손에 돌아가는 행사가 요란하게 진행되었다. 1840년 아편전쟁 때, 대포의 화염 소리가 천지를 진동하는 가운데 점령한 영국이 1억 달러의 불꽃놀이 축포가 역시 천지를 진동하는 가운데 물러가고 있다. 제국주의가 퇴각하는 시각이다. 이와 같이 역사는 양심과 정의의 궤도를 찾아가게 마련인 것이다. 이 책의 글에서도 그러한 양심과 정의를 그려보려고 노력하였다.

같은 무렵, 국내에서는 대통령 선거를 앞두고 소란하기 그지없다. 대선 주자들은 국가와 세계경영의 비전을 제시하는 것이 국회의원이나 지방자치 단체장 선거의 경우와 달라야 하는데 그렇지 못하다. 모두 자기 능력이 뛰어나다고 능력을 자랑하는 것이 고작이다. 여러 후보의 차이점은 능력이지, 정책이나 정치 노선의 차이가 아니다. 그러니까 선거를 해도 국민이 배울 것이 없다. 결국 선거를 통해 국민들의 정치의식이 올라갈 수 없는 것이다. 정치이론의 차이가 거의 없다는 것은 한국의 정당이 정강의 차이가 없다는 것에서 비롯되고 있다.

대선 주자들이 과시하는 능력의 차이는 쉽게 가려지는 것도 아니지만 가려진다고 해도 능력이 앞선다고 대통령 업무를 잘 수행한다는 보장은 없다. 고도의 능력자는 고도의 범죄자도 될 수 있기 때문이다. 순사도 부지런하지만 도적도 부지런한 세상이다. 그래서 정책과 정강의 차이가 없다면 국민에게는 모두 비슷한 사람의 대결로 보인다. 후보자들이 비슷비슷하다면 국민들은 선거에서 투표할 사람을 정치이념과 정책을 기준으로 내가 원하는 이념이나 정책을 수행할 사람을 가려 찾지 않고, 내 고향, 내 일가, 내 동창 같은 친소 정서에서 찾게 되고 아니면 이 사람이나 저 사람이나 비슷하니까 돈 봉투를 따라가게 되는 것이다. 돈이 많이 드는 옥외집회를 없애도 대선자금은 역시 많이 들 수밖에 없다. 지연, 혈연, 학연을 쫓아가는 오늘날의 선거 풍토도 정책이나 정치이념의 차이가 없다는 데 근본 원인이 있는 것이다.

그런 정치판이므로 한국의 정치·경제·사회·문화 각 분야에서 정치가 가장 낙후하고 정치인이 역사 발전에 항상 걸림돌이 되고 있는 것이다. 그런데도 내가 지도력이 앞선다느니 능력이 앞선

다니니 그것만으로 정치인의 자질론을 들먹이고 있다. 정책은 고사하고 최소한, 도덕성을 앞세우는 사람도 없다. 유권자의 호감을 얻기 위하여 친일파 앞에서 친일 불가피론을 천역덕스럽게 말하며 그의 사당에 참배하는 추태까지 연출할 정도가 되고 있다. 그렇다면 지도자는 아니다. 도덕성을 잃은 능력과 지도력은 능력이 없느니만 못하기 때문이다.

두 사람의 대통령이 감옥에 갈 때, 그 대통령 밑에서 일한 사람들이 모두 범법자가 아니냐 하고 질문하는 학생에게 필자는 군색스러운 대답을 했던 것을 기억한다. 학생들은 두 대통령이 감옥에 갈 정도라면 정치 전체가 부패한 것이라는 주장이다. 그러므로 한국에서는 정치와 정치인이 먼저 반성해야 한다. 그리고 정당부터 국민정당으로 탈바꿈해야 한다. 그래야 선거도 의미를 갖는 것이고 최소한의 탈선이라도 예방할 수 있다. 그래야 선거가 정치의 꽃이 되고 축제가 되는 것이다.

국민정당은 정책 정당과 정당의 당내 민주화로 이루어진다. 현재 우리의 정당은 정책이 모두 같고 당내 민주화가 이루어지지 않고 심지어 국회의원 공천도 정당 독재자의 손으로 결정한다. 한 사람의 손에 권력을 맡겨놓고 그 사람에게 유능한 선정을 기대하지 말고 권력은 분산시켜야 한다. 한 사람의 손에 권력이 집중되면 그 독재자의 주변에는 항상 권모술수가 난무하게 된다. 결국 선거도 파벌과 돈 놀음이 되고 마는 것이다. 그렇게 해서 당선된 국회의원은 정당 독재자의 거수기 노릇밖에 못한다. 그 일을 맡아 하는 사람이 국회의 원내총무이다. 그러니까 국회의원이 국정에 대한 자기 영역이 없는 것이다. 국정에 대한 영역이 없으므로 엉뚱하게도 선거구 지방의원의 영역을 침범하여 오히려 국정을 어지럽히고 있다.

  그런 정치 역량을 가진 우리 나라이기 때문에 통일의 날이 올까봐 걱정이고 21세기가 올까봐 걱정이다. 21세기의 우리 나라는, 통일 후의 우리 나라는 군사대국이 아니라 도덕대국이 될 전망을 가져야 한다. 그것이 세계 각국과의 경쟁에서 이기는 길이다. 군사대국은 자멸을 초래한다. 우리는 세계에서 힘의 대국이 아니라 인간천국으로 존경받고 귀염받는 나라의 길을 개척해야 한다. 그것을 위한 한국 민족주의가 성장해야 한다. 사람들이 도덕적이고, 환경이 깨끗하고 아름답고, 병약자와 어린이가 살기 좋고, 그것을 위하여 부지런하게 경제를 성장시켜가는 사람들이 사는 나라를 만들어야 한다. 그리고 세계 평화를 위하여 항상 고민하는 국민의 나라가 돼야 한다.

  이러한 생각들을 필자는 기회 있을 때마다 글로 써왔다. 그러한 글들을 모아 이 책을 엮었다.

  필자는 근래에 북한산에 자주 올라간다. 글을 쓰다가 생각이 떠오르지 않으면 책을 덮고 백운대에 올라가 생각하고 또 생각한다. 멀리 도봉산 줄기의 뾰족한 봉우리들을 손으로 짚어가며 생각을 정리하고 있으면, 눈앞의 인수봉이 풍만한 몸집을 일으키며 훈수를 한다. 멀리서 진리를 찾지 말고 먼저 눈앞에서 찾으라고 한다. 그리고 이제는 뾰족뾰족한 소리는 그만하고 자기 모양처럼 풍만감이 넘치는 이야기를 하라고 한다. 사실 우리들은 사회정의를 세우기 위하여 뾰족뾰족한 소리를 높여왔다. 그래서 정치개혁이나 사회개혁을 추진해왔다. 식민통치와 군사정권의 잔재가 누적되어 있기 때문에 당연한 목소리였다. 역사 바로세우기란 말까지 나왔다.

그런데 역사적 개혁은 늦어도 다음 정권에서는 마감되기를 간절히 빈다. 그런 인물이 다음 정권을 담당해야 할 것은 물론이다. 그리하여 누적된 부패의 개혁을 충실하게 마감하여야 한다. 그리고 뾰족뾰족한 이야기보다 풍만감이 넘치는 시론이 꽃피는 세상을 만들어가야 한다. 다음에 이 책의 속편을 엮을 기회가 있다면 인수봉 같은 글로 엮였으면 하는 것이 소망이다.

역사 평론이나 시론 외에도 비문이나 수필도 필자 나름으로 뜻있는 것을 골라 함께 엮었다. 그러자니 1960~1970년대의 몇 가지 글도 섞어 넣게 되었다. 어느 것이 되어도 우리 근현대사와 관련된 내용이므로 책이름을 《한국근대사의 서가(書架)》라고 했다. 무엇보다 이 책을 간행해주신 나남출판사의 조상호 사장님과 관계 직원 여러분에게 감사를 드린다. 그리고 원고를 정리하느라고 수고한 이강수 군에게 고마운 뜻을 전한다.

1997년 7월 1일 趙東杰

《한국근현대사의 이해와 논리》
— 책을 내면서

1930년대에 조선학 연구가 활발하게 전개되었는데 내용을 보면 국어학, 국문학, 국사학이 대종을 이루고 있었다. 그러한 국학 연구를 통하여 민족주의를 성장시켰다. 그런데 1940년을 전후하여 국학 연구자 가운데 변절자가 많아 국학 연구의 가치 자체가 의심받았다. 그러나 국어학자들은 변절자가 거의 없어 평가가 달랐다. 1942년 조선어학회 사건에서 보듯이 이윤재, 한징이 옥사할 정도로 모진 고문을 받으면서도 누구 하나 변절하지 않았다. 그와는 달리 문학가들은 형무소에 가기도 전에 거의 변절하였고, 국사학자도 변절하거나 몸을 사린 사람이 많았다. 여기서 중요한 것은 국어학자가 변절하지 않았던 이유가 어디에 있었던가에 있다.

그 이유에 대하여 필자는 두 가지를 주목하고 있다. 하나는 한글을 연구하면 할수록 그의 과학성과 우수성에 감탄하여 한글에 대한 깊은 애정을 갖게 되고 그 애정이 민족의식을 고양시켰을 것이라는 점이고, 하나는 조선어학회가 구한말 국문연구소나 국문

연구학회에 연원을 두고 있었으므로 연구단체의 민족사적 전통이 1940년대에도 동요하지 않은 이유가 되었다는 점이다. 한글의 우수성에 대한 애정은 최현배, 이윤재, 이극로, 김윤경 등의 외국 유학자의 경우처럼, 한글이 일본어나 중국어나 영어나 독일어에 비하여 월등하게 우수하다는 것을 비교 언어학의 연구와 유학 생활을 통하여 확신하게 된 것이 더욱 중요했다. 다음에 조선어학회의 역사성은 연구 단체의 변천을 통해 보아도 그렇지만, 훈민정음에서부터 그때까지 동질적 전통에 기초하고 있었던 점으로 보아도 그의 역사성을 확인할 수 있다. 식민사학에 난도질당하고 있던 국사학의 경우는 1934년에 가서야 진단학회를 만들 정도였으니 비교할 수 없지만, 국문학의 경우도 비교가 안 된다. 국문학은 고전문학과 현대문학이 별도로 존재한다고 착각하고 있을 정도였다. 그러니까 고전문학은 무력한 박물관문학이 되고 말았고, 현대문학은 문학적 모체를 상실하거나 거부하고 있었으므로 뿌리 없이 방황하는 작품을 양산하는 데 그쳤다. 거기에 비하여 조선어학회의 한글 연구는 특히 구한말부터 동요하지 않고 발전해왔다. 그러한 역사적 기초가 한글학자로 하여금 꾸준히 또 모진 고문에도 굴하지 않고 한글을 지켜온 힘이 되었던 것이 아닌가 한다.

그런데 듣자하니 근래에 서울에서 영어를 공용어로 하자는 소리가 대두하고 있다고 한다. 에스페란토 방식의 국제어를 말한다면 먼저 국제기구에서 어문의 과학성을 따져 제안하고 결정할 문제이다. 그럴 때 한글이 적격일 수도 있다. 구태여 그 복잡한 영어를 국제 공용어로 할 이유가 없다. 영국에서 영어가 공용어가 된 것이 17세기의 일인데 그때까지는 11세기 이래 프랑스 계통의 노르만왕조와 프랑다지네트왕조의 영향으로 프랑스어가 범람하고 있었다. 그래서 영어에 프랑스어가 섞여 불규칙 동사가 많듯이 복잡하기 그지없고 한글에 비하여 비과학적이다. 그러므로 에스페란토 방식에서 나온 이야기라면 영어의 사용은 인류를 위하여 불행한 제안이다. 영어권 국가, 특히 미국의 힘과 세력 때문이라면 사회진화론도 정도를 넘고 있지만 사회진화론적 주장이라고 해도 인류의 진보를 위하여 부적당하다. 혹은 미국의 실용주의적 계산에서 나온 말이라면 제국주의 논리에 불과하다. 이와 같이 영어는 국제어로서 한글보다 못하다. 한글의 에스페란토 방식의 주장이 또 하나의 제국주의론이 될 염려가 있어서 조심스러운 말이기는 하지만, 필자는 이웃 일본이나 중국을 포함하여 어느 나라라도 한글을 공용어로 하겠다면 그 나라와 연방국가 형성도 추진할 필요가 있다고 생각한다. 연방국가 형성으로 말미암아 종족이 분해된다고 해도 한국 민족의 세계사적 공헌은 그것으로 달성되었다고 생각한다.

며칠 전 1998년 6월 30일에 캐나다의 오타와에서는 미국 문화의 유입을 반대하는 19개국 문화부장관의 모임이 있었다. 영어권 국가에서도 미국의 실용주의와 사회진화론적 지배를 강력히 거부하고 있다는 증거라고 하겠다. 미국의 돈과 총은 부럽지만 문화는 배척을 받고 있다. 그런데 서울의 문화는 해방 후 GI문화 이래, 날이 갈수록 미국 문화에 깊숙이 젖어들고 있다. 오늘날 경제개방이 촉진되면서 미국 의존도가 강화되고 있으니 그에 따른 문화의 유입도 더욱 증대될 것이다. 심지어 한국의 벤처기업으로 첫번째 손꼽히는 '한글과 컴퓨터'가 미국 회사에 팔려간다는 소문이 날 정도에 이르고 있다. 이런 판국에 정부에서는 공공박물관과 도서관까지 민간에 불하한다는 이야기를 하고 있다. 6월 30일 오타와

회의와는 비교도 안 될 문화정책의 빈곤을 나타내고 있다. 그와 같은 문화정책의 빈곤은 민족문화에 대한 배신일 뿐 아니라 인류에 대한 배신이다. 인류문화는 민족문화의 총화이다. 단순한 총화가 아니라 다양한 민족문화가 조화롭게 발달했을 때 인류문화도 발전하는 것이다. 그래서 금년 4월에 유네스코에서 '세계화는 인간의 창의성과 다원주의를 해친다' 라고 성명을 냈던 것이다. 여기의 세계화는 미국 문화의 세계화를 가리키고 있다.

진정한 세계화는 민족문화의 세계적 조화를 의미하는 것이다. 그런데 근래에 정치 지도자들이 말하는 세계화는 민족문화의 분해를 의미하고 있다. 본인들은 그렇지 않다고 말할지 몰라도 적어도 문화정책의 표현은 그렇다는 말이다. 국민경제 시대는 지나고 국제경제 시대가 도래했다는 말도 국민경제가 국제경제에 맞추어가야 한다는 말로 들리지 않고 국민경제의 해체로 들린다. 그와 같이 민족문화의 분해와 국민경제의 해체가 세계화라면 이 지구상에서 미국밖에 어느 나라도 세계화에 동의할 나라는 없을 것이다. 그러므로 진정한 세계화를 달성하자면 민족문화와 국민경제를 기초로 한 다원주의를 추구했을 때 가능한 것이다. 그것이 민족주의의 길인 동시에 세계주의로 가는 길이기도 하다.

오늘날 한국경제의 위기도 그 동안의 경제성장이 정직성과 성실성의 파괴를 통해서 이룩한 천민자본주의의 모순이 일시에 폭발한 위기라는 점을 직시하고 근본적인 극복 방향을 세운 위에서 외화도 차입하고 외국 기업도 유치해야 할 것이다. 그런데 구시대 방식으로 근본적인 치유는 뒤로 미루고 외화와 외국 기업의 유치로 구조를 조정한다고 하면 한국 경제는 앞길이 막혀 갈 길이 없어진다. 겨우 국제적 종속을 통해서 잠시는 안정을 회복할는지 모르나 그것은 시한폭탄 같은 더 무서운 경제파탄을 내장한 외형적 안정에 불과하다. 그것은 신제국주의에 편입하는 작업에 불과하다. 그 전에 국가경영 원칙부터 수립해야 한다. 그에 따라 국제경제 시대가 도래했다는 말은 국민경제를 성실성에 기초한 국제경제에 맞게 개혁해야 한다는 말로 바꾸어야 할 것이다.

오늘날 민족주의와 세계주의의 정상적 코스를 무시한 신제국주의로 말미암아 1998년의 역사가 곤두박질치고 있다. 돌이켜보면 제2차 세계대전이 끝나고 꼭 10년 뒤에 반둥회의가 열리고 제3세계가 부상하더니 1960년대에 네오내셔널리즘으로 일컫는 민족주의가 전세계를 풍미하면서 냉전시대는 막을 내렸다. 그리고 냉전시대의 패권주의 논리는 종속이론으로 대치되어갔다. 그러나 이제는 그것도 힘을 잃고 말았다. 1990년을 전후하여 동구권과 소련이 무너지면서 지금은 WTO나 OECD나 IMF체제가 지배하는 신패권주의의 세기를 맞고 있다. 초국가적 자본이 지배하는 신자유주의 속에서 웬만한 나라의 집권자는 그 초국가적 자본의 대표와 악수하는 모습을 국민에게 자랑 삼아 홍보하고 있다. 그로 말미암아 초서나 루소, 그리고 허균이나 정약용의 인본주의는 작품 속에서 학대받고 있다.

그러나 인간 본위의 인본주의가 역사 발전의 동력으로 구실할 힘을 상실한 것은 아니다. 인본사상을 대변하는 민족주의적 요구가 세계사적 구실을 끝낸 것이 아니다. 앞으로 21세기 초두에는 인본주의적 민족주의가 힘 있게 부상할 것을 예상한다. 그것을 패권주의적 안정을 바라는 눈으로 보면 혼란으로 비추어질 수도 있다. 혼란이 야기된다면 그의 근본적 원인은 신패권주의에 있는데 핑계는 역시 민족주의에 있다고 말할 것이다.

민족주의가 종족주의나 국수주의에 함몰되면 위험한 것은 사실이다. 그렇다고 민족주의를 경유하지 않고 국제주의나 세계주의에 도달할 수 있는 것은 아니다. 지구상의 평화를 달성하고 인류가 공영하자면 먼저 모든 지역의 특수성을 존중하는 공감대가 형성되어야 한다. 바로 그것이 민족주의의 공감대인 것이다. 자기가 소속되지 않은 정치 단위, 경제 단위, 문화 단위를 짓밟고 어떻게 인류공영에 이바지할 수 있겠는가? 자기가 믿는 종교가 도교와 불교와 기독교와 이슬람교의 어느 것이라도 타 종교를 무시하는 맹신도의 독단으로는 인간 본위나 인류주의를 달성할 수 없는 것이다.

얼마 전 어느 초상집에서 어떤 이는 고인의 영혼이 극락에 갈 것을 빌고, 어떤 이는 천당에 갈 것을 빌고 있었다. 그때 누가 그것이 이상하지 않느냐고 묻기에 필자는 극락과 천당은 살아 있는 사람에게는 다른 곳처럼 생각되지만 죽은 사람에게는 같은 곳이니까 괜찮다고 말했다. 그러나 필자가 말한 것이 일반적일 수는 없다. 피안의 낙원을 공통의 것으로 인식하기까지는 극락은 극락이고 천당은 천당으로 생각하는 상당한 기간이 필요하다. 그것이 현존 인간인데 그것을 부정하고 패권주의 방식으로 천당을 극락으로 또는 극락을 천당으로 강제해서 안 되는 것이다. 극락과 천당이 같은 곳이라는 것을 믿기까지는 상당한 민족주의의 기간이 필요하다는 말이다. 상당한 기간이란 아프리카인의 민족주의가 성장할 때까지를 말한다. 그것이 현재한 인간주의의 길이다.

그러한 인간주의적 민족주의와 세계주의를 조화롭게 발달시키는 한 방편으로 필자는 다국적 국제인체제를 주장하고 있다. 지구상의 모든 사람이 몇 나라의 국적을 가지고 시민권을 행사하는 체제이다. 그것이 미국인의 패권주의적 사고와 독주를 막고, 폴리네시아 인의 인간적이고 국제적인 성장을 돕는 길이다. 그것이 민족주의에 충실하면서 세계주의에 도달할 시기를 앞당기는 방법이 될 것이다. 그때에 가서 국제어가 논의되어야 한다. 지금 국제어를 논의하는 것은 제국주의의 가면일 뿐이다.

　이상에서 말한 민족주의적 세계주의, 또는 세계주의적 민족주의의 관점에서 쓴 그 동안의 글들을 모아 이 책을 엮었다. 1989년에《韓國民族主義의 성립과 獨立運動史硏究》를, 1993년에《韓國民族主義의 발전과 獨立運動史硏究》를 내놓은데 이어 여기에《韓國民族主義의 성장과 獨立運動史硏究》를 묶어 내는 것이다. '한국 민족주의'란 말에 모순이 있다는 지적이 있을 수 있으나 거기의 '한국'은 '한'이나 '조선'과 같은 뜻으로 사용했으므로 양해하고 보아주기를 바란다.

　그 동안 한국 민족주의의 '성립'과 '발전'과 '성장'에 대한 책을 출간해주신 지식산업사의 金京熙 사장님을 비롯한 관계자 여러분에게 먼저 감사하다는 말씀을 드리고 싶다. 더구나 근래 출판계의 극심한 어려움을 감안하면 다시 한 번 감사의 뜻을 전하지 않을 수 없다. 끝으로 이 책을 내기까지 뒷일을 맡아 동분서주한 李剛秀 군의 노고에 감사한다.

1998년 8월 15일 趙東杰

《한국 근현대사의 이상과 형상》
— 책머리에

역사학은 과거의 사실을 모아 해설하는 학문이면서 해석이나 해설로 끝나는 그렇게 안이한 학문이 아니다. 해설 다음에 가치와 이념을 기준한 평가와 반성이 있어야 한다. 그런데 이념이나 가치를 강조하다가 정도가 지나쳐 인간을 망각하고 매몰시키는 경우가 있다. 그러므로 이념(종교)이나 가치도 어디까지나 인간을 본 위한 것이어야 한다. 그것을 인간주의 역사학이라고 하자. 오늘날 전세계에 신자유주의의 파도가 넘쳐 인간이 유실당하고 있다. 19세기 방식의 자유방임주의가 나타나 인간을 짓밟고 있다. 구조조정이란 이름으로 노동자의 생존권을 위협하고 인간은 소외되고 있다. 그런 분위기 속에서 역사학은 자리를 잃고 방황하고 있다.

필자는 가끔 아침 7시에 창동역에서 청량리까지 지하철 1호선을 이용할 때가 있다. 그때마다 남녀 젊은이가 모두 잠들고 있는 것을 보고 측은한 느낌을 금할 수 없다. 얼마나 고달프면 아침부터 저럴까. 구조조정 바람에 정규직에서 임시직으로 밀려난 억울한 사연을 꿈꾸는 듯, 잠든 모양도 평화롭지 못하다. 그런데도 대한민국은 자유 평등의 나라라고 말한다. 그런 추상적 이념이 21세기에 무슨 소용이 있는가? 구체적 현실 이념이 중요한 것이다. 지금 98정권이 내걸고 있는 생산적 복지정책이란 과연 어떤 것인가? 기만적 구호가 아니기를 빈다. 역사학은 그런 형식적 구호가 아니라 실체를 밝히는 학문이다. 군사정권이 속이던 근대화의 구호에 현혹되는 그런 학문이 아니다. 그래서 바라고 바라던 민주화 정권이 등장하여 얼마나 반가울까마는 그 민주주의 정권이 기대와 다르니까 국민은 더욱 실망하고 있다. 그런데 실망이 아무리 커도 세상을 포기하지 않는 것이 역사학이다. 역사학은 인간을 포기하지 않기 때문이다.

그러한 생각을 바탕에 깔고 정년 후 2~3년 간에 발표한 논문들을 모아 책을 엮어 보았다. 한결같이 정의·인도를 실현하기 위한 사회운동·민족운동·독립운동에 관한 논문들이다. 그래서 《韓國近現代史의 理想과 形象》이라고 이름하였다. 거의 1998년 후반부터 1999년과 2000년에 작성한 것이므로 20세기를 반성하고 21세기를 전망하면서 쓴 글이다. 그러니까 1998년 여름에 출간한 《韓國近現代史의 理解와 論理》(지식산업사)의 속편인 셈이다. 시기가 시기인 만큼, 세기말의 감상과 세기초의 희망이 투영된 내용이 많다. 다만 필자가 정년퇴임한 후에 쓴 글이고, 고희를 맞으며 쓴 글이므로 세기초의 희망보다는 세기말의 감상에 젖은 것이 많을지도 모른다. 그래서 '이상과 형상'이라고 했지만 이상에 치우친 내용일지도 모른다.

제1장 〈한국적 정의의 성격〉에서는 의병과 의병전쟁을 통하여 부상한 한국적 정의의 실체를 규명한 내용이고,

제2장 〈독립운동의 양심〉에서는 독립운동을 일으키고, 전개하고, 마감하는 과정을 통하여 보여준 민족적 양심을 규명한 내용이고,

제3장 〈조국건설의 설계〉에서는 독립운동의 이념과 관계된 논문을 성격과 유형별로 모은 것이다.

제4장 〈한국 현대사학의 전망〉에서는 20세기 한국사와 한국사학을 회고하고 21세기 한국사학을 전망한 내용이다.

2001년 3월로 필자는 칠순 생일을 맞는다. 오늘날은 모두 장수하므로 칠순이 고희가 될 수 없으므로 자랑일 수도 없다. 그래서 칠순을 자기가 기념하는 '자선 논문집'이나 '자선 문집'의 간행이 늘어나고 있다. 자연과학계는 회갑 기념부터 자선 문집을 만들고, 사회과학계도 서서히 뒤를 따르고 있다. 그렇다면 우리 역사학계도 뒤따르는 것이 옳지 않을까 한다. 생일은 회갑이나 칠순이나 어느 것이라도 개인적인 것이고 가정의 문제이므로 사회화시킬 이유가 없다는 생각들이다. 그래서 평소에 발표한 근현대사에 관한 논문을 모아보았다.

필자는 1945년을 근대와 현대의 분기점으로 이해하고 있다. 언젠가 통일이 되면 통일이 근대와 현대의 분기점이 될 것이다. 한편, 근대의 시작 연대는 1860년대로 보는 것이 좋을 것 같다. 동학의 발생, 삼남민란, 광무제의 등극과 대원군의 개혁정치, 병인년의 대동강양요와 강화도양요 등 1860년대의 역사적 사건을 전통시대와 다른 근대적 역사성의 부상으로 볼 수 있다고 생각한다. 그 후 일본 제국주의의 침략으로 한국사의 근대적 발전이 일그러지기 시작하였다. 원래 조선 후기 사회변동과 실학을 계승하여 근대적 발전을 도모하고 있을 때, 그에 불만을 가지고 보수 반동을

획책한 사람이 있었는가 하면, 혁명적 개화를 도모한 사람도 있었다. 그러나 그와 같은 역사의 정상적 발전과 진로를 가로막고 반동이 일어나거나 반대로 정상적 발전에 만족하지 않고 혁명적 추진을 모색하는 등의 양극 현상은 언제 어디의 역사에서나 있을 수 있는 것이다. 문제는 거기에 제국주의가 침투하여, 그것도 급진적 기류에 편승하여 역사를 교란시킨 데에 있다. 그 교란으로 1910년 대한제국이 멸망하고 말았다.

그러니까 인간주의, 인도주의, 정의, 양심의 길은 민족주의를 개척하면서 독립운동을 발달시키게 된 것이다. 그것이 1945년까지의 독립운동사였다. 그 결과 한반도의 독립을 눈앞에 두게 되었다. 그때 미국과 소련이 한반도의 독립을 차단하고 남북을 분단하여 점령군을 진주시켰다. 그리고 자기 앞잡이를 시켜서 분단정부를 수립하였다. 그것이 이승만정부와 김일성정부였다. 그리고 6·25전쟁을 일으켰다. 이때 양심과 정의는 점령군과 분단정권에 의해 무자비하게 짓밟히고 짓눌렸다. 그렇다고 정의와 양심이 분해되는 것은 아니다. 오히려 새로운 생명력을 키워 역사의 동력으로 성장해갔다. 그것이 민주화운동이요 통일운동의 역사이다.

분단정부 수립을 전기해서는 남북협상이 무참하게 봉쇄당하였다. 그 후에는 이승만정부와 박정희정부의 독재와 김일성의 독재권력이 남북을 지배하였다. 4·19혁명 이후 6·3항쟁, 3선개헌반대투쟁, 유신반대투쟁, 부마민중항쟁, 광주민주화운동, 그리고 끝내 6월항쟁으로 민주화를 쟁취하기까지 민주주의의 역사는 통일운동과 동반하여 한국현대사의 중심축을 이루었다. 그리하여 93정권에 이어 98정권의 민주화가 추진되고 통일 분위기도 남과 북에서 크게 고조되면서 21세기를 맞이하고 있다.

그런데 98정권이 흔들리고 있다. 국회의원을 빌려주고 받고 하는 해괴한 짓을 하고 있다. 98정권을 아끼고 있는 《한겨레신문》 2001년 1월 3일자 사설에서 '집권 여당이 어떻게 그런 저열한 발상을 했는지 한심스럽고 국민에게 국정쇄신을 약속해놓고서 어떻게 그런 '쿠데타'를 감행할 수 있는지 충격적이다'라고 했다. 그것이 쿠데타라면 98정권은 해괴한 쿠데타로 임기를 2년 앞둔 2001년의 새해를 맞았다. 흡사 93정권이 임기 1년을 앞둔 1997년 새해를 노동법 날치기로 맞았던 때와 같은 느낌을 갖게 한다. 세상에 국회의원을 빌려주는 일이 어느 역사에 있는가? 3명을 빌려주었다가 1명을 추가하여 4명을 빌려주었다. 그것을 피할 수 없는 일이라고 합리화하고 있다. 루소의 말대로 의사는 대표될 수 없으므로 국회의원이 국민의 대표라는 것은 명분에 불과하지만 그래도 독립된 헌법기관이 아닌가? 물건은 아니지 않는가. 그것도 진보를 자처한 정당이 수구 보수를 자처한 정당에 어떻게 빌려주는가?

이 때에 해묵은 정치자금 문제가 또 터졌다. 96년 총선에서 신한국당이 안기부의 공금을 유용했다는 것이다. 안기부 예산의 4분의1에 해당하는 1천억의 거액을 유용했다는 것인데 그렇다면 천벌을 받아야 하고 받아 마땅하다. 그렇게 거액 사건이 왜 98정권, 즉 민주당이 집권한 3년 후에 터졌는가도 의심스럽다. 필자의 눈에는 모두가 협잡꾼으로밖에 보이지 않는다. 더욱 놀라운 것은 돈을 받은 사람은 벌하지 않는다고 검찰이 발표했다. 검찰에게 그런 막강한 권한이 있었던가? 법철학과 법사회학의 초입도 생각하지 않은 소리가 아닌가? 정치인은 없고 정상배만 날뛰는 한국 정치의 단면인 것이다. 민주정치는 국민에 의한 정치가 돼야 하고 국민에 의한 정치는 국민에게 공개된 투명한 정치여야 하는데 밀실정치를 민주정치라고 한다. 그러니까 꼬리를 문 거짓말이 국민을 속이고 있다. 정치인의 면면을 보라. 여야를 막론하고 밀실정치꾼이 아닌 사람이 몇이나 되는가?

글을 쓰면서 1백년 후의 하루를 상상해보았다. 2100년 22세기로 진입하는 어느 날, '로보트3세 인간'과 '태외 인간' 사이에 전쟁이 일어났는데 '3태전쟁'이라 이름하자. 하늘을 날며 전쟁판을 벌여 햇빛은 가려지고 공중은 폭음으로 덮였다. 지하에 피난처를 마련한 사람들은 '3태전쟁'을 제어할 방도를 찾고 있었다. '로보트3세'란, 인간이 만든 로보트1세에 의해서 고안된 로보트2세가 사람의 제동을 듣지 않고 만든 로보트를 말하는데 아주 정교하게 만들었다. 인간의 조종을 받는 것이 아니라 지방자치제에 따라 자기를 만든 로보트2세의 통제를 받았다. 한편 '태외 인간'이란 여자들이 임신을 거부하여 도리 없이 태외에서 태아를 만들고 길러 생산한 태아공장 생산품 인간인데 모태와의 감정 연결이 없어서 감성 신경이 퇴화한 것이 특징이다. 반면에 로보트3세처럼, 지능은 뛰어나면서 솔직하고 정직했다. 거짓말이란 몰랐다. 모를 뿐만 아니라 사소한 거짓이라도 당하면 참지를 못하고 즉각 반격해왔다. '3태전쟁'도 태외 인간을 가장한 사람의 거짓말 때문에 일어난 전쟁으로 한 번 싸우면 진도 7이나 8의 지진 이상의 파괴와 참혹한 피해를 남겼다. 나중에는 그들도 거짓이 사람으로부터 나온 것을 알고 서로 손을 잡고 사람 가운데 거짓말쟁이 색출에 나섰다. 그때 살아 있는 사람뿐만 아니라 이미 죽은 사람의 거짓말쟁이도 찾아냈다. 맨 앞에 끌려나온 사람들이 2001년 1월의 한국 정치인이라 했다. 누구누구일까? 점쟁이에게 물어보란다.

그 점쟁이들에게 전하려고 이 책을 엮었다. 그렇다고 미리부터 점쟁이들을 찾아나설 수는 없지 않은가? 다시 사람으로 돌아가자고 외쳐본다. 어지러운 글을 필자의 생일에 맞추어 책을 만들어 준 푸른역사의 박혜숙 사장에게 감사하고 교정과 색인작업을 맡아 고생한 천현주, 조재곤, 김도형 박사에게 사의를 표한다.
2001년 2월 일 趙東杰

《현대한국사학사》
— 序文

　이 책은 조선 후기 實學史書를 계승하여 1895년에 학부 교과서로 편찬한 《朝鮮歷史》가 나온 후 근래까지, 官撰·私撰으로 간행된 역사 저술과 학자와 역사학 방법론과 역사 연구단체의 활동을 총람해 보고자 쓴 것이다. 필자는 1987년에 구한말의 역사책에 관하여 분석한 글을 쓰기 시작하여 1997년에 현대사 연구 성과에 관한 글을 쓰기까지 10여년 간 한국사 연구와 관계된 문제에 관하여 공부해왔다. 처음부터 이런 책을 만드려고 공부한 것은 아니지만, 필자가 1980년 전후에 몇 가지 학술지에 한국사 연구에 관하여 〈回顧와 展望〉을 쓰면서 사학사 연구에 대하여 관심을 가졌다가 1987년부터 쓰기 시작하였다. 필자가 발표한 사학사 관계 논문은 다음과 같이 16개의 주제였다.

(1) 1987, 〈韓末史書와 그의 啓蒙主義的 虛實〉(상)《한국독립운동사연구》1, 한국독립운동사연구소.

(2) 1987,〈韓末史書에 나타난 民族意識〉《開港前後 및 韓末의 歷史認識》, 국사편찬위원회.

(3) 1988,〈韓末史書와 그의 啓蒙主義的 虛實〉(하)《韓國學論叢》10, 국민대 한국학연구소.

(4) 1990,〈植民史學의 成立過程과 近代史 敍述〉《歷史敎育論集》13·14합집, 한국역사교육연구회.

(5) 1990,〈民族史學의 發展〉《한민족독립운동사》9, 국사편찬위원회.

(6) 1991,〈年譜를 통해본 鄭寅普와 白南雲〉《한국독립운동사연구》5, 한국독립운동사연구소.

(7) 1991,〈日帝下 韓國雜誌中 韓國史關係論文目錄〉《한국학논총》14, 국민대 한국학연구소.

(8) 1992,〈民族史學의 分類와 性格〉《擇窩 許善道先生停年紀念 韓國史學論叢》, 일조각.

(9) 1992,〈民族의 개념과 韓(朝鮮)民族의 形成時期 問題〉, 알마타 제1회 한국학 국제학술회의 발표문,(《韓國民族主義의 발전과 獨立運動史研究》, 지식산업사(1993)에 재수록).

(10) 1994,〈1930·40년대의 國學과 民族主義〉《韓國 근현대의 思想과 民族主義》, 동덕여대 인문학연구소.

(11) 1994,〈1940~1945년의 民族史學〉《環太平洋韓國學 學術發表會 論文集》, 환태평양 한국학연구협의회(《韓國學論叢》17, 국민대 한국학연구소(1995)에 보완하여 재수록).

(12) 1995,〈1945~1950년의 韓國史研究〉《제2회 韓國學研究學術會議論文集》, 인하대 한국학연구소; 이 논문을 수정 보완한 것이〈解放直後 韓國史研究의 內容과 性格〉《于松 趙

東杰敎授停年紀念論叢 1, 韓國史學史硏究》나남출판, 1997.
- (13) 1995, 〈統一을 전망한 韓國史硏究의 方向〉《광복50주년의 한국사연구의 새로운 방향》, 한국정신문화연구원.
- (14) 1996, 〈桂奉瑀의 生涯와 著述活動〉《北愚 桂奉瑀 資料集》 1, 한국독립운동사연구소. 이것을 보완한 것이 〈北愚 桂奉瑀의 生涯와 年譜와 著述〉《韓國學論叢》, 국민대 한국학연구소, 1997.
- (15) 1997, 〈現代 韓國史學의 發展과 課題〉《韓國史論 27, 韓國史硏究의 回顧와 展望》, 국사편찬위원회.
- (16) 1997, 〈韓國現代史 硏究의 成果와 課題〉《現代史의 흐름과 韓國現代史》, 한국정신문화연구원.

필자는 한국근대사를 공부하면서 주로 독립운동사에 대한 글을 써왔으므로 사학사에 관한 글에서도 인류양심과 사회정의에 기초한 민족의 자유를 쟁취한다는 독립운동사적 의식이 자연 반영되었을 것으로 안다. 오히려 독립운동이라는 민족 문제를 공부하는 가운데 그 내면 세계의 민족 지성을 추적하고 싶은 생각이, 역사학자와 그의 저술에 관하여 글을 쓰게 된 동기였다고 말해도 좋다. 그런데 처음에는 이왕에 많은 학자들이 발표한 이 방면의 논문들을 찾아 민족 지성의 소재와 향방을 찾아보려고 했더니, 이상하게도 논저마다 사실 설명도 다르고 해석도 달라 원전을 다시 찾아 확인하지 않으면 안 되었다. 그리하여 〈회고와 전망〉을 쓸 때 생각한 사학사 연구의 길에 들어선 것이다.

한국사학은 조선 후기 實學者의 역사학과 구한말의 啓蒙主義 역사학을 거치면서 근대사학으로 발전하여, 觀念史學으로서 唯心

論史學과 文化史學을 개척하였고, 唯物論史學을 비롯한 社會經濟史學도 개척하여 괄목할 정도의 발전을 보았다. 그런데 그때는 식민지시기였으므로 일본 제국주의자들의 역사학인 植民史學의 방해를 받으며, 또 그들의 성과도 수용할 것은 수용하면서 한국사학이 새롭게 발전해왔다. 그러한 발전을 바탕으로 1945년 해방과 더불어 역사학이 더욱 성장하여 여러 성격의 한국사 저술이 시중 서가를 메웠고, 硏究學會도 앞다투어 결성되었다. 그러나 해방 후 한국사학의 최대 과제인 식민사학의 극복도 이루지 못하고 국토의 분단과 그에 이은 단독정부 수립으로 말미암아 역사학도 분단되어 남북이 모두 학문의 정상적 궤도를 지킬 수 없게 되었다. 거기에 남북 공히 독재정권이 연속해서 등장한 정치환경 때문에 정상궤도에 돌아간다는 것도 쉽지 않았다. 그러므로 한국사학이 정상적으로 발달하자면 민주화와 통일이 달성되어야 가능한 일이었다.

그렇다면 한국사학은 독재권력에 맞서 민주화와 통일을 지향한 학문으로 성장하는 것이 당면한 최대 과제일 수밖에 없었다. 그 과제를 외면한다면 고증학으로 자족하거나, 관변사학에 머물 수밖에 없었다. 어느 길도 열려 있었으므로 그 동안의 한국사학은 다양한 모양으로 존재하였다. 그런 가운데 민주화에 기여한 바도 적지 않았다. 이제 한국사학은 민주주의를 더욱 성장시키며 통일을 지향한 역사학으로 발돋움하고 있다. 그런데 통일을 지향한 역사학의 조건을 갖추자면, 그에 걸맞는 사관을 개척하는 것이 중요하다. 필자가 文化社會史學 또는 社會文化史學의 개발을 주장하는 것도 거기에 상당한 이유가 있었다.

그와 같은 생각을 하며 근대적 의미가 있는 역사 저술을 찾아 조선 후기 실학사서도 간단히 살피고 오늘날의 현대사 연구까지를 점검하여 책으로 엮고 이름을 《現代韓國史學史》라고 했다. '현대' 라는 말에는 '근대' 라는 의미를 포함하고 있지만, 거기에는 현대적 관점에서 사학사를 본다는 뜻도 함유하고 있다.

여기에서 몇 가지 이야기를 밝혀두는 것이 좋을 것 같다.

1. 이 책은 근대 초기부터 오늘날까지 한국사의 연구에 관하여 살핀 것인데 구한국 시기의 연구는 당시의 저술을 비교적 자세히 점검하였다. 전환기의 의미를 중시한 것이다.
2. 1895년의 《朝鮮歷史》부터 식민지시기와 해방 기간을 거쳐 1961년의 《國史新論》까지는 개설서를 중심으로 살폈고, 1961년 5·16쿠데타 이후는 연구 문제를 중심하여 살폈다. 군사정권 32년 간(1961~92)에는 얼룩덜룩한 개설서가 너무 많았고 또 그것을 유형별로 분간하기도 힘들었기 때문이다.
3. 이 책의 내용에는 종래에 필자의 사학사 관계의 글을 고친 것이 많다. 작게는 사소한 사실의 고증에서 크게는 역사방법론의 의견에 이르기까지 적지 않다. 그것은 생각이 변하고 있다는 것을 의미하겠으나 독자에게는 여간 미안한 일이 아니다.
4. 선학들의 연구를 각주에서 밝히기는 했지만, 빠뜨린 것도 적지 않다. 양해를 구할 수밖에 없다. '연표'를 만들어보았는데 앞으로 보완할 점이 한두 가지가 아니다.
5. 이 책에서 일본·중국·미국·소련 등, 외국에서 이루어놓은 한국사 연구에 대하여 거의 살펴보지 못한 것이 유감이다. '외국 학계의 한국사학사'에 대하여는 별도로 고려 중에 있다.

6. 원고를 마지막 교정볼 때, 吳璋煥의 《문화사―우리나라의 문화》(1949)를 입수하여 내용을 검토하니 실학을 중심한 조선 후기의 설명 등 주목할 만한 것이 많았다. 그러나 이미 서술체계를 세우고 색인까지 뽑은 뒤여서 전체적으로 검토한 것을 章·節·項의 적재적소에 모두 넣을 수가 없어 언급으로 그쳤다.

필자는 작년 8월에 교단에서 停年을 맞아 퇴임하였다. 퇴임 전에 이 책을 내려고 서둘렀으나 예상과는 달리 1년이 지난 이제야 내놓게 되었다. 그렇게 1년 동안 다시 정리하였지만 그래도 부족하고 불만스러운 내용이 많다. 많은 가르침이 있기를 빈다. 필자가 바라는 것은 다만 이 책의 출간을 계기로 한국사학사 연구가 활성화되는 것이다. 아울러 한국사학이 새롭게 발전하게 되기를 바랄뿐이다. 책을 만들 때 교정과 색인 작업을 맡아준 金正仁·趙宰坤·金度亨·金泰國 군에게 감사하고 특히 경제 사정이 어려운 가운데 출판을 맡아주신 나남출판사의 조상호 사장님과 관계자 여러분에게 진심으로 감사의 말씀을 드린다.
1998년 6월 30일 趙東杰

《한국사학사학보》
― 창간사

한국사 서술이 시작된 지 벌써 2천년이 되었다. 학문적 체계를 잡기 시작한 것도 적지 않은 연륜을 쌓았다. 조선 후기부터 시작되었다고 해도 2백년은 넘었다. 그 후 계몽주의 역사학을 거치며 근대사학으로 자리 잡은 것은 1백년에 이른다. 바로 그때 제국주의 역사학이 침투하여 한국사학은 정상적으로 발전할 수 없었다. 1945년 해방 후에도 혼탁한 정치 정세 속에서 학문의 길을 지키기가 쉽지 않았다. 한국 근현대사의 얼룩진 모습처럼 한국사학이 온갖 시련을 겪으며 오늘에 이르렀고, 역사학자들도 갖은 고난을 감수하며 학문의 길을 닦아야 했다. 그와 같이 한국사학은 평탄하지 않은 역정을 걸으며 오늘에 이르렀다.

그렇게 구절양장의 길이었다고 해도 이제는 그 동안의 역정을 학문적으로 정리해야 한다는 소리가 높다. 그 동안의 역사학을 정리하여 새로운 발전을 모색할 때가 되었다는 말이다. 그러한 뜻을 모아 1999년 2월 2일에 '韓國史學史學會'를 발기하고 이어 3월

27일에 창립총회를 가졌던 것이다. 그리고 달마다 연구발표회를 개최하여 학회의 기반을 닦아왔다. 특히 그때마다 선학들의 '나의 역사 연구'가 발표되어 학계의 이목을 모았다.

이와 같이 학술발표와 더불어 원로학자의 학문 연구를 회고하는 발표를 강행했던 것은 앞으로도 계속될 것이지만 그것은 한국사학사 연구의 기본 자료가 될 수 있다고 확신했기 때문이다. 노구를 이끌고 발표회장에 나와 자신의 학창시절부터 오늘날까지 역사학의 인연과 연구 경위와 혹은 숨겨진 일화들을 소개하며 후학들의 연구를 위하여 열강해주신 데 대하여 감사를 드린다. 원로학자들께서 남겨주신 이야기들은 그대로 한국사학의 자산이 될 것을 의심치 않는다. 여기에도 남모르는 일화가 있었다. 1999년 9월 월례 발표회에 韓㳓劢 선생께서 발표하시기로 계획되어 있었으나 발표 당일 건강이 좋지 않아 중단했는데 그래도 단념하지 않고 10월 발표를 계획했다가 직전에 돌아가시고 말았다. 선생의 명복을 빌면서 학문적 열정에 삼가 고개를 숙인다. 그리고 갑작스런 10월 발표회의 공백을 메워주신 李基白 선생께 감사를 드린다. 李선생께서는 본 학회 창립총회의 창립 특강을 맡아주시기도 했다.

이와 같은 선학 동료 후학들의 애정이 창립 1년 동안에 쏟아졌던 것을 보면 한국사학사학회는 장족의 발전을 전망할 수 있다. 이것은 사학사 연구를 통한 한국사학의 이론 정립이 시급하다는 공감대가 형성되고 있다는 것을 의미한다.

그러한 학회 안팎의 뜻을 모아 창립 1주년을 맞아 《韓國史學史學報》 창간호를 내놓는다. 원고를 보내주신 학자 여러분과 편집위원으로 수고하신 趙珖·宋讚燮·趙仁成 교수와 金慶洙·吳恒寧·李英華 간사의 노고에 감사하고 학회지 출판을 흔쾌히 맡아

준 경인문화사에 사의를 표한다.
2000년 3월 27일, 한국사학사학회 창립 1주년을 맞아

푸른역사의 책들

신라인의 마음으로 삼국유사를 읽는다
이도흠 지음 / 신국판 / 356쪽

화쟁기호학자 이도흠 박사의 우리 신화 읽기. 고전 중의 고전 《삼국유사》에서 우리 문화의 원형을 찾는다

유물은 스스로 말하지 않는다
임효택·이인숙 외 고고학자 23인 씀 / 352쪽

고고학자 25인이 땀과 열정으로 쓴 발굴 이야기. 미사리 유적에서부터 명 황릉에 이르기까지 역사를 새로 쓰게 한 발굴 현장 이야기.

미시사란 무엇인가
곽차섭 엮음 / 변형 국판 / 456쪽

21세기 역사학의 모델, 역사학의 새로운 가능성, 미시사. 미시사의 이론·방법·논쟁.

'역사란 무엇인가'를 넘어서
김기봉 지음 / 변형 국판 / 360쪽

한국 역사학계의 지배적 담론인 E. H. 카의 역사 정의를 '과거의 문화와 현재의 문화와의 대화'로 새롭게 정의한 21세기형 역사이론서.

이이화의 못 다한 한국사 이야기
이이화 지음 / 신국판 / 272쪽

한국사 전반에 걸친 다양하고도 일관된 역사의식을 담고 있는 이이화의 역사 에세이. 31가지 역사 테마에 이이화 특유의 메시지와 신선한 재해석이 담겨져 있다.

발굴과 해독
C. W. 세람 지음 / 오흥식 옮김 / 신국판 / 340쪽

19세기 초부터 20세기 중반까지 약 100여 년 동안 학자들이 역사의 무대에서 사라진 히타이트 문명의 실체를 밝히는 과정을 일반 독자도 이해하기 쉽게 기록했다.

5백 년 고려사
박종기 지음 / 신국판 / 358쪽

우리가 경험했던 또 하나의 전통, 고려사의 독자적인 발전 원리와 특성을 탐색할 수 있는 새로운 역사 길라잡이.

20세기 사학사
조지 이거스 지음 / 임상우·김기봉 옮김 / 변형 국판 / 272쪽

20세기 서양 역사 서술의 흐름과 경향을 분석·진단하여 위기에 선 역사학의 전망을 다룬 최고의 사학사 입문서.

누가 일본의 얼굴을 보았는가
이규배 지음 / 신국판 / 264쪽

일본을 이해하는 데 있어 중요한 키워드 중 하나인 천황의 역사와 실체를 '객관적 사실과 기록'을 중심으로 파헤친 역저.

김정동 교수의 근대 건축 기행
김정동 지음 / 신국판 / 264쪽

명동성당에서 서울역, 화신백화점까지 한국 근대 건축물에 담긴 건축과 역사의 문화사.

나스카 유적의 비밀
카르멘 로르바흐 지음 / 박영구 옮김 / 신국판 / 256쪽

고대 문명의 마지막 수수께끼로 남은 페루 나스카 지상 그림의 비밀을 추적한 보고서.

역사의 길목에 선 31인의 선택
우리 시대의 역사학자 18인 씀 / 신국판 / 340쪽

삼국시대부터 해방 공간까지 역사적 전환기를 이끌어간 31인의 선택과 행적을 재평가하여 우리의 현재와 미래를 비추어본 역사서.

일본주의자의 꿈
김용범 지음 / 신국판 / 296쪽

일본 국수주의자의 정체와 그들이 주장하는 일본아시아주의 등의 위험성을 심층적으로 해부한 책.

여성적인 동양이 남성적인 서양을 만났을 때
이옥순 지음 / 변형 국판 / 204쪽

식민지의 상흔과 오리엔탈리즘을 딛고 홀로 서기를 시도하는 인도의 어제와 오늘을 다루었다.

내 아들 딸들에게 아버지가 쓴다
허경진 편역 / 신국판 / 292쪽

역사 속 40인이 아들 딸에게 보낸, 사랑과 꾸짖음이 가득한 편지.

누가 왕을 죽였는가
이덕일 지음 / 신국판 / 292쪽

정사와 야사를 넘나들며 역사의 이면에 가려진 진실을 파헤친다.

조각난 역사
프랑수아 도스 지음 / 김복래 옮김 / 변형 국판 / 418쪽

아날학파의 신화에 대한 새로운 해부.

진훤이라 불러다오
이도학 지음 / 신국판 / 342쪽

후백제 왕국의 비극적 영웅 진훤의 초상을 파헤쳤다.

사도세자의 고백
이덕일 지음 / 신국판 / 348쪽

조선조 최대의 비극 사도세자 죽음의 진실을 추리소설적 기법으로 파헤친 새로운 형식의 역사서.

누가 역사의 진실을 말했는가
크리스티안 마이어 지음 / 이온화 옮김 / 신국판 / 500쪽

2천 년 인류 역사를 뒤흔든 법정 세계사 30장면.

영조와 정조의 나라
박광용 지음 / 신국판 / 340쪽

조선의 르네상스 76년을 이끈 두 대왕 영조와 정조, 그리고 그 시대를 움직인 사람들의 역사.

금관의 비밀
김병모 지음 / 4·6배판 / 214쪽

30여 년에 걸친 현장답사와 고증, 역사적 상상력으로 신라 왕릉의 주인공 등 한국 고대사의 수수께끼를 밝힌 역저.

정도전을 위한 변명
조유식 지음 / 신국판 / 378쪽

오늘날에 이르러서야 새롭게 조명되고 있는 선비 정도전. 원칙에 충실하고 실천에 뛰어났던 그의 일대기를 통해 정도전의 역사적 진면목을 새롭게 복원한다.

새로 쓰는 백제사
이도학 지음 / 변형 신국판 / 644쪽

고대 삼국에서 가장 강성하였다는 백제사의 복원. 철저한 고증과 문헌 비판으로 '정복국가론'을 제기하며 백제사의 새로운 지평을 연다.

그래도 역사의 힘을 믿는다

- 2001년 3월 23일 초판 1쇄 인쇄
- 2001년 6월 15일 2쇄 발행
- 글쓴이 ──────── 조동걸
- 펴낸이 ──────── 박혜숙
- 기획 및 마케팅 ──── 류종필
- 편집 ───────── 윤희진, 노경인
- 관리 ───────── 양선미
- 인쇄 ───────── 백왕인쇄
- 제본 ───────── 정민제본
- 펴낸곳   도서출판 푸른역사
  우 140-170 서울시 용산구 동자동 5-1 성사빌딩 207
  전화: 02)756 - 8956(편집부) 02)756 - 8955(영업부)
  팩스: 02)771 - 9867
  E-Mail: bhistory@orgio.net
  등록: 1997년 2월 14일 제13-483호

ⓒ 푸른역사, 2001
ISBN 89-87787-26-5 03900

· 잘못 만들어진 책은 교환해드립니다.
· 저자와의 협의에 의해 인지는 생략합니다.